국가와 기업은 어떻게
위기에 대응할 것인가?

위기관리
시스템
혁명

국가와 기업은 어떻게 위기에 대응할 것인가?

위기관리 시스템 혁명

초판 1쇄 인쇄 2019년 9월 10일
초판 1쇄 발행 2019년 9월 17일

지은이 최성
펴낸이 김선식

경영총괄 김은영
책임편집 김상영 **책임마케터** 최혜령
마케팅본부 이주화, 정명찬, 최혜령, 이고은, 권장규, 허윤선,
　　　　김은지, 박태준, 배시영, 박지수, 강은지, 기명리
저작권팀 한승빈, 이시은
경영관리팀 허대우, 박상민, 윤이경, 김민아, 한유현, 강재경,
　　　　권송이, 김재경, 최완규, 손영은, 이우철, 이정현
외부스태프 표지 강임순 **본문** 장선혜 **교정교열** 안봉선

펴낸곳 다산북스 **출판등록** 2005년 12월 23일 제313-2005-00277호
주소 경기도 파주시 회동길 37-14 3, 4층
전화 02-702-1724(기획편집) 02-6217-1726(마케팅) 02-704-1724(경영관리)
팩스 02-703-2219
이메일 dasanbooks@dasanbooks.com
홈페이지 www.dasanbooks.com | teen.dasanbooks.com
블로그 blog.naver.com/dasan_books
종이 한솔피엔에스 **출력·인쇄** 상림문화

ISBN 979-11-306-2571-3 (93300)

- 책값은 뒤표지에 있습니다.
- 파본은 구입하신 서점에서 교환해드립니다.
- 이 책은 저작권법에 의하여 보호를 받는 저작물이므로 무단 전재와 복제를 금합니다.
- 이 도서의 국립중앙도서관 출판시도서목록(CIP)은 서지정보유통지원시스템 홈페이지(http://seoji.nl.go.kr)와
- 국가자료공동목록시스템(http://www.nl.go.kr/kolisnet)에서 이용하실 수 있습니다. (CIP제어번호 : CIP2019033923)

국가와 기업은 어떻게
위기에 대응할 것인가?

위기관리 시스템 혁명

최성 지음

다산
초랑

스마트 위기관리 시스템 혁명이 답이다

22년 전에 고려대학교 정치외교학과에서 박사학위를 수여받은 이후 두 번째 박사논문을 한양대학교 행정학과에서 쓴 지금의 심정은 특별하다. 단순히 두 번째 박사논문이어서가 아니라 냉전시대 한반도의 평화를 꿈꾸며 통일문제로 정치학 박사 논문을 열정적으로 쓰던 청년 최성이 청와대 행정관, 국회의원, 재선 고양 시장 등 16년 동안의 공직생활을 거쳐 현장에서 얻은 경험을 토대로 행정학 논문을 다시 쓰게 되었기 때문이다.

지금 일본군 위안부 성노예 피해자 할머니들과 관련한 한일 간 외교논란 그리고 일제 징용문제에 대한 대법원 판결에 대해 아베 총리의 한국에 대한 경제적 보복으로 한일경제전쟁이 시작되었다. 이 시점에서 스마트 국가위기관리 시스템의 혁명을 주제로 다룬 저자의 박사 논문이 책으로 출간된 것은 특별한 의미를 갖는다. 3년 전 박근혜 전 대통령의 국정농단 사태로 헌정사상 최초로 대통령에 대한 탄핵이 이루어지면서 심각한 국가적 위기 상황이 도래한 바 있다. 촛불 시민 혁명에 의해 새롭게 출범한 문재인 정부 3년차에 접어들면서 한일경제전쟁과 미중무역전쟁, 북핵 문제와 한일군사정보보호협정GISOMIA 종료로 인한 한반도의 안보 리스크 확대 그리고 조국 법무부장관 후보의 인사청문회를 둘러싼 보혁 갈등과 태극기 부대의 문재인 퇴진 운동 추진 등 복합적인 위기가 여전히 해소되고 있지 않고 오히려 국가적 위기로 증폭되고 있다.

그렇다면 문재인 정부는 한일경제전쟁과 이를 둘러싼 국가적 위기를 어떻게 풀어나갈 것인가? 기업은 또 국내외적 위기에 어떻게 대응할 것인가? 최근 화두가 되고 있는 AI 혁명은 이러한 복합위기를 극복하는 데 어떤 유용성이 있는가? 저자는 "스마트 국가위기관리 시스템의 혁명이 답이다"라고 답하고 싶다. 종합적인 국가위기를 극복하기 위해서는 AI 혁명과 4차 산업혁명의 성과를 토대로 한 총체적인 스마트 국가위기관리 시스템의 혁명이 이루어져야 한다는 것이다. 동시에 현존하는 국가위기관리 시스템에 대해 정부와 기업, 그리고 민간 차원에서, O2O On-Off line 글로벌 협치 거버넌스 차원에서 접근해야 한다. 다양한 국가위기 사례에 대한 실증적 연구를 통해 도출된 위기관리 시스템 혁명의 성공을 위한 10계명은 다음과 같다.

(1) 골든타임을 놓치지 마라.

(2) AI와 빅데이터를 적극 활용하라.

(3) 통합적 위기관리센터가 꼭 필요하다.

(4) 돌발 리스크에 대비하라.

(5) 현장 전문가가 가장 중요하다.

(6) SNS를 적극 활용하라.

(7) 원칙을 지키되 유연하게 대응하라.

(8) 분권화된 의사결정을 하라.

(9) 위기관리의 피드백이 중요하다.

(10) 스마트 시스템을 업그레이드하라.

저자는 김대중 정부 청와대 외교안보수석실에서 대북정책과 외교안보 문제를 총괄하는 행정관으로 근무할 때부터 17대 국회의원으로 재직하는 4년 내내 통일·외교·통상위원회에서 북핵 문제, 한미 FTA 체결, 김선일 씨 알카에다 피랍 살해 사건을 비롯한 숱한 국가적 위기상황에 접할 때마다 근본적인 해법을 고민해 왔다.

특히 이 책의 주제로 다루고 있는 천안함 침몰과 같은 안보상의 국가위기와 세월호 참사 그리고 메르스 사태는 저자가 청와대와 17대 국회 그리고 재선 고양 시장으로 재직하던 시절에 현장에서 치열하게 경험한 국가적 위기였기 때문에 소회가 특별하다. 최근 미세먼지와 지진, 대형 산불 그리고 각종 신종 감염병 확산이 사회적 이슈가 되고, 복합재난 발생으로 인한 국가위기가 일상화되고 있다. 이 책이 국가적 차원의 위기관리 해법을 모색하고 있는 창조적 공직자와 AI 혁명 시대, 위기 극복을 위해 돌파구를 찾고 있는 기업 그리고 대한민국의 안전을 간절히 열망하는 시민들에게 조금이라도 도움이 되었으면 한다.

AI 혁명과 블록체인 혁명 등 4차 산업혁명의 성과를 토대로 한 스마트 국가위기관리 시스템의 도입과 정착은 한일경제전쟁을 치열하게 치루고 있는 문재인 정부에서 가장 절실히 필요로 하는 정책 과제라 할 수 있다. AI 혁명과 4차 산업혁명은 비단 한일경제전쟁을 비롯한 국가적 위기 극복에만 필요한 것이 아니다. 4차 혁명의 시대에 걸맞은 정치 행정을 펼치기 위해서는 여의도의 적폐 정치, 계파 정치를 청산할 수 있는 공천혁명과 정치 혁명이 필수적으로 요구된다. 정치권의 혁명적 재편 없이는, 새로운 4차 산업혁명 시대에 걸맞은 전문가적 정치 세력의 충원 없이는 한일경제전쟁을 비롯한 AI 혁명과 4차 산업혁명 시대의 전쟁을 이겨나갈 수 없기 때문이다. 이런 점에서 고故 이민화 카이스트 교수는 생전에 "대한민국의 정치 혁신의 대안으로 진영 논리에 함몰된 비효율적 정치의 한계를 돌파하기 위해 블록체인 기반의 융합민주제"를 제안했던 것이다. 저자는 내년 총선을 앞두고 이민화 교수가 생전에 역설했던 4차 혁명 시대에 걸맞은 혁신 정치를 위해서도 나름의 역할을 적극적으로 감당하고자 한다.

이런 상황을 감안할 때 30여년 넘게 정치와 행정 영역에서 저자가 경험한 이론과 실천을 토대로 '스마트 국가위기관리 시스템의 도입 및 정착연구-4차 산업혁명의 성과를 중심으로'라는 주제의 박사논문을 쓰고, 이를 다시 '위기관리 시스템 혁명'이라는 제목으로 출간할 수 있는 기회를 갖게 되어 참으로 뜻 깊다. 만약 지난 지방선거에서 대단히 불공정하고 억울했던 공천배제의 아픔이 없었다면, 이런 안식년의 기회, 새로운 배움을 통한 재충전의 기회 또한 영원히 없었을지도 모른다. 50대 중후반의 나이에 20~30대 젊은 후배들과 뜨

거운 토론을 하고 때로는 선후배 공직자들을 대상으로 토론식 강연을 했다.

모든 열정을 바쳐 박사논문을 책으로 출간하기까지 감사한 분들이 너무나 많다. 우선 논문의 지도교수이신 김태윤 교수님께 깊은 감사의 말씀을 드린다. 교수님은 이 책의 핵심적 방법론인 재난·재해 예방을 위한 10대 수칙의 제안자이기도 하다. 고양 시장 재직 8년 동안 고양터미널 화재사건과 메르스 사태 등의 사례에 교수님의 재난 수칙을 적용한 덕분에 안전 대상을 수여받을 있을 수 있었다. 이는 전국지자체장을 대상으로 한 안전대책 화상회의에서 고양형 재난안전 대응 모델을 전국적으로 확산시키라는 이낙연 총리의 지시로까지 이어졌다. 뿐만 아니라 AI 혁명과 4차 산업혁명 그리고 국가위기관리 분야의 최고의 전문가이신 이민화 KAIST 교수님(전 한국벤처기업인협회 초대 회장)을 직접 소개하면서 논문의 지도를 부탁해 주시기도 했다.

이민화 교수님은 박사논문 집필 기간 내내 논문 주제라 할 수 있는 "스마트 국가위기관리 시스템의 혁명이 답이다"를 역설하면서 AI 혁명과 4차 산업혁명의 성과를 어떻게 접맥시킬 수 있는가에 대해 구체적인 가르침과 용기를 주신 분이다. 논문 심사 당시에는 전국적인 이슈가 되었던 고양시 창릉 지역의 3기 신도시 개발과 관련해 저자가 제안한 '스마트 안전도시 구축을 통한 스마트 거버넌스 시스템 그리고 창릉 신도시와 통일 한국 실리콘밸리 프로젝트의 상생적 발전 방안'에 대해 강력한 동의를 표해주셨다. 최근 작고하셔서 너무나 안타까운 마음이다. 생전에 강력한 의지를 표하셨던 AI 혁명과 블록체인 혁명을 통한 융합민주제의 정착을 위해서 미력이나마 최선을 다하고자 한다.

새로운 출발을 위해 성찰의 시간을 갖는 동안 권위를 자랑하는 한양대학교 공공정책대학원 지역리더학과의 특임교수직을 허락하여 차분히 연구할 수 있는 공간을 제공해 주신 한상우 소장님께도 깊은 감사의 말씀을 드린다. 다산 정신으로 대한민국의 출판문화를 새롭게 이끌어가고 있는 다산북스 김선식 대표는 이번에도 책을 출간하는 데 선뜻 동의해 주었다. 저자의 논문을 토대로 이 책은 최근 발생한 한일경제전쟁과 관련된 내용으로 처음과 끝을 새롭게 보강한 것이다. 김대중 대통령 잠언집 『배움』을 비롯한 저자의 여러 책들을 품격 있게 만들어 준 김선식 대표와 편집진에게도 고마움을 표하고 싶다.

끝으로 사랑하는 아내와 가족들에게 특별하고도 눈물겨운 감사의 마음을 전한다. 공직을 떠나 자유인이 된 남편이 가족들과의 평화로운 시간을 갖기보다는 책을 읽고 논문을 쓰며 밤을 지새우고 고민하는 모습을 가까이서 지켜보면서도 조금의 불평 없이 응원해 준 사랑하는 아내 은숙, 아들 민, 딸 미래, 병상에 계시는 장모님, 매일 자식을 위해 기도하는 어머님과 형제들 그리고 평생 교육자로서 임종하시던 순간까지 책과 배움을 길을 가셨던 아버님 영전에 부끄러운 이 책을 바친다.

가슴으로 뜨겁게 쓴 박사논문과 이 책을 들고 나의 오늘을 가능케 했던 고양시에서 첫새벽을 뚜벅뚜벅 걸어가면서 꽃보다 아름다운 105만 고양 시민들을 만나고 싶다. 8년 동안의 고양 시장 재직 시절의 사랑과 17대 덕양 지역 국회의원으로 활동하던 시절의 응원을 잊을 수 없다. 무엇보다 예상치 못한 지난 지방선거 당시의 불공정한 공천 배제의 아픔 속에서도 변함없는 사랑과 격려를 주신 분들에게 보답할 방법을 찾고 싶다. 당시에는 문재인 정부의 성공을 위해 감당하기 힘든 고통을 참고 참으로 충격이 될 진실들을 가슴에 묻으면서 결국 몸과 마음에 멍이 들었다. 진실과 정의는 반드시 승리한다는 당연한 역사적 명제를 세상 속에서 꼭 확인하고 싶다. 20여 년에 걸친 정치생명을 모두 걸고서라도 잃어버린 내 명예를 찾고 싶다.

나의 자전적 에세이 『도전에서 소명으로』에서 외쳤던 것처럼 "패배는 포기보다 아름답고 도전은 삶처럼 계속된다"는 각오를 가슴에 품고 위기에 처한 대한민국과 내가 살고 있는 덕양 지역의 균형 발전을 위해 새로운 도전을 겸손하게, 하지만 두려움 없이 하고자 한다. 국가적으로 한일경제전쟁이 심화되고 보혁 간 갈등이 걷잡을 수 없이 확대되고 있다. 그리고 고양시에서는 창릉 3기 신도시 발표에 따른 덕양 지역과 일산 지역의 상생 균형 발전이 매우 중요한 순간이다. 내가 정치와 행정의 뿌리를 깊이 내린 고양시와 덕양구에서 마지막 나의 열정과 영혼을 바치고 싶다.

건국 100주년 한양대 공공정책대학원 연구실에서

최성 씀

차례

책을 펴내며　　스마트 위기관리 시스템 혁명이 답이다　　　　　004

프롤로그　　　한일경제전쟁과 스마트 국가위기관리 시스템 혁명　　014

제1장

위기관리 시스템 혁명, 어디까지 왔는가?　　057

1. 지나간 연구들을 돌아본다　　　　　　　　　　　059

2. AI는 어떻게 위기를 관리하는가?　　　　　　　063

　　스마트 위기관리란 무엇인가?　　　　　　　　063

　　4차 산업혁명은 어디로 가는가?　　　　　　　065

　　해외의 위기관리 시스템들　　　　　　　　　　070

　　위기관리 시스템의 4단계　　　　　　　　　　　073

제2장

어떻게 AI로 위기를 극복할 것인가?　　085

1. 스마트 위기관리를 설계하다　　　　　　　　　087

2. 어떻게 연구할 것인가?　　　　　　　　　　　　091

　　재난을 이겨 낸 사례들에 대한 분석틀　　　　092

　　새로운 위기관리 시스템의 6가지 핵심　　　　117

제3장

어떻게 국가위기를 극복할 것인가?　　121

– 천안함, 세월호, 그리고 메르스

1. 천안함 사건을 돌아본다　　123

　천안함 사건은 어떻게 일어났는가?　　123

　천안함 사건을 분석한다　　125

2. 세월호 참사를 돌아본다　　148

　세월호 참사는 어떻게 일어났는가?　　148

　세월호 참사를 분석한다　　150

3. 메르스 사태를 돌아본다　　170

　메르스 사태는 어떻게 일어났는가?　　170

　메르스 사태를 분석한다　　171

4. 위기는 우리에게 무엇을 가르쳐주는가?　　193

제4장

위기관리 시스템을 혁명하라　　201

1. 위기관리 시스템은 어떻게 발전했는가?　　203

2. 새로운 위기관리 시스템의 6가지 체계　　210

　법령 체계를 혁명하라　　211

　조직 체계를 혁명하라　　215

　운영 체계를 혁명하라　　221

　정보화 체계를 혁명하라　　225

　자원관리 체계를 혁명하라　　227

　교육훈련 체계를 혁명하라　　230

제5장

위기관리 시스템 혁명을 위하여   235

1. 새로운 위기관리 시스템이 정착되기 위해   237

   기본법과 관련법을 정비하라   239

   대통령 직속의 새로운 위기관리센터를 신설하라   241

   O2O 위기관리 시스템을 운영하라   243

   O2O 위기관리 정보화 시스템을 운영하라   244

   첨단 자원관리를 운영하라   249

   3D 체험 교육훈련을 실현하라   250

2. 단계별 대응 전략을 실현하라   253

   재난관리 시스템을 혁신하라   254

   각 단계에 따른 스마트 시스템들   256

3. 스마트 국가를 위한 5가지 전략   259

   한국형 스마트 국가 전략을 수립하라   262

   스마트 도시 네트워크를 만들어라   268

   스마트 거버넌스 4.0을 구축하라   279

   국가를 혁신하는 생태계를 구축하라   283

   블록체인 기반의 융합 민주제를 만들어라   287

책을 마치며   **위기관리 시스템 혁명을 위한 10계명**   292

미주   300

참고문헌   319

한일경제전쟁과
스마트 국가위기관리 시스템 혁명

건국 100주년인 2019년 8.15 광복절에 즈음한 한반도의 상황은 한일 경제 전쟁이 한참 진행 중이다. 설상가상으로 미중무역전쟁과 북한의 핵 개발로 인한 한반도의 안보 리스크가 여전히 해소되지 않고 있는 상황에서 한일군사정보협정의 종료와 조국 법무부장관 후보 사퇴를 둘러싼 심각한 보혁 갈등과 맞물려 국가적 위기 상황이 전개되고 있다.

국가적 위기 상황은 어제 오늘의 일이 아니다. 가깝게는 3년 전 박근혜 전 대통령의 국정농단과 해방 이후 최초로 이루어진 대통령 탄핵으로 심각한 국가적 위기 상황을 경험한 바 있다. 이 과정에서 세월호 참사와 메르스 사태 같은 집단재단과 크고 작은 국가적 위기 상황이 맞물려 대한민국은 감당하기 힘든 고통의 시간을 겪어야만 했다.

이전에도 북한의 핵 실험과 연평도 도발 그리고 천안함 침몰에서

IMF 국가 부도 위기와 미국발 국제 금융 위기로 인한 경제적인 국가 위기 등 숱한 경험을 겪어 왔다. 어쩌면 해방 이후의 역사가 끊임없는 국가적 위기 상황의 발생과 이를 극복하는 과정이었다고 하겠다.

해마다 반복되는 국가적 위기 상황을 근본적으로 해결할 수 있는 방법은 무엇인가? 저자는 AI 혁명에 기초한 스마트 국가위기관리 시스템의 혁명이라고 생각한다. 세계에서 가장 영향력 있는 투자가이자 글로벌 정보기술업계의 큰손인 손정의 소프트뱅크 회장이 최근 문재인 대통령을 만나 "한국이 집중해야 할 것은 첫째도 AI, 둘째도 AI, 세째도 AI"이라며 교육, 정책, 투자, 예산 등 인공지능 분야에 대한 전폭적 육성을 제안한 파장이 적지 않다.[1] 손정의 소프트뱅크 회장은 이미 오래전부터 인류 역사의 패러다임이 인공지능 시대로 전환할 것이라고 확신했다. 아마존의 제프 베조스Jeffrey Preston Bezos 회장도 4차 산업혁명 시대의 키워드로 빅데이터와 AI를 꼽았다. 그는 빅데이터는 소비자의 마음이고 이 소비자의 마음을 읽어 내는 눈이야말로 AI 기술임을 수차례 강조해 왔다. 스마트 국가위기관리 시스템의 혁명 역시 빅데이터에 기초한 AI 혁명을 통해 가능하다.

문재인 대통령과 손정의 회장의 회동한 시기 자체가 아베 총리에 의한 경제전쟁이 본격적으로 시작된 시점과 맞물려서 더욱 회동의 의미는 크다. 손정의 회장은 지난 1998년 2월에도 김대중 대통령 당선자를 만나 "한국이 첫째도, 둘째도, 셋째도 초고속 인터넷에 집중해야 한다"고 조언을 한 바 있으며, 그동안 AI, 자율주행차, 생명공학, 로봇 등을 비롯한 4차 신산업혁명 분야에 진취적인 투자를 해 온 인물이다. 손회장은 AI 혁명을 강조하면서 "AI는 인류 역사상 최대 수준의 혁명을 불러올 것"이라며 "젊은 기업가들은 열정과 아이디어가 있지만 자금이 없기 때문에 유니콘이 탄생할 수 있도록 투자가 필요하다. 이렇게 투자된 기업은 매출이 늘고, 이는 일자리 창출을 가져오며 글로벌 기업으로 확장될 것"이라고 말했다.[2] 이러한 손회장의 발언은 한일경제전쟁의 시대, 개별 기업이 국내외적 위기를 돌파할 수 있는 핵심적인 열쇠가 바로 AI 혁명에 기초한 스마트 위기관리 시스템에 있음을 단적으로 입증하는 것이다.

문 대통령은 이날 손회장과의 면담 과정에서 젊은 창업가에 대한 투자와 AI 전문 인력 양성 등에 대한 관심과 지원을 당부한 것으로 알려졌다.[3] 최근 문재인 정부가 한일 경제전쟁에 대한 종합적인 대응에 있어서 AI 혁명을 중심으로 한 4차 산업혁명분야에 대한 특별한 대책을 대폭 포함된 사실을 감안하면 당시 문대통령과 손정희 회장 간의 회동은 자못 의미가 컸다고 평가할 수 있다.

이와 관련해 홍남기 경제부총리는 2023년까지 AI 인재 20만 명을 육성할 계획이라고 밝힌 바 있다. 유영민 과학기술정보통신부 장관 역시 문재인 대통령과 손회장의 면담 직후 "AI는 인터넷 혁명의 연장선상에서 새로운 시대를 열고 있다"면서 "2022년까지 AI, 빅데이터 등 4차 산업혁명과 관련해 3만 명 정도의 소프트웨어 인력이 부족할 전망"이라며 "이를 해소하기 위해 정부는 AI 전문대학원 세 곳을 만들고 이노베이션 아카데미를 통해 AI 전문 인력을 교육시킬 계획"이라고 말했다.[4]

이수영 KAIST 인공지능연구소장 역시 "글로벌 인재가 몰리는 미국 실리콘밸리에서조차 'AI'라고 발음할 줄만 알면 채용한다는 얘기가 있을 정도"라며 "한국 내 AI 인력난은 더욱 심각하다"고 말했다.[5] 네이버 글로벌 투자 책임자(GIO)인 이해진 대표는 이미 지난 2017년 자체 AI 플랫폼 클로바의 상용화를 마쳤다. 같은 해 프랑스에 위치한 AI 연구소를 인수해 네이버랩스 유럽을 세워 AI에 기초한 자율주행과 로보틱스 등 최첨단 미래 기술들을 연구하고 있다. 또한 엔씨소프트 역시 지난 2011년 윤송이 사장이 AI를 핵심 기술로 선정하고 연구 개발을 시작하여 6개 연구실에서 총 150여 명의 R&D 인력이 김택진 대표 직속으로 근무 중이다.[6]

미래 산업의 벨류체인Value Chain 변화에 큰 그림을 그리고 있는 손 회장은 1차 펀드의 주요 포트폴리오를 통해 구상을 드러냈는데 가장 최우선적인 투자 대상이 O2O에 기반을 둔 플랫폼 회사(우버, 디디추싱, 크랩, 쿠팡) 등이다.

AI 혁명에 대한 국내외의 관심이 고조되는 상황에서 이 책은 AI 혁명 등 4차 산업혁명의 성과를 중심으로 하는 스마트 국가위기관리 시스템의 도입 필요성과 정착 방안에 대해 제시하는 것을 1차적 목적으로 했다. 이를 토대로 국가와 기업이 어떻게 시스템적으로 위기를 극복할 것인가에 대한 해법을 추가적으로 모색하고자 한다.

국가적 위기인 거대한 재난을 대응하는 데 있어서 가장 체계적인 접근을 시도하고 있는 변상호·김태윤[7]의 재난관리 10대 원칙을 보완하여 스마트 국가위기관리 체제 정착을 위한 10대 수칙으로 발전시켰다. 이를 위해 첫째, 기존의 재난관리정책 연구들과 달리 국가위기관리 차원에서 AI 혁명 및 빅데이터 활용 등 4차 산업혁명의 요소를 적극 접목했다. 특히 다른 선진 국가와 달리 영국에서 추진하고 있는 국가위기 발생 이전에 사전 예측과 평가라는 2단계 과정을 추가했다. 또한 AI 혁명과 빅데이터의 활용, 그리고 스마트 국가위기관리 종합통제센터의 설치 같은 4차 산업혁명의 성과를 새로운 수칙 속에 대거 포함시켰다.

둘째, 스마트 국가위기관리 시스템 정착을 위한 새로운 수칙을 도출한 이후 이를 검증하고자 했다. 저자의 박사논문에서는 다양한 국가위기 중에서 객관적인 평가가 가능한 천안함 침몰과 세월호 참사, 그리고 메르스 사태에 대한 사례연구를 통해 그 유효성을 확인했다. 천안함과 세월호 그리고 메르스 사태는 각각 전통적 안보 위기, 대형 재난, 신형 감염병이라는 서로 다른 복합재난의 성격을 가지고 있다. 그러나 기존의 전통적인 재난대응 방식으로는 해결하기 어려운 새로운 문제들을 드러냈다는 면에서 공통점이 있다. 즉, 사건 발생 이전부터 빅데이터와 AI 혁명에 기초한 사전 예측과 시뮬레이션에 입각한 평가, 골든타임 시기에서 최종 복구에 이르기까지 4차 산업혁명의 가장 핵심적 요소라 할 수 있는 ICBMS(IoT, 클라우딩, 빅데이터, 인공지능, SNS 등)과 같은 최첨단 자원과 기술을 동원해야 한다는 것이다. 이러한 박사논문의 연구 성과를 책으로 출간하는 과정에서 최근 크게 쟁점이 되고 있는 한일경제전쟁과 고양 창릉 지역의 신도시 개발에 대한 스마트 거버넌스 차원의 분석을 프롤로그에 추가했다.

셋째, 스마트 국가위기관리 시스템이 복합재난 및 국가위기를 해결하는 수단으로 정착하기 위해서는 법, 조직, 운영, 정보화, 자원관리, 교육훈련 등 전통적인 국가위기의 6대 핵심 체계를 중심으로 혁신적인 업그레이드 작업이 진행되어야 한다는 점이다. 우선 법·제도적인 면에서는 스마트 국가위기 시스템과 관련한 각종 입법이 제정되고, 스마트 국가위기관리 통합센터가 대통령 직속으로 NSC 산하에 설치되어 통합적이면서도 분권적 운영을 해야 한다. 뿐만 아니라 해외는 물론 지방자치단체까지 아우르는 글로벌 O2O 국가위기 관리 정보화 시스템을 운영하는 한편, 자원관리와 교육훈련에 있어서도 AI 혁명 및 빅데이터, 클라우딩, 드론 등 같은 4차 산업혁명의 자원이 최대한 활용해야 한다. 이 과정에서 미국의 선진적인 감염병 위기관리 체제와 영국의 6단계 재난관리 체계에 기초한 비상사태 위험목록, 그리고 선진국의 지방정부 중심의 자주적인 방제 조직 같은 스마트 국가위기관리 체제의 성공적 사례도 적극적으로 벤치마킹할 필요가 있다.

넷째, 스마트 국가위기관리 시스템이 정착되기 위해서는 우선 기존의 복합재난에 대한 대응 수칙을 국가위기관리 차원으로 발전시켜야 한다. 뿐만 아니라 한국형 스마트 국가발전전략의 차원에서 AI 혁명을 중심으로 한 스마트 국가위기관리 시스템의 혁명이 병행 추진되어야 한다. 한국형 스마트 국가발전전략을 위해서는 스마트 안전도시 네트워크의 형성을 통해 스마트 거버넌스 4.0을 구축해야 한다.

스마트 국가위기관리 시스템의 혁명의 차원에서 최근 국가적 위기의 전형적인 사례라 할 수 있는 한일경제전쟁 그리고 지방자치단체차원에서 새로운 위기적 형태로 발전하고 있는 고양시의 창릉 3도시개발사업에 대해 긴급한 사례 연구를 시도해 보는 것은 매우 의미가있을 것이다. 물론 보다 체계적인 학술적 연구는 본 책의 기본 내용이되고 있는 본문에서 천안함 침몰과 세월호 참사, 그리고 메르스 사태에 대한 실증적 사례 연구를 중심으로 본격적으로 살펴볼 것이다. 다만 프롤로그에서는 저자의 박사논문이 최종 통과된 이후 발생한 한일 경제전쟁을 둘러싼 국가적 위기현상에 대한 추가적인 분석과 더불어, 창릉 신도시 개발에 대한 스마트 시티 정착과 스마트 위기관리 시스템 차원에서의 정책적 함의를 우선적으로 도출해 보고자 한다.

경제전쟁 승리를 위한 스마트 위기관리 시스템

스마트 국가위기관리 시스템 차원에서 한일 간 경제 갈등을 살펴보기 위해서는 한일경제전쟁의 기본 성격과 원인에 대한 이해가 선행되어야 한다. 한일 간 갈등이 일시적인 외교적 마찰로 끝날 것인가? 아니면 일본의 한국 경제에 대한 본격적인 침략 행위로 발전한 것인가? 이에 대한 판단이 우선되어야 할 것이다.

아베의 한국에 대한 반도체 수출 규제 발표가 있던 직후부터 코스피 지수는 7개월 만에 2,000선이 붕괴되는가 하면, 코스닥 지수 역시 미중 무역 분쟁과 연결되면서 불안정한 상황이 지속되고 있다. 이에 대해 한국 정부 역시 일본을 화이트리스트에서 배제하고, 일본이 강력히 희망하는 한일군사정보보호협정의 종료를 선언하는 등 정부 차원의 특단 대책을 발표했다.

미국 CNN은 "일본의 한국에 대한 경제전쟁의 선포"라 규정했고 외신 역시 "일본이 무역을 무기화했다weaponized"고 보도했다. 세종대학교 호사카 유지保坂祐二 교수 역시 "화이트리스트에서 한국을 제외한 것은 폭탄으로 한국을 파괴하겠다는 것이나 마찬가지다. 지금 잘못하고 있는 것은 일본이지 한국이 아니다"고 주장했다. 한일 간의 외교적 상황이 엄중하다는 국제적인 공감대가 형성된 것이다.

아베가 한국을 상대로 경제전쟁을 선포한 진짜 이유는 무엇일까? 1993년 자신의 부친인 아베 신타로安倍晋太郞 외상의 지역구를 물려받은 아베는 "전쟁을 일으킬 수 없는 평화헌법 개정을 위해 의원이 됐다"고 강변했다. 아베는 신군국주의 야욕을 펼쳐 전쟁을 일으킬 수 있는 헌법개정을 위해 의원에 출마한 것이다. 일본 헌법 9조는 스스로 전쟁을 일으키지 않는 평화국가라고 못박았다. 아베는 헌법 9조 개헌을 통해 '일본은 사실상의 전쟁국가가 되겠다'는 표현을 정상 국가라는 표현으로 포장하고 위장하고 있다. 일본의 독자적인 군사력으로 독도를 침탈할 수 있고 북한에 대한 선제공격도 할 수 있는 신군국주의의 발톱을 세우고 있다. A급 전범자였던 외할아버지의 유훈을 받들겠다는 것이다. 9조 개헌은 일본 신군국주의 세력과 극우세력의 오랜 꿈으로 아베가 실현하고자 하는 것이다. 앞으로 독도 영유권 침탈을 위한 일본의 군사적 도발을 예상할 수 있는 이유가 여기에 있다.

아베 정권의 배후에는 일본회의와 통일교 등 4대 세력이 자리잡고 있다.[8] 아베 정권과 통일교의 유착 의혹에 대해 살펴보면 매우 흥미로운 점을 발견할 수 있다. 일본과 국내의 일부 전문가들은 아베가 선거에서 의지하는 종교단체로 극우적인 일본회의와 함께 통일교 등 4개 단체를 지목하고 있다. 통일교는 일본에서 세계평화통일가정연합으로 이름이 변경되어 문화청 종무과의 인증도 받았다. 일본 언론들의 보도에 따르면 통일교 즉 가정연합과 자민당의 양자 접점은 반공과 승공이다. 고故 문선명 씨는 공산주의 대항 운동의 일환으로 우익계 정치단체인 국제승공연합을 1968년에, 세계평화연합을 1991년에 설립했다.

아베 총리의 외할아버지이자 A급 전범인 기시 노부스케岸信介 전 총리는 이들 단체의 지원자로 알려져 있다. 이와 관련해 흥미로운 고소 사건에 대한 판결과 보도가 있다. 세계평화통일가정연합(통일교 한학자 총재)과 일본 정치권의 유착 의혹을 보도한 CBS가 통일교에 의해 제기된 1억 원 손해배상 청구 소송에서 승소했다. CBS는 2017년 9월 초 일본 통일교 실태를 다룬 다섯 편의 기사를 보도했는데, 그중에서 제기된 핵심 의혹 중 하나는 통일교가 일본 아베 신조 총리의 외조부 기시 노부스케 전 총리 시절부터 유착 관계를 맺은 신친일세력이라는 점이다. 당시 통일교는 신친일세력이라는 표현으로 일제 추종 집단으로 몰아갔다고 주장했으나 법원은 기사 전체 맥락을 봤을 때 그렇게 볼 수 없다고 했다.

당시 2017년 9월, CBS 노컷뉴스의 송주열 기자는 다섯 차례에 걸친 심층 시리즈 기사[9]를 통해 "관련 문헌에 따르면 일본 아베 신조 총리의 외조부로 자민당 내 극우파였던 기시 노부스케 전 수상은 1970년 4월 통일교회를 방문했다. 이후 기시 노부스케는 자민당 내 통일교를 정치 세력화시키고, 승공연합을 자민당의 정치적 목적에 이용하게 된다"고 보도했다. 그리고 여기에는 1999년 일본 「주간현대」에서 폭로한 현직 일본 국회의원 128명과 통일교의 관계 폭로 기사가 실려 있다. 보도에서 가장 충격적인 것은 1993년 발행된 문선명 어록에서 "아베상을 교육해서 의석수를 13석에서 88석까지 만들어 주었으며 자민당 국회의원 180명과 관계가 있다"는 보도이다. 당시 CBS 노컷뉴스의 보도에 따르면 "1993년 발행된 어록 제191권에서는 문선명이 자민당 의원들과 승공연합의 유착 관계를 자랑스럽게 말하기도 했다"면서 다음과 같은 내용을 소개했다.

"이것은 역사적 비밀들인데 본래는 일본의 나카소네와 가깝습니다. 40일마다 한 번씩 내가 정치 배경에 대한 것을 전부 문서로 보고해 방향을 제시해 왔어요. (중략) 아베상은 선거할 때 계파 의석수가 13석밖에 안 되었어요. 이것을 88명까지 전부 교육해 키워 준 거예요."

이런 보도 내용에 대해 통일교가 명예훼손으로 1억 원 손해배상을 청구했으나 재판부에서 충분히 타당한 의혹제기였다고 판결한 것이다. 또 다른 의혹으로 조상 구원 등의 명목으로 총 4조 원대 헌금을 걷었다는 의혹도 제기되었다.

한편 아베 총리는 2013년 3월 통일교의 관련 단체인 국제승공연합의 월간지 「세계사상」의 표지에 '강인한 나라 일본'이라는 제목 하에 등장한 바 있다. 일본에서 권위 있는 언론의 하나인 주간 「아사히」는 2015년 10월 23일 '아베 정권을 지배하는 종교'라는 제목 하에서 "아베 정권을 극우적인 신도정치연맹, 일본회의, 전일본불교회, 그리고 통일교가 지원하고 있다"고 보도하기도 했다. 뿐만 아니라 2016년 11월에 개최된 아베와 트럼프 대통령의 회담을 중개한 것이 통일교(세계평화통일 가정연합)였다는 주장이 「신초 45」라는 잡지에서 보도된 바 있다. 전후 구체제로부터의 탈출과 평화헌법 개헌을 통한 전쟁가능 국가로 변신하려는 아베 정권과 사상적으로도 가까운 것으로 보인다.[10]

아베 총리에 대해 한국 교회의 일부 극우적 지도자들이 입에 담을 수 없는 칭송과 예찬을 하는 것은 이해할 수 없다. "대한민국은 일본의 식민지로서 일본과 함께 전쟁에 참여했으니 전쟁의 전범이다", "문재인 정권이 끝내 반일을 고집한다면 정권 교체를 해서라도 친일로 가야 한국의 안보가 지켜진다" 같은 상식 밖의 주장이 통일교를 이단시하는 극우적 일부 목사들 입에서 나오고 있으니 참으로 아이러니하다. 아베 정권의 뿌리와 정치 이데올로기적인 성향 그리고 한국의 극우 조직이나 일부 종교단체들의 연결고리를 이해할 수 있는 여러 가지 시사점이 발견된다.

이와는 별개로 한국이 일본과의 경제전쟁에서 반드시 승리해야 하는 이유는 제2의 군사적 도발, 즉 독도에 대한 군사적 도발이 조만간 예견되기 때문이다. 2015년 아베는 박근혜 대통령과 위안부 밀약을 박정희가 일본과 맺은 굴욕적인 한일협정의 토대 위에서 시도한다. 아베의 지지 기반인 일부 우익들의 반대까지 무릅쓰고 정부 예산 10억 엔을 지출해 만든 아베와 박근혜 정부의 위안부 밀약이 촛불 시민혁명에 의해 새롭게 들어선 문재인 정부에 의해 무너지자 아베는 당황하기 시작한다. 일본 기업에 내린 강제징용 피해자에 대한 배상 판결 역시 전범국이라는 멍에를 벗고 싶은 아베 총리에게는 매우 뼈아픈 상처이다. 지난 7월 21일 참의원 서거에서 개헌안 2/3 의석을 불과 몇 석 차이로 확보하지 못했지만 아베는 평화헌법의 개정

야욕을 결코 포기하지 않을 것이다.

A급 전범의 후예인 아베의 4가지 군국주의적 야망은 이렇다. 첫째 위안부 성노예 피해자 문제와 강제징용 피해자 배상 문제 등 과거사 논란과 전범국의 멍에에서 벗어나는 것이다. 둘째 평화헌법 개정을 통해 자위대가 독자적으로 전쟁을 일으킬 수 있는 신군국주의의 길을 여는 것이다. 셋째 북한의 핵 위협을 핑계로 한국의 경제적 부상을 경제전쟁을 통해 사전 원천 봉쇄해 동북아에서의 군사적 패권 국가의 위상을 강화하는 것이다. 삼성 반도체의 부상, 북핵 문제 해결을 통한 남북 화해 협력 시대의 도래가 현실화되면, 방사능 오염 국가 일본의 미래는 없기 때문이다. 넷째 중국에 맞선 인도-태평양 해양 라인의 맹주로 일본이 재탄생하는 것이다. 앞으로 북미 회담이 성공하고 남북 화해 협력시대가 열리게 되면, 한국이 일본 영향권에서 완전히 벗어나 오히려 일본을 추월할 수 있다는 공포감을 가지고 있는 것이다. 트럼프의 아메리카 퍼스트 정책과 시진핑의 위대한 중화 민족의 부흥 정책인 중국몽 정책을 흉내 내어 신제국주의 구상을 실현하려는 것이다.

과연 아베는 한국과의 경제전쟁에서 최후의 승자가 될 수 있을까? 외신들은 벌써부터 "아베의 전쟁, 가망 없는 자해 행위"라 진단하고 있다. 「뉴욕타임스」는 "아베의 수출 규제는 트럼프 따라 하기"이며 "글로벌 무역 규칙에 도전"하는 것이라 비판했다. 미국의 「블룸버그 통신」 역시 "아베의 가망 없는 무역전쟁"이라 진단했고 「이코노미스트」는 "일본의 근시안적 규제이자 자해 행위"라고 비난했다.

외신의 낙관적 평가에도 불구하고 우리의 대응은 보다 철저하게

시스템적으로 이루어지지 않으면 안 된다. 아베의 일본이 한일경제
전쟁을 일으키는 구조적 원인과 역사 상황적 배경을 이해함과 더불
어, 국가와 기업 그리고 시민들이 함께 글로벌 거버넌스 협치 시스템
차원에서 통합적으로 대응해야 한다. 스마트 국가위기관리 시스템의
혁명을 통해 보다 철저하고 근본적인 대응책을 강구해야 할 것이다.
한일경제전쟁의 승리 역시 스마트 국가위기관리 시스템의 혁명을 통
해 가능하다. 기업 역시 스마트 위기관리 시스템의 혁명을 통해 새로
운 도약의 출구를 찾을 수 있다.

경제전쟁과 국가위기관리 시스템의 사전 2단계 대응 수칙

현안이 되고 있는 한일경제전쟁에 대한 스마트 국가위기관리 시스템
정착을 위한 사전 2단계의 주요 핵심 내용은 대체로 〈표1〉과 같다. 여
기에서 가장 중요한 점은 AI와 빅데이터에 기초한 한일경제전쟁의
원인과 예방 대책을 사전에 예측하고 시뮬레이션을 통해 대비했는가
하는 점이다. 이 밖에도 국가위기관리의 중요한 핵심 체계 즉 청와대
와 정부 각 부처는 물론 지방정부와 기업 그리고 시민사회 내의 다양
한 네트워크를 중심으로 종합적인 비상 계획을 수립했는가 하는 점
이다. 사전 2단계 예방과 대비 과정에서 추가적으로 중요한 점은 한
일경제전쟁 외에도 한일군사정보보호협정의 종료 문제, 미중무역전
쟁 그리고 국내 정치적인 보혁 갈등에서 오는 정치권의 충돌 등 여러
가지 상황 변수를 충분히 고려하면서 사전 예방과 대비를 충분히 해

표1 한일경제전쟁과 스마트 국가위기관리 시스템의 사전 2단계 10대 수칙

스마트 국가위기관리 시스템 – 사전 2단계	스마트 국가위기관리 대응을 위한 사전 대응 수칙
1단계 - 예방 국가위기를 예방하기 위해 빅데이터 등을 통해 사전 예측했는가?	1. 빅데이터 등을 통해 한일경제전쟁의 원인과 대책을 사전에 예측했는가? 2. 한일경제전쟁 발생에 따른 종합 대응 수칙에 따라 사전 예측과 평가를 수행했는가? 3. 국가위기관리의 핵심 체계를 중심으로 사전 예방대책을 수립했는가? 4. 한일경제전쟁의 발생 단계별 피해 경감 및 예방대책을 종합적으로 수립했는가? 5. 스마트 국가위기관리 시스템에 따라 AI 혁명 및 4차 산업혁명의 성과를 토대로 한 첨단화된 기술과 인력을 통해 종합적인 예방 대책을 수립했는가?
2단계 - 대비 국가위기에 대비하기 위해 시뮬레이션 등을 통해 사전 평가하고 비상계획을 수립했는가?	6. 빅데이터, AI 등 사전 시뮬레이션 등을 통해 한일경제전쟁에 따른 국가위기에 대한 종합적인 평가 및 비상 계획을 수립했는가? 7. 국가위기관리 대응 수칙에 따라 한일경제전쟁의 위기 발생 단계별로 종합적인 비상 계획을 수립했는가? 8. 한일외교전쟁의 발생 단계별로 국가위기관리 핵심 체계 및 시민 참여 협치 네트워크를 중심으로 비상 대비 계획을 수립했는가? 9. 실제 한일경제전쟁 발생 시에 대비해 사전에 실전 비상훈련과 교육을 실시했는가? 10. 한일경제전쟁은 물론 이와 연관된 미 경제전쟁 그리고 북핵 문제에 대한 종합적인 국가위기 발생을 관리하는 과정에서 핵심 위험요소 및 돌발상황 그리고 스마트 국가위기관리의 목표 등을 종합적으로 점검하고 대비했는가?

야 한다는 점이다. 앞으로도 한일경제전쟁은 더욱 치열하게 전개될 예정이다. 이러한 위기관리 시스템의 혁명적 재편과 업그레이드 작업은 사전 대응 단계에서부터 다양한 복합위기가 발생하는 전 과정에 필수적으로 요구된다.

경제전쟁 승리를 위한 국가위기관리 10대 종합 대응

한일경제전쟁에 대한 스마트 국가위기관리 시스템 차원의 10대 종합 대응 수칙에 따라 우리 정부의 바람직한 대책을 세부적으로 살펴보면 다음과 같다. 이러한 대책을 제안함에 있어 금년 8월 6일 청와대와 국가안보실의 국회운영위원회 보고 자료 내용을 일부 참조했다.

첫째 골든타임 내 빅데이터를 활용해 일본의 부당한 경제전쟁에 대한 시의적절한 종합 대응을 해야 한다. 일본의 화이트리스트(수출 절차 간소화 우대국) 배제 조처에 대한 우리 정부의 즉각적이고 적극적 대응이 필요하다. 일본이 한국을 제외한 화이트리스트는 우방 국가에 1,700여 개 전략 물자의 수출 절차를 간소화해 주는 제도이다. 이에 대해서는 일본의 조치에 대한 국내 기업의 직접적인 피해를 파악해 단기·중장기적 대책을 수립해야 한다. 더불어 우리도 산업통상자원부를 중심으로 기업별, 품목별 대응 시스템을 통해 대일 수출 품목의 강력한 규제를 통해 맞대응해야 한다. 구체적인 방법으로는 한국역시 일본을 화이트리스트에서 제외함은 물론이고 후쿠시마산 방사능 오염가능성 등 일본산 전체의 식품 검역 대폭 강화 조처, 폐기물 수입 규제 도입, 일본 관광 관련 국민 안전 조치 강화 등 상응하는 조처를 강력히 추진해야 한다.

둘째 AI 등 4차 산업혁명에 기초한 첨단 인력과 장비를 적절하게 동원해야 한다. 한일경제전쟁은 삼성반도체를 비롯한 4차 산업혁명 분야의 선점을 위한 국제적 경제전쟁이다. 대기업을 비롯한 중소벤처기업 기술력과 네트워크를 최대한 활용해 한일경제전쟁과 미중경제전쟁의 파장 등에 대한 종합적인 대책을 민·관·산·학·연 차원에서 마련해야 할 것이다.

셋째 스마트 국가위기관리 종합통제센터를 운영해 해외 우방 국가 및 중앙정부와 유관 기관 그리고 지방자치단체에 이르기까지 경제전쟁 승리를 위한 종합적인 컨트롤타워를 수립해야 한다. 이미 정부는 범국가적인 비상 협력 기구로서 일본수출 규제대책 민·관·정 협의회를 구성했(7. 29)고, 이에 따라 한일 양자 협의(7. 12)와 한일 외교장관 회담(8. 1) 등을 통해 수출 규제 조치 철회를 촉구하는 한편 일본의 수출 규제 조치를 WTO에 제소하기 위한 법률 검토에 들어갔다.

청와대 국가안전보장회의(NSC) 산하의 국가위기관리센터를 중심으로 일본의 수출 규제 조치에 대한 종합적 대응을 하는 과정에서 (1) 북한의 단거리 미사일 발사체에 대한 대북 위기관리 및 국제적 공, (2) 러시아 군용기의 우리 영공 침범에 대한 유관 부처 및 한미 간 신속 대응 체계 구축, (3) 강한 군대 건설을 위한 국방 개혁 2.0 추진 등을 동시적으로 점검하고 종합적인 대응책을 마련한 것은 매우 시의적절했다.

현재 문재인 정부의 국가안보실 조직은 국가안보실장과 1·2 차장으로 구성되어 있으며, 국가안보실 산하에 국가위기관리센터가 독립적으로 편재되어 있다. 국가안보실 1차장(NSC 사무처장 겸임) 산하에 안보전략 비서관실, 국방개혁 비서관실, 사이버정보 비서관실이 구성되어 운영되고 있으며, 국가안보실 2차장 산하에 평화기획 비서관, 외교정책 비서관, 통일정책 비서관실이 구성 운영되고 있다.

2019년도 국가안보실 주요 사업비를 살펴보면 14억 9,600만 원에 불과하며 인건비 및 기본경비는 대통령 비서실과 통합 운영되고 있다. 따라서 향후 스마트 국가위기관리 시스템의 강화를 위해서는 국가안보실장 직속의 국가위기관리센터장의 위상과 역할이 대폭 강화되어야 한다. 또한 청와대의 국가위기관리센터가 해외 공관은 물론 국방부를 비롯한 정부 각 부처와 스마트 위기관리 시스템으로 긴밀히 연계되어야 한다. 운용 비용 역시 다른 어떤 청와대 예산보다 강화되어 한일경제전쟁과 같은 국가위기 시에 스마트 국가위기관리를 위한 종합통제센터로서의 위상과 역할을 대폭 강화해야 할 것이다.

넷째 예상 밖의 돌출 리스크에 대한 대비가 필요하다. 한일경제전쟁의 경우 한일 간의 독특한 민족적 감정이 자리잡고 있고 양국 내부의 극한적인 좌우 정치세력이 대립하고 있다. 통제불가능한 돌출상황을 관리할 수 있는 예방적 시스템이 매우 중요하다.

한국 국민의 아베 규탄과 일본 제품 불매운동의 전국적 확산, 한일 군사정보보호협정의 종료, 2020 일본 도쿄올림픽 시기 후쿠시마 경기장의 방사능 오염 위험성 제기 등 다양한 변수들이 제기되고 있다. 이 밖에도 시민의 자발적인 불매운동이 아닌 기초지방자치단체가 앞장 선 불매운동에 대한 국민적 반감과 일본인 관광객에 대한 한국인 폭행 사건 발생 등도 사려 깊게 관리해야 할 돌발 리스크이다. 특히 한일군사정보보호협정의 종료를 계기로 북한의 연이은 미사일 발사, 트럼프 대통령의 강력한 유감 표시, 미국 내 일각에서 제기되고 있는 주한미군 철수론 그리고 아베 총리의 추가적인 외교-군사적인 공세는 향후 한일경제전쟁의 승리를 위한 가장 핵심적인 돌발 리스트 관리 대상이라 할 수 있다.

최악으로 치닫고 있는 미중 무역전쟁도 국가위기관리적 차원에서 매우 중요한 돌발 리스크 중 하나이다. 트럼프 대통령이 시진핑 주석을 적으로 언급하는가 하면, 미중 간의 관세 폭탄 전쟁으로 불릴 만큼 물러설 수 없는 상황으로 치닫고 있다. 심지어 트럼프 대통령은 미국 기업에게 중국에서 철수할 것을 압박하는가 하면 "1977년 통과된 비상경제권법"을 들고 중국에 대해 국가 비상사태를 선포했다 또한 외환거래를 규제할 수도 있다는 뉘앙스의 대중 경제적 선전포고를 강화해 나가고 있다. 시진핑 주석의 중국도 미국산 자동차에 대한 추가 관세 등 결사항전의 뜻을 비치고 있다.

문재인 정부가 당면하고 있는 상황은 아베의 한국에 대한 경제전쟁 선포와 미중 무역전쟁의 가속화, 북한의 대남 군사도발과 더불어 위험수위를 넘는 문재인 정부에 대한 비난 그리고 조국 법무부장관 후보자 청문회를 둘러싼 여야 갈등과 보혁 갈등은 심각한 양상으로 치닫고 있다.

현재의 상황을 국가위기로 볼 수 있는가는 평가와 무관하게, 작금의 진행되는 상황이 국제 정치적으로는 물론이고 국내적으로도 정치, 경제, 이념 등 복합적인 위기가 결합되어 나타나고 있기 때문에 이에 대한 대응 역시 빅데이터와 AI에 기초한 매우 정교하고 과학적인 예측과 시뮬레이션이 수반되지 않으면 안 된다. 예를 들어 한일경제전쟁의 심화에 따른 단계별 예측 시나리오나, IMF 외환위기와는 질적으로 다르지만 안정적인 외환 보유고 확보, 미중경제전쟁과 추가 관세 전쟁이 한국경제에 미칠 영향 등에 대한 통합적인 위기관리가 필요하다.

현상적으로는 한일경제전쟁과 무관해 보이지만 조국 변수도 중요한 위기관리의 요소이다. 문재인 정부 하에서 가장 선두에서 반아베 노선을 견지하면서 일본 제품 불매운동을 전개해 온 조국 법무부장관 후보가 검찰의 영장 청구를 계기로 야당과 보수 진영의 핵심 타깃이 되고 있다. 한국의 국가적 위기의 중심에는 항상 보혁 갈등이 자리잡고 있다. 이에 대한 해법 역시 국제 정치적 시스템으로만 해결할 것이 아니라, 청와대·정부·국회·시민사회 내의 다양한 정치 세력 간의 종합적 협치 네트워크를 통해 국제적 또는 국내적 정치 위기를 극복해야 한다.

다섯째 현장 책임 조직과 유관 기관의 전문적인 과업 수행이 이루어져야 하며, 주어진 전문 분야에 따라서 자율적이면서도 통합적인 대응을 해야 할 것이다. 우선 일본에 대한 대응은 외교부 및 산자부 등 관련 부처의 전문성에 기초한 대응이 청와대 및 총리실과의 밀접한 협력 속에서 진행되어야 한다. 동시에 국내 기업 및 국제적인 공조를 위해 해당 부처 및 UN 국제기구 등 유관 기관 그리고 기업 및 외국 투자은행, 신용평가사 등 민간 차원의 다양한 협력이 이루어져야 한다.

문재인 정부는 이미 안보 2차장 및 통상교섭본부장의 방미, 재외 공관을 통한 미국 등 주요국의 지지 확보를 위한 노력(7. 10~7. 25)을 추진하는 한편 국제기구 및 외국 투자은행 등 해외 투자자 400명에게 메일을 발송하는 등 우리 정부의 입장을 전달하기 위한 시의적절한 대응을 이미 수행한 바 있다. 하지만 보다 글로벌한 네트워크를 통해 해외와 국내, 그리고 한일경제전쟁의 현장과 중앙정부 사이의 자율적이면서도 통합적인 시스템적 대응을 해야 할 것이다.

여섯째 소셜 미디어를 포함한 매스컴의 공공성을 적극 활용해야 한다. 현대전은 외교전이고 정보전이고 전 국민의 통합적 힘이 필요한 국민외교전이다. 따라서 대한민국이 확보하고 있는 정보통신사업의 우수성, 특히 소셜 미디어를 중심으로 한 국민들의 통합적인 정보력과 애국심을 적극 활용할 필요가 있다.

한일경제전쟁에 있어서 가장 위력을 보이, 문재인 정부에 큰 힘이 되어 준 부분이 바로 한국 국민의 소셜 미디어를 중심으로 한 총력적인 국민 외교전이라 할 수 있다. SNS를 통해 자발적으로 진행된 일본 제품 불매운동에서부터 일본 관광 보이콧 운동, 광범위한 아베 규탄 시민 집회 등을 통해 문재인 정부의 강력한 대일 외교전쟁에 힘을 실어주는 한편 국내 정치적으로 일부 야당의 정치 공세로 인한 내부 분열의 요소를 원천적으로 차단하는 효과를 가져왔다. 특히 한일 간의 국민 외교전쟁에서 촛불 시민혁명처럼 초중고 학생은 물론 남녀노소의 자발적인 반일 시민운동으로 확산되어 향후 한국의 경제적 자주권을 확장해 나가는 데 결정적인 원동력이 되었다.

일곱째 현장 수칙 및 규정 적용에 있어서 유연성을 발휘한 외교적 대응도 병행해야 한다. 한일경제전쟁은 외교전이요 경제전의 성격을 띠고 있다. 따라서 모든 대응에 있어서 명료한 원칙과 매뉴얼이 있어야 하지만, 상황에 따라 매우 유연한 외교적 대응과 경제적 협상이 병행되어야 한다. 내부적으로 일본에 대한 대응에 있어서도 강온 양면책이 준비되어야 한다.

여덟째 전문화되고 분권화된 의사결정을 이루면서 추진해야 한다. 한일경제전쟁의 양태는 경제영역 뿐만 아니라 국제법적인 영역 그리고 군사와 외교적인 영역 등 전면전의 형태를 띤다. 우리 정부 내의 전문화되고 분권화된 의사결정을 존중하면서도 스마트 통합 국가위기관리 센터 차원에서 이를 종합화시키는 노력이 매우 중요하다.

아홉째 국가위기 예방을 위한 사전·사후 활동을 지속적으로 전개해야 한다. 이를 위해서는 경제전쟁의 피해를 최소화하는 한편 유사 경제 위기가 발생되지 않도록 재발 방지 대책을 마련해야 한다. 왜냐하면 한일경제전쟁은 아베 총리의 오랜 신군국주의화 전략 때문에 시작된 것이기에 결코 쉽게 끝나지 않을 것이고, 미중경제전쟁 등 다양한 국제 정치 경제적 위기가 언제든지 반복될 수 있기 때문이다. 정부는 일본의 수출 규제 대상 품목 1,194개(전략물자 1,120개) 중 159개를 국내 산업에 영향을 미치는 관리 대상 품목으로 식별하는 한편 수입선 다변화 및 국내 기업의 피해를 최소화하기 위해 소재품 수급 대응 지원 센터를 효율적으로 운영할 필요가 있다.

열 번째 가장 중요한 대응 수칙으로 한일경제전쟁을 비롯한 각종 국가적 위기에 대해 통합적 스마트 국가위기관리 대책을 다음과 같이 수립해야 한다.

(1) 한일경제전쟁의 원인이 매우 뿌리 깊듯이 일본의 한국에 대한 신군국주의적인 침략과 야욕은 장기적으로 이어질 것이다. 따라서 경제전쟁 승리를 위해서는 우선 세계무역기구(WTO) 제소 및 유엔 인권위 등을 통한 다양한 국제적 연대활동을 장기적으로 지속해야 한다. WTO에 대한 제소는 물론 수출입 시장의 다변화를 위해 중국 및 아세안 등과의 국제적 연대 역시 강화해야 한다. 왕이王毅 중국 외교부장은 "아세안 국가와 한중일 3국은 원 패밀리다. 이런 문제는 상대에 대한 신뢰로 해결돼야 한다"고 발언한 바 있다. 뿐만 아니라 위안부 성노예 피해자 및 강제노동 피해자에 대한 국제적 호소를 강화해야 한다. 위안부 피해 생존자는 240명 중 이제 20명에 불과하다. 모두 85세 이상의 고령자, 절반 이상은 90세가 넘은 상황이다. 위안부 문제와 일제 징용 문제에 대해서는 국제기구뿐만이 아니라 전 세계의 평화와 인권 애호 시민 그리고 일본 내의 양심적 지식인과 시민들을 대상으로 글로벌 SNS 평화 인권 운동을 지속적으로 전개해야 한다.

(2) 한일군사정보보호협정의 종료에 따른 특단의 후속 대책 마련이 필요하다. 한일군사정보보호협정은 애당초 일본의 요청 형식을 빌렸지만, 근본적으로는 한미일 안보 공조로 중국을 견제하겠다는 미국의 전략적 포석이 구체화된 것이다. 일부에서는 이 협정을 단순히 대일 카드가 아닌 대미 안보 협력의 상징으로 평가하기도 한다. 미국이 협정 종료 직전에 현상 동결 합의standstill agreement안을 꺼낸 것도 이런 배경에서다.

한국 정부의 한일군사정보협정 종료 결정 이후에 트럼프 대통령의 "한국에 무슨 일이 일어나는지 지켜보겠다"는 발언이나, 미 국무부 등에서 "주한미군에 대한 위협을 증가시킬 수 있다"면서 이례적으로 강한 유감을 표명하고 있는 것을 감안해, 향후 한미 동맹에 균열이 가지 않는 범위에서 한미일 군사협력이 지속될 수 있는 방안도 적극 강구할 필요가 있다.

　정부는 한일군사정보보호협정을 결정하면서 한국을 화이트리스트에서 제외하며 믿을 수 없는 국가로 규정한 일본과 민감한 군사 정보를 주고받는 건 앞뒤가 맞지 않는다는 입장에서 종료라는 초강수를 두었다. 이런 상황에서 북한은 한일군사정보보호협정 종료 이틀 만에 초대형 방사포라 지칭하는 신무기를 발사했다. 금년 들어 5월 이후 3종의 신형 단거리 발사체를 8번이나 발사한 이후 다시 발사한 것이다.[11] 이는 단기적으로는 북한이 한미일 간의 한일군사정보보호협정 체제를 흔들려는 군사적 목적 외에도 트럼프 대통령과의 북미 직접 대화를 앞두고 한국 정부를 압박하려는 카드로 보인다. 한일경제전쟁은 한일군사정보보호협정, 한미 간의 군사동맹 그리고 동북아의 군사적 긴장 해소와 북한의 비핵화라는 매우 중요한 국가적 안보 상황과 연결되어 있다. 때문에 스마트 국가위기관리 시스템 차원에서의 예방과 대비, 그리고 사전·사후 대책 마련은 아무리 강조해도 지나치지 않을 것이다.

　한일군사정보보호협정이 미국이 중국을 겨냥해 동아시아에서 미사일 방어(MD) 체제를 구축·운영하는 데 핵심적인 부분이기 때문에 향후 한국의 이에 대한 외교 군사적 대응이 매우 중요하다. 당장은

2014년 한미일이 체결한 정보공유약정(TISA)을 활용하면 되지만, 트럼프 대통령 자체가 매우 예측불가능한 패권적 지도자이기 때문에 돌출 행동 및 불가예측적 상황에 대한 사전 예측과 대비는 매우 중요하다.

이와 관련해 트럼프 대통령은 한일군사정보보호협정 종료 결정에 대해서는 "강한 우려와 실망감"을 이미 수차례 표방하는가 하면, 미사일을 발사한 북한에 대해 강도 높은 비난을 하는 아베 총리를 향해 "한미연합군사훈련은 완전한 돈 낭비로 불필요하다고 생각한다"는 취지의 발언을 해 이와 관련된 향후 대응 역시 필요하다. 미국의 자국 이기주의에 따른 결정이 자칫 한일군사정보보호협정 종료 등과 맞물려 과도한 방위비 분담으로 이어지고, 주한미군 철수 같은 예측불가능한 동북아의 안보적 위기로 치달을 수 있는 위험성도 내재되어 있기 때문이다.

(3) 중장기적으로 아베가 사활을 걸고 새로운 부흥 전략의 중요한 계기로 설정하고 있는 2020 도쿄올림픽에 대한 강력한 대응이 요구된다. 오랜 기간 올림픽을 준비한 선수들이 있기 때문에, 전면적인 보이콧 운동보다는 후쿠시마 지역에서 개최되는 일부 경기의 이전을 비롯해 방사능 오염 위험성이 있는 식품 안전성 문제 등을 국제적으로 연대해 집중적인 문제 제기를 할 필요가 있다.

도쿄올림픽에서는 야구 개막전과 소프트볼 경기가 후쿠시마에서 열린다. 동일본 대지진 당시 심각한 방사능 유출이 있어 전 세계를 공포로 몰아넣었던 후쿠시마 제1원전에서 불과 76km 밖에 떨어지지 않은 곳이다. 더구나 도쿄올림픽 조직위원회는 "후쿠시마산 농산

물을 일본 전역의 올림픽 선수촌에서 사용하겠다"고 공표했다. 도쿄 올림픽 위원회가 한국의 독도 지도 삭제 요청을 거부한 것도 아베 정권의 독도에 대한 군사적 도발 계획과 무관하지 않다. 우리는 아베 정권의 외교적 대응에 일희일비할 것이 아니라, 이번에 실시한 독도 영토 수호 훈련처럼 체계적이고 지속적인 종합적 대응을 해야 한다.

일본은 도쿄올림픽이 열리는 2020년에 관광객 4,000만 명을 유치하겠다는 포부를 가지고 있다. 우리는 실질적으로 후쿠시마올림픽이 될 도쿄올림픽에 대해 심각한 방사능 오염 문제 등을 이유로 IOC 긴급 이사회를 통해 후쿠시마 등 일부 개최지의 변경을 요구할 필요가 있다. 이는 아베 총리의 일본에게 가장 뼈아픈 아킬레스가 될 것이다.

(4) 한일경제전쟁의 최종적 승리와 유사 위기의 재발 방지를 위해서는 법과 조직, 운용, 정보화, 자원관리, 교육훈련 등 국가위기관리의 6대 핵심 체계를 중심으로 전반적인 재정비 작업이 필수적이다. 몇 가지 예를 들면 일본의 화이트리스트 배제 대상이 되고 있는 소재·부품·장비의 단기 공급 안정성 확보와 경쟁력 강화 지원을 위한 법·제도적 지원책 마련, 빅데이터에 기초한 한일경제전쟁의 진행 과정에 대한 면밀한 평가와 AI에 기초한 시뮬레이션을 통한 종합적인 예방 대책 수립 그리고 자원관리 및 교육훈련에서 4차 산업혁명에 기초한 전반적인 재정비 작업 등이다.

(5) AI 혁명 및 4차 산업혁명 시대를 맞이하여 스마트 국가위기관리 시스템의 혁명적 재편이 필요하다. 이는 저자의 박사논문과 이 책의 가장 핵심적인 문제의식 중 하나이다. 문재인 정부는 한일경제전쟁을 계기로 AI 혁명과 4차 산업혁명의 시대를 주도적으로 준비해

한일경제전쟁의 위기는 물론 다양한 국가적 위기를 돌파할 수 있는 스마트 국가위기관리 시스템 혁명에 돌입해야 한다.

이상에서 살펴본 한일경제전쟁에 대한 스마트 국가위기관리 시스템 차원에서의 종합적 대응 방안을 도표로 정리해 보면 다음과 같다.

표2 한일 경제전쟁에 대한 스마트 국가위기관리 체제 10대 수행 원칙

국가위기관리 대응 10대 수행원칙	한일경제전쟁과 10대 스마트 국가위기관리 시스템 대책
❶ 골든타임 내 빅데이터를 활용한 적절한 초기 대응	- 일본의 한국에 대한 화이트리스트 제외 등 경제전쟁 선포 시 골든타임 내 빅데이터를 활용해 적절하게 초기 대응이 이루어지는가? - 한국의 일본에 대한 종합적 대응 방안 마련 시 기존의 한일무역 갈등 등 종합적인 위기 발생 관련 빅데이터를 최대한 활용하고 있는가? - 경제전쟁 발생에 따른 예방과 대비 단계에서 검토한 사전 예측과 평가에 따라 골든타임 내 적절한 대응이 이루어지는가?
❷ 인력, 장비(인공지능 시스템 등)의 적합한 동원	- 경제전쟁 및 군사적 갈등 등 종합적으로 국가위기 상황을 타개할 수 있는 적합한 인력과 장비가 동원되고 있는가? - 한일 갈등과 관련한 경제, 외교, 군사 등 각 분야의 전문성을 갖춘 훈련된 인력을 현장에 적재적소 배치하고 있는가? - 경제전쟁에 따른 경제적 파급효과 등에 대해 현장 상황에 맞는 다양한 인공지능 시스템이 충분히 동원되었는가?
❸ 스마트 국가위기관리 종합통제센터의 운영	- 경제전쟁에 따른 스마트 국가위기관리 종합통제센터가 적절히 운영되는가? - 한일경제전쟁 및 미중무역갈등 그리고 한반도 주변의 국가적 위기 상황 판단에 필요한 종합적인 빅데이터가 제공되고 있는가? - 중앙정부와 지방자치단체, 그리고 민간기업과 자영업자, 시민들 간의 목표와 이해관계 사이 충돌은 없는가?
❹ 돌발 리스크 대비	- 경제전쟁이 가져다 줄 국가위기의 종합적 특성을 이해하고 예측불가능한 돌발 리스크를 우선적으로 고려하는가? - 과도한 명분이나 정치적 접근으로 상황 악화의 위험성은 없는가? - 돌발 리스크를 해결하기 위해 4차 산업혁명의 성과가 충분히 동원되고 있는가?
❺ 현장 책임 조직과 유관 기관의 전문적 과업 수행	- 한국과 일본의 기업 현장 책임 조직과 유관 기관은 업무를 전문적으로 수행하는가? - 경제전쟁 관련 지원 기관과 전문가 그리고 자발적인 시민사회단체 조직은 효과적으로 공조하고 있는가? - 한일 간 경제전쟁의 상황 변화에 따라 현장 상황에 맞는 빅데이터, 인공지능 전문가는 적극 활용되는가?

국가위기관리 대응 10대 수행원칙	한일경제전쟁과 10대 스마트 국가위기관리 시스템 대책
❻ 원활한 의사소통과 매스컴(SNS)의 공공성 활용	- 경제전쟁의 외교적 문제 해결을 위해 한일 간에 혹은 산하 유관 기관들과 수평적 의사소통의 통로는 충분히 확보되었는가? - 언론매체(특히 SNS)를 통해 경제전쟁과 그에 따른 국가위기 상황을 국민들에게 정확히 알리고 대처하는가? - 시민 참여 소셜 네트워크를 통해 종합 대응과 피해 확산 방지를 하고 있는가?
❼ 현장 수칙과 규정 적용의 유연화	- 다양한 쟁점 사안에 대해 현장 상황에 맞게 주무 책임 기관들이 현장 수칙 및 규정을 유연하게 적용하고 있는가? - 4차 산업혁명의 성과를 반영한 스마트 시스템이 중앙 및 지방정부 차원에서 충분히 반영되고 있는가? - 경제전쟁의 파장에 대해 중장기 대책과 종합 재발 방지 대책을 마련했는가?
❽ 의사결정의 전문화와 분권화	- 경제전쟁의 원인과 쟁점 그리고 향후 대응 방향에 대해 객관적인 빅데이터나 첨단적인 AI 기술에 따라 상황 판단을 했는가? - 의사결정이 현장 책임자 중심으로 전문화되고 분권적으로 판단되었는가? - 중앙과 현장, 그리고 민간 차원의 협치 시스템이 효과적으로 작동되었는가?
❾ 국가위기 예방을 위한 사전·사후 활동	- 빅데이터와 시뮬레이션 분석으로 경제전쟁에 필요한 자원관리 등이 예방 관리되고 있는가? - 경제전쟁 및 이와 연관된 한일 외교·군사적 갈등 및 미중 경제전쟁과 북핵 문제 등 한반도의 총체적인 국가위기 상황에 대해 기관마다 적절한 실전 교육과 첨단 훈련(3D 기반 가상체험 훈련 포함)이 지속적으로 시행되는가? - 경제전쟁에 대한 대응이 일시적이고 미봉적으로 진행되는 것이 아니라, 스마트 국가위기관리 시스템 차원에서 종합적인 대응과 복구 과정이 유사 위기의 재발 방지를 위해 예방과 대비 조처 준비로 연결되었는가?
❿ 통합적인 스마트 국가위기관리 대책	- 한일경제전쟁과 연계된 한일군사정보보호협정 종료 등 위기관리 전 과정에서 스마트 시스템이 제대로 작동되었는가? - 한일경제전쟁을 중심으로 한 스마트 국가위기관리 시스템 정착을 위해 법·조직·운영·정보화·자원관리·교육훈련 등 핵심 체계의 종합 대책이 마련되었는가? - 국가적 위기 극복 과정에서 스마트 국가발전 전략의 수립을 위해 도움이 되는 빅데이터 및 각종 정보가 공유되고 있는가?

스마트 안전도시 네트워크의 전국적 확산

스마트 국가위기관리 시스템을 도입하고 정착하는 데 빼놓을 수 없는 중요한 사실은 중앙정부뿐 아니라 위기 발생의 핵심 현장인 지방정부에서 스마트한 시스템적 해결이 필요하다는 점이다. 아무리 스마트 국가위기관리 시스템을 위해 대통령 직속으로 청와대 혹은 민간 분야에 통합위기관리센터가 구축된다 하더라도, 세월호 참사나 메르스 사태 같이 지역 현장에서 위기가 발생했을 경우 전문성에 기초한 분권화된 책임과 역할 그리고 기술과 인력이 투입되지 않으면 시스템은 출발부터 무너지기 때문이다. 스마트 국가위기관리 시스템의 도입과 정착을 위해서는 스마트 시티 모델 도시의 형태로 진행된 다양한 사업에 대한 평가를 통해 성공 사례와 발전적인 내용을 스마트 거버넌스의 형태로 전국적으로 확산할 필요가 있다.

이런 맥락에서 고양시의 스마트 안전도시 구축 사업은 벤치마킹할 필요가 있다. 고양시는 2010년부터 외부 전문가 연구 용역을 통해 스마트시티 고도화 사업 방안 연구[12] 등을 해왔다. 스마트 폰을 활용한 스마트 행정 서비스 체계 구축 그리고 향후 스마트 시티 구현의 확정성을 고려한 스마트 시티 센터와 시청 내 사이버 안전상황실 구축 방안을 마련하기 시작했다. 이런 노력으로 인해 8년이 지난 이후 고양 청년 스마트 타운 조성 그리고 고양형 스마트 안전도시 구축과 시민의 삶의 질 개선을 위한 스마트 폰 시티 추진이라는 발전된 목표를 향해 나아갈 수 있었다.

창릉 신도시 개발과 스마트 안전도시

스마트 국가위기 관리 시스템의 혁명을 위해서는 우선 정부 차원의 전통적인 아날로그식 시스템을 혁신해 내지 않으면 안 된다. 그리고 여기에는 반드시 지방정부 차원의 스마트 시티가 체계적으로 구축되어야 한다. 이민화를 비롯한 많은 전문가들은 스마트 안전도시를 통한 스마트 거버넌스 체제의 구축이야말로 스마트 국가위기관리 시스템의 도입과 정착에 가장 핵심적인 요소이며, 크고 작은 국가적 위기를 극복할 수 있는 열쇠라고 역설했다.

프롤로그에서는 앞서 살펴본 국가적 차원의 한일경제전쟁에 대한 사례 분석과 더불어 전국적으로 뜨거운 쟁점이 되고 있는 창릉 3기 신도시 개발 사업에 대한 사례 분석을 병행하려 한다.

창릉 신도시 개발의 핵심적인 내용에 대해 국토교통부(2019. 5. 7)와 고양시(2019. 6. 25)가 발표한 내용을 종합해 보면 대체로 다음과 같다.

고양시의 덕양구 지역에 있는 창릉 신도시 개발을 통해 제1판교의 2.7배에 해당하는 자족 용지를 통해 스타트업·벤처 특구로 조성한다는 것이다. 구체적인 방향을 살펴보면 (1) 총 네 곳의 기업 지원 허브와 기업 성장 지원 센터를 건설·운영해 1,000개 기업을 유치, 육성한다. (2) 전체 면적 246만 평 중 공원 녹지(40%), 도시 지원 시설(20%), 도로·학교(20%) 그리고 주택 용지(20%) 수준으로 추진한다. (3) 군 30사단 부지는 서울 숲 두 배 규모의 도시 숲으로 조성하며, 문화유산인 서오릉 주변에는 아파트를 짓지 않는다. (4) 고양도시공사가 참여해 개발 이익을 기존 도심에 재투자하고 고양선으로 원흥 등 10만 명에게 혜택을 보게 한다.

덕양(창릉)에 계획된 3기 신도시 프로젝트가 일산을 중심으로 추진되고 있는 통일 한국의 실리콘밸리 프로젝트와 스마트 시티 거버넌스 모델로 상생적으로 추진된다면, 이민화가 특별히 강조하고 있는 4차 산업혁명의 시대 새로운 스마트 시티 건설을 통한 스마트 거버넌스의 구현은 훨씬 더 현실화될 것이다.

저자가 고양 시장으로 재직하던 당시에 중앙정부 그리고 경기도와 오랜 기간 협의해 상당히 힘들게 유치해, 야심적으로 추진하던 통일 한국의 실리콘밸리 프로젝트의 기본 구상과 추진 내역은 대체로 다음과 같다.[13]

첫째 통일 한국의 실리콘밸리 프로젝트는 일산 지역을 중심으로 2023년(GTX 개통)까지 테크노밸리, 방송영상밸리, 킨텍스 제3전시장, CJ라이브시티(구 CJ 컬처밸리 프로젝트)를 완공시켜 100만평 규모의 IT·MEDIA·MICE 특구로 조성할 계획이다.

구체적으로 살펴보면 다음과 같다. (1) 테크노밸리의 1/5은 도시첨단 산단(세제 혜택)으로 지정해 대기업 유치 (2) 킨텍스 제3전시장의 2019년 예비 타당성 확정 통해 세계 20대 MICE 전시장으로 육성 (3) 방송영상밸리는 5만 평 규모의 방송 제작 센터가 확정되어 2019년 9월 현재 계획 승인 완료 등 착실히 진행 (4) CJ라이브시티에 세계 1위 기업(AEG)과 제휴해 2만 석 규모의 K-POP 전용 아레나(초대형 공연장)·호텔·테마파크 등을 건설해 한류 관광단지로 조성한다는 것이다.

둘째 저자가 시장 재임 시절 복합 환승 센터 시범 사업으로 추진되어 국가 정책 사업으로 선정된 대곡역은 6개의 철도 노선(GTX-A노선, 일산선, 경의중앙선, 교외선, 대곡~소사선, 고양선)이 통과되는 교통의 요충지로, 덕양 지역은 물론 고양시와 경기북권의 교통요지로 발전시키겠다는 구상이다. 구체적인 사업 방향은 대곡역이 덕양과 일산을 하나의 생활권으로 연계하는 중심지 역할을 수행하고, 도로와 철도의 입체적 환승 시스템과 업무 시설 복합 개발로 자족 기능을 확대한다는 것이다.

셋째 공동주택 형태에 맞는 리모델링 모델 지원을 위한 조례 제정 및 성공적인 모델 마련 그리고 고양선의 일산 연장을 인천 2호선과 함께 추진해 일산 지역의 교통문제 해결은 물론 1기 신도시와의 상생 발전을 추진한다는 계획이다.

창릉 신도시와 시민 참여적 스마트 거버넌스

창릉 신도시 사업이 성공적으로 추진되기 위해서는 최초의 정책 입안과 추진 주체인 국토교통부를 비롯해 개발 사업 대상 지역인 고양시 그리고 사업의 실질적인 추진을 책질 LH와 고양도시공사 등 범정부적 차원의 시민 참여적 스마트 거버넌스 협치 시스템이 가동되어야 한다. 이제는 권위주의 정권 시절 같이 정부가 일방적으로 발표하고 결정하면 지방자치단체와 해당 주민들이 무조건적으로 수용하는 상의하달식 명령 시스템은 작동되기 어렵다. 오히려 각종 주민대책위를 중심으로 한 해당 지역 주민의 의견을 제도적으로 수렴하고, 지방자치단체 그리고 유관 공공기관 등과 체계적인 협치 거버넌스 체제를 구축해 추진하는 것이 효과를 배가시킬 수 있다. 이것이 바로 스마트 도시를 통한 스마트 거버넌스 체제이며, 최근 발생하고 있는 여러 가지 크고 작은 위기를 극복할 수 있는 위기관리 시스템 혁명이다.

이런 관점에서 스마트 안전도시 네트워크와 관련해 상세히 살펴보면, 현재 광역 및 기초 지방자치단체에서 추진하고 있는 대표적인 스마트 시티 건설 사업(정보통신산업진흥원, 2013)은 고양시가 미래창조과학부와 LG U+ 등 9개 기관이 함께 참여하는 IoT 융·복합 시범단지(2016년) 외에도 인천의 글로벌 스마트시티 실증 단지(2015년), 대구의 수요 연계형 헬스케어 실증 단지(2015년), 서울의 개방형 스마트 홈 사업, 대전과 제주의 스마트그리드 보안 사업 등을 비롯해 전국적으로 50개 지자체에서 추진되고 있다.[14] 또한 인천 부평과 부산 사하, 고양(화정, 삼송, 일산) 등의 지역에서는 원도심을 대상으로 스마트 도시 재생 뉴딜 사업을 추진하고 있다. 이러한 시범 사업 중 성공한 사업은 전국적 단위의 스마트 안전도시 네트워크 차원에서 정보와 사업 방향을 공유해야 한다. 더불어 기초지방자치단체와 광역자치단체 차원에서 스마트 안전도시 구현을 통한 스마트 거버넌스 4.0 체제를 구축하기 위해 범정부적인 지원과 협력을 아끼지 말아야 한다.

최근 문재인 정부에서 새롭게 추진하는 창릉 신도시를 비롯한 3기 신도시의 경우[15]를 보면 교통문제 및 부동산 가격 하락 등으로 신도시 1, 2기 지역의 주민들이 강력히 반대하고 있는 상황이다. 이러한 경우 전통적인 방식의 신도시 건설은 애당초 목표했던 서울 강남 지역의 집값 하락은 물론 국토의 균형 발전 차원에서 다양한 지역 주민들의 행복지수를 높여 주기 어렵다. 따라서 향후 새롭게 건설하는 모든 신도시는 스마트 거버넌스 차원에서 시민 안전을 위한 스마트 시티 건설을 제1차적 목표로 해야 한다. 단순히 개발하고자 하는 신도시 지역만 아니라 인근의 재개발 지역이나 혹은 이미 개발된 1, 2기 신도시와의 스마트 거버넌스 협치 네트워크 차원에서 공동 발전할 수 있는 방향으로 정책적 전환이 요구된다.

가장 논란이 되고 있는 교통문제 해결이나 부동산 가격의 하락 같은 논란 역시 시민 참여형 스마트 도시 건설 과정에서, 해당 지역의 거주 주민은 물론 인근 지역의 주민까지 참여해 공동 발전을 모색하는 스마트 시민 참여 거버넌스 발전 모델을 만들 필요가 있다. 이 과정에서 극단적인 갈등이 노정될 수 있다. 그러나 정부에 의해 강압적으로 추진되어 자신들의 권익이 반영되지 못하는 구시대적인 뉴타운 방식보다는 새로운 신도시의 건설이 자기 지역 발전과 연계될 수 있는 대안이 모색되는 것이 훨씬 나은 선택일 것이다.

제3기 신도시 건설에 가장 논란이 되고 있는 고양시 창릉 지역의 경우도 1, 2기 신도시인 일산과 파주 지역의 반발이 거세고 있는 상황이다. 현재 추진되고 있는 GTX-A 노선을 비롯해 일산 지역을 중심으로 통일 한국의 실리콘밸리 프로젝트라는 이름 아래 추진되었던 초대형 국책사업 그리고 교통, 안전, 일자리 창출 등이 O2O 국가발전 전략의 차원에서 협의된다면 서로에게 도움이 되는 방향의 대안이 나올 수 있다. 더욱이 북한 핵 문제만 해결된다면 남북 교류 협력 시대에 대비해 경의선 철도와 도로를 연결하는 철의 실크로드 프로젝트는 중국 시진핑 주석이 야심차게 추진하고 있는 일대일로 프로젝트와 연결되어 거대한 글로벌 프로젝트가 될 수 있다.

창릉 신도시의 경우 교통 대책을 수립하는 데 AI 등 첨단 스마트 시스템을 가동한 사전 시뮬레이션이 전혀 이루어지지 않은 것으로 알려지고 있다. 향후 교통 대책을 수립함에 있어서는 해당 거주 지역 주민들의 오랜 숙원사업을 최대한 반영해야 한다. 대표적인 예가 고양선 건설에서 최대 인구가 밀집되어 있으면서 그동안 심각한 교통 체증 중심 지역이었던 행신 지역의 중앙로 역사 신설 요청 민원이다.

행신누리가 작성해 국토부에 건의한 행신중앙로역 유치 자료[16]에 따르면 신도시 개발의 방향이 국토부가 발표 당시 국민들에게 약속한 것처럼 기존 주민들도 혜택을 보는 방향으로 서울 도심까지 30분 내 출퇴근이 가능하도록 전철역의 신설이 반드시 이루어져야 한다. 현행 같은 노선을 고집할 경우는 신도시 차량에 따른 피해를 기존의 주민들이 크게 볼 수 있다는 것이다. 창릉 신도시에 추진 예정인 고양선의 경우 역세권 거주자만 엄밀하게 5만 명에 이르고, 보다 넓은 의미에서 전철역이 활용 가능한 인구는 10만을 훨씬 상회하는 상황에서 가장 교통체증이 심한 지역의 주민들에게 오히려 피해를 가져오는 신도시 개발은 찬성할 수 없다는 주장이다. 기존의 고양선 노선을 존중하면서도 창릉 신도시가 추진되는 덕양구의 최대 인구 밀집 지역인 행신중앙로를 관통하는 역사의 신설이 반드시 필요하다는 입장이다. 이런 입장의 1차 서명부가 수만 명이 넘는 동의를 받아 관계 부처에 전달되었다. 이러한 합리적인 주민 제안은 반드시 향후 용역

과정에서 반영되어야 할 것이고, 그렇지 않을 경우는 창릉 신도시가 추진되는 덕양구 지역에서 강력한 반대 운동이 제기될 우려가 있어 이에 대한 적극적인 대책이 긴급히 요구된다. 이 밖에도 고양선의 식사역 연장 및 GTX A노선 등 인근의 일산·파주 지역과의 교통 연계성을 고려한 종합적인 대책 역시 반드시 마련되어야 한다.

근본적인 차원에서는 고양시에서 저자가 시장 재직 시절 외부 용역까지 주어서 검토했던 고양~서울 지하 고속화 도로 사업의 타당성 역시 적극적으로 재검토해 덕양의 창릉 신도시와 일산의 통일 한국의 실리콘밸리 사업을 중심으로 한 1,2기 신도시 및 구도심과 연결된 근본적인 교통 대책을 마련해야 할 것이다. 이 과정에서 박원순 서울시장 및 국토교통부를 비롯한 관계 기관의 협치가 필수적으로 요구된다.

또한 신도시를 개발하는 과정에서 해당 지역 주민들의 삶의 터전을 보상하는 데 있어서 권위주의적 방식으로 일방 처리할 것이 아니라, 국토교통부에서 발표한 것처럼 대토 제도의 적극적 활용 등을 통해 세입자의 생활권 보장은 물론 소유주의 재산권 보장도 적극적으로 해야 할 것이다. 이와 관련해서 고양 창릉 공공주택지구 원주민대책위에서는 현 시가를 반영한 보상가 책정은 물론 50여 년간 그린벨트로 묶이면서 당한 불이익을 상쇄할 수 있는 정당하고 합당한 보상을 요구하는 것을 기본 목표로 하고 있다. 따라서 강제수용 토지임에도 불구하고 과도하게 부과되는 양도소득세법의 감경을 위한 조세특례법 개정안이 발의 중에 있다.

이 밖에도 이주자 택지를 선정하거나, 대토 보상 시에도 그간의 그린벨트 규제로 인한 피해를 감안해 저렴한 가격에 좋은 입지를 우선 배정하는 방안도 검토할 필요가 있다. 이 과정에서 가장 어려운 여건에서 최대 피해자가 될 수 있는 세입자의 생존권과 원주민의 재산권을 반영할 수 있는 특단의 대책이 요구된다. 이와 같은 요구의 반영은 과거 각종 대책위와의 투쟁 속에서 LH 등 공적 사업 주체를 상대로 한 비공식적 막후 협상의 형태로 진행되기보다는, 로컬 거버넌스 협치 시스템의 정착 차원에서 국토부, LH, 고양시, 각종 대책위, 그리고 지역의 다양한 전문가와 시민이 참여한 가운데 공정하고 투명하게 진행되어야 할 것이다.

고양형 스마트 안전도시 프로젝트는 결국 고양 스마트시티 지원센터의 출범으로 이어지고 통일 한국 고양 실리콘밸리 프로젝트와 연계되어, 스마트 거버넌스와 고양 스마트시티 추진을 주도적으로 진행하게 되었다. 그리고 한편으로는 고양 시내의 구도심(화전, 삼송, 능곡)과의 연계를 위해 도시재생 뉴딜 사업과도 연계되어 진행되었다.[17] 특히 이들 지역은 과거 군사보호구역과 그린벨트 그리고 수도권 정비계획법의 3중 규제를 받다가 인근 지역은 뉴타운 혹은 신도시 개발 등으로 새로운 발전 기회를 얻고 있는 상황이기 때문에 상대적 박탈감이 매우 크다.

저자가 17대 국회의원으로 재직하던 시절에 추진된 삼송·지축·향동 지역의 신도시 개발 역시 군사보호구역으로 지정되고, 보상 문제 등 주민들의 반대 등으로 사업 자체가 무산 위기에 놓여 있었다. 그러나 여러 우여곡절을 거쳐 지금은 스타필드와 이케아 등이 유치되어 덕양 지역의 랜드마크로 자리잡고 있다. 개발 지역에서 배제되어

소외된 지역에 대한 중앙정부와 지방자치단체의 적극적인 협치적 지원 모델이 매우 중요하며, 신도시 개발에서 얻어지는 수익금의 상당 부분은 인근 지역의 도시 재생 뉴딜 사업 등에 재투자하는 방안도 적극 검토할 필요가 있다.

다른 한편으로는 제3기 창릉 신도시를 중심으로 한 덕양 지역의 스마트 안전도시 프로젝트를 추진해 해당 지역에서 오랫동안 추진되다 답보 상태에 있는 친환경 자동차 클러스터 사업과 연계해 고양형 혁신 일자리 창출 사업으로 귀결하는 방안도 적극 검토할 필요가 있다.

이러한 고양에서의 경험은 고양의 창릉, 부천의 대장, 남양주, 하남, 인천 등지에서 추진하고 있는 3기 신도시만이 아니라 그동안 다양하게 추진하다가 시행착오를 겪고 있는 모든 혁신 도시, 기업 도시 그리고 재개발을 필요로 하는 구도심의 혁신적 발전 전략에도 유효하다.[18]

고양시의 스마트 시티 프로젝트의 발전구상에 대해 깊은 공감을 표명한 이민화[19] 교수는 국가위기관리에 있어 지방정부와 4차 산업혁명, 그중에서도 AI 혁명과 연관된 기업의 중요성을 매우 강조했다. 그는 O2O 재난관리 체계를 거버넌스 패러독스, 곧 효율적인 중앙 집권화 체계의 비효율적인 현장 대응 혹은 민주적 분권화 체계의 무력한 의사결정이라는 딜레마를 극복하고자 했다. 실례로 세월호 참사에서는 초기 대응 단계에서 자원 동원의 효율성을 중시하는 관료주의가 현장 지휘관들에게 상관의 지시를 기다리게 만들면서 구조 자원의 투입을 지연시키는 역설적 상황을 초래했고, 무책임한 의사결정 집행 과정의 결과 살릴 수도 있었을 많은 생명이 수장되었다는 분석이다.[20] 김병례·이민화[21]는 정부와 기업의 상생 협력을 통해 가상의 재난 현장 평행 모델에서 빅데이터와 인공지능을 통해 최적의 대안을 실시간 탐색하고 전략적 가치를 창출해야 한다고 말한다. 또한 블록체인이 전략 수행 과정의 투명성을 기술적으로 확보해 즉각적인 현장 대처에 대한 신뢰와 행동 근거를 마련해야 한다고 주장한다.

이민화의 거버넌스 패러독스에 입각한 O2O 재난관리 체계는 스마트 국가위기관리 시스템 혁명과도 직결된다. 강력한 대통령책임제와 수십 년 동안 유지되어 온 중앙집권적 관료주의에 입각한 수직적 명령 체계를 통해서는 신종 감염병을 비롯한 새로운 국가위기에 대해 지방정부를 중심으로 현장에서 시의적절하게 대응하기 어렵기 때문이다. 국가위기의 발생 원인 규명에서부터 복합재난이 국가위기로 전환되는 과정 등 전반적인 국가위기관리 과정에서 이민화가 강조한 빅데이터와 인공지능, 블록체인 등을 활용한 스마트 O2O 국가위기관리 시스템의 도입과 정착은 매우 중요하다.

이와 같은 노력을 통해 AI 혁명과 블록체인 혁명 등 4차 산업혁명의 성과를 반영한 스마트 국가위기관리 시스템이 도입되고 정착될 경우 한국 사회에서 새롭게 발생하는 다양한 복합재난과 국가위기를 시스템적으로 해결할 수 있다. 뿐만 아니라 한일경제전쟁 등 새로운 4차 산업혁명에 기초한 총성 없는 경제전쟁의 시대를 이겨 낼 수 있는 새로운 국가 혁신 발전 전략의 핵심적인 성공 기제가 될 수 있다. 이런 문제의식에서 저자의 논문이 출발했고, 동시에 "AI 혁명과 스마트 국가위기관리 시스템의 혁명이 답이다"라는 문제의식을 담은 이 책이 탄생할 수 있었다.

현대사회는 AI 혁명으로 상징되는 4차 산업혁명의 추진과 SNS의 급속한 발전으로 인해 초고도 산업화 시대로 접어들었다. 이에 따라 본래의 재난적 특성이라고 할 수 있는 누적성, 인지성, 상호작용성, 불확실성, 복잡성[22]은 훨씬 더 커졌다. 한편 국제적인 테러의 빈번한 발생은 물론, 국경을 초월해 확산되는 신종 감염병 등 다종다양한 복합재난[23]은 다양한 형태의 국가적 위기 사태로 지속적으로 발생하고 있다. 한국 사회도 예외는 아니다. 북한 핵 개발로 인한 한반도의 전통적 국가안보 위기는 여전히 지구적 차원의 중대한 안보 이슈로 제기되고 있다. 천안함 침몰과 연평도 도발 같은 남북 간 군사적 충돌도 반복적으로 발생하고 있다.

2014년 세월호 참사 같은 대형재난은 부실한 사전 안전점검과 부적절한 초기 대응 그리고 정부에 대한 국민의 신뢰 상실로 국가위기로 비화했다. 또한 사스, 메르스 같은 신종 감염병은 한국으로 유입되는 과정에서 정부의 부적절한 초동 대응으로 국가위기로 번졌다. 이 밖에도 지진, 미세먼지, 대형 산불과 같은 대형 복합재난이 지난 수년간 빈번하게 발생하면서, 전통적인 국가위기로 규정되어 오던 대북 안보와 더불어 국민 안보적 차원의 새로운 국가적 위기 현상이 발생하고 있다. 특히 최근 들어 한일경제전쟁을 비롯해 미중무역전쟁 그리고 북핵 문제를 둘러싼 동북아의 새로운 패권전쟁이 치열하게 전개되고 있다.

이상팔[24]은 일찍이 삼풍백화점 사고를 기준으로 우리나라 위기관리 체계의 변화 과정을 분석하면서 "현대사회는 위험이 가득한 풍요의 사회 즉 위험사회Riskogesellschaft"에 진입하고 있다"고 말했다. 또한 "산업사회의 위험성은 인간의 평상적인 지각 능력을 벗어나서 미래의 새로운 사회 패러다임으로 변화해 나가는 전조"라고 보았다. 이미 90년대 중반부터 위험사회로의 진입 경고와 이에 대한 위기관리 체계의 혁신적 재편에 대한 요구가 있었다. 이러한 진단을 고려할 때 AI 혁명과 4차 산업혁명 시대에서 현대사회가 직면하고 있는 복합적 위험성에 대응하기 위해서는 새로운 국가위기관리 패러다임이 절실히 요구된다.

강희조[25]는 이와 관련해 최근 국내외에서 발생하는 재난은 대형화 추세로 발전하고 있으며, 재난 전개 과정을 보면 복합적인 재난은 네트워크화 되는 추세여서 각종 재난사 고는 경제적 피해와 사회적 혼란을 일으키고 경우에 따라서는 국가적 위기 사태로까지 이어지고 있다고 진단한다.

현대사회의 재난 위험들은 대형화·세계화·다양화·복잡화·고도화의 특징을 보이거나 돌발적으로 발생하고, 이러한 사회 위험 추세 속에 효과적으로 대비하기 위해서는 선제적 예방, 신속한 대응과 민관 연계 협력 등의 새로운 접근 방법이 필요하며, 자연적·인위적·사회적 재난에 예방, 대비, 대응하기 위해 정보통신기술을 기반으로 한 스마트한 융합 기술의 도입이 필요한 시점이라고 주장한다. 우리가 한일경제전쟁의 승리를 위해 스마트 국가위기관리 시스템의 혁명 차원에서 접근해야 하는 이유가 바로 여기에 있다.

인공지능 혁명과 블록체인 혁명으로 대표되는 첨단화된 4차 산업혁명의 성과가 반영된 새로운 국가위기관리 대응 수칙이 효과적으로 작동하는가를 검증하기 위해서는, 다양한 국가위기 사례에 대한 실증적 검증을 거칠 필요가 있다. 또한 새롭게 도출되고 검증된 스마트 국가위기관리 시스템의 정착을 위한 재난대응 수칙은 단순히 재난의 예방과 사후 대응 차원을 넘어선, 종합적인 국가발전 전략의 차원에서 법과 제도, 운영, 정보화, 자원관리, 교육훈련 등 국가위기관리의 6대 핵심 체계를 중심으로 다양하게 업그레이드되어야 할 것이다.

이런 문제의식에서 본 연구의 구성은 다음과 같다. 첫째, 스마트 국가위기관리 시스템의 연구를 위한 기본 설계와 새로운 연구방법론을 우선적으로 살펴보고자 한다. 이를 위해 국가위기와 관련된 기존 연구 현황을 살펴본 이후, AI 혁명과 4차 산업혁명의 성과가 어떻게 스마트 국가위기관리 시스템의 필요성으로 연결되었는지를 살펴보면서 스마트 국가위기관리 시스템의 개념적 정의에서부터 스마트 국가위기관리의 4단계 과정을 구체적으로 살펴보고자 한다. 새로운 연구방법론과 분석틀로는 재난관리 10대 수칙의 발전적 도출과 검증 과정을 거치고, 스마트 국가위기관리의 6대 핵심 체계와 국내 및 해외 사례 연구를 통해 새로운 수칙을 도출하고자 한다.

둘째, 다양한 국가위기 사례 중에서 스마트 국가위기관리 시스템 정착을 위해 가장 적합한 사례라고 할 수 있는 천안함 침몰과 세월호 참사, 메르스 사태에 대한 연구를 통해 스마트 국가위기관리 시스템 정착을 위한 새로운 수칙의 검증 작업을 진행하고자 한다.

셋째, 국가위기관리의 핵심 체계라 할 수 있는 법과 조직, 운영, 정보화, 자원관리, 교육훈련 등 6개 분야에 있어서, 기존의 국가위기관리 체제의 문제점을 스마트 국가위기관리 시스템의 정착 차원에서 추출해 보고자 한다. 빅데이터와 클라우딩, 인공지능 혁명, 블록체인 혁명, 소셜 네트워크 서비스 같은 4차 산업혁명의 성과를 어떻게 반영할 수 있는가를 집중적으로 조망하고자 한다.

넷째 이 책의 주된 연구방법론이라 할 수 있는 스마트 국가위기관리 10대 수칙의 발전적 측면과 역대 국가위기 관련 경험적 사례 연구 그리고 AI 혁명과 4차 산업혁명에 기초한 국가발전전략 차원에서 스마트 국가위기관리 시스템의 도입 및 정착 방안 등에 대해 종합적으로 살펴보고자 한다.

끝으로 위기관리 시스템 혁명이 성공하기 위해 반드시 필요한 10대 기본 원칙을 도출했다. 이는 국가와 기업이 어떻게 위기를 극복할 것이며, 이 과정에서 스마트 국가위기관리 시스템의 실재적 운용 과정에서 나온 핵심적인 전략적 가이드라인을 도출한 것이다.

제1장

위기관리 시스템 혁명
어디까지 왔는가?

지나간 연구들을
돌아본다

전통적인 복합재난이나 국가위기에 대한 기존 연구 현황은 대체로 다음 3가지 형태로 진행되어 왔다.

첫째, 각종 재난 및 국가위기에 대한 제도주의적 연구이다. 이는 개별 국가들이 규정하고 있는 대형 재난 및 국가위기의 종류 및 성격에 따라 그 대응 양태를 법·제도적으로 또는 실증적인 사례 중심으로 한 연구들이 대표적이다. 국가위기관리 체계에 대한 제도적 연구로는 국가위기관리 기본법과 국가위기관리 체계의 발전 과정 및 효율성 제고 방안을 분석한 이홍기[1], 김인태[2], 이채언[3] 등이 있다. 특히 이홍기의 논문은 국가위기관리 체제의 효율성 제고 방안을 연구하면서 법령, 조직, 운영, 정보화, 자원관리, 교육훈련과 같은 6대 체계를 중심으로 기존 체계의 문제점과 개선 방향을 구체적으로 제시함으로써 본 연구가 지향하는 새로운 '스마트 국가위기관리 시스템의 도입 및 정착 방안'에 접근함에 있어 중요한 분석틀을 제공해 주었다.

하지만 기존 연구는 대부분 미시적인 차원의 재난대응에 대한 제도적 연구가 주종을 이루고 있어 새롭게 발생하는 국가위기의 전 과정에 대한 체계적인 대응 여부를 종합적으로 분석·평가하는 데 있어서는 다소의 한계를 지니고 있다.

한편 복합재난 및 국가위기와 관련한 사례연구로서는 '세월호 사례를 통해 본 바람직한 재난관리 체계[4]'와 '국가위기관리 시스템의 개선 방향'[5]에 대한 연구와 '세월호 사례를 통해 본 위기관리 행정의 문제점과 정책 과제'를 다룬 박동균[6]의 연구 등이 있다. 특히 이재은의 선행연구는 기존에 진행되던 재난관리 연구를 국가위기 차원으로 확대하는 한편 지방자치단체의 '자주적' 위기관리 시스템의 중요성을 역설하고 있다는 점에서 이 책의 주된 문제의식과 일치했다.

이외에도 천안함 침몰사건의 위기관리 과정에 대한 안철현[7]의 연구와 천안함 침몰사건을 국민적 소통과정에 주목하여 위기 커뮤니케이션의 측면에서 집중 조망한 조승연[8]의 연구가 대표적이다. 또한 김남순 외[9]와 정윤진·최선[10] 변성수 외[11], 서경화 외[12]의 연구들 역시 메르스를 중심으로 한 감염병 관리 체계의 문제와 우리나라 위기관리 체계의 개선 방향을 제시했다는 데 의미가 있다. 하지만 이러한 개별 재난 사례에 대한 연구 역시 재난이 국가위기로 확산되었을 경우 국가위기 발생의 전 과정에서 국가위기관리 대응 수칙에 따른 종합적인 분석과 검증 작업이 미흡하다는 한계를 가지고 있다.

둘째, 재난과 국가위기를 구분하면서 진행하는 복합적 재난관리 정책에 대한 사례 분석과 이론화 작업이다. 이는 현대사회가 복잡해

짐에 따라 복합재난과 국가위기의 형태 역시 대형화, 종합화되는 데 대한 대응 형태에 다양하게 접근한 연구들이다. 김태윤[13]의 국가재해재난관리 체계의 구축 방안에 관한 연구와 이를 토대로 발전시킨 변상호·김태윤[14]의 재난과 재난관리 정책의 재해석에 기반한 '재난대응 수행원칙의 도출과 검증' 작업은 이 책의 핵심적인 주제의식이라 할 수 있는 '스마트 국가위기관리 시스템의 정착을 위한 새로운 수칙의 도출'을 위한 출발점이 되었다. 윤명오[15]의 도시 방재정보 시스템 및 미국의 재난통신 운영 체계에 대한 연구는 기존의 재난관리 체계의 개선 과정에서 정보화의 중요성을 오래 전부터 역설함으로써 본 연구의 주된 문제의식이라 할 수 있는 정보화 시스템의 개선을 통한 스마트 국가위기관리의 중요성에 주목했다. 이상팔[16] 역시 1990년대 중반부터 '위험사회의 도래'를 예견하면서 삼풍백화점 붕괴 사고 사례를 중심으로 도시 재난사고와 위기관리 행정에 대한 심층적인 분석을 선도적으로 수행했다.

그리고 재난의 복합화 현상에 따른 공공정책의 갈등관리 방안에 대한 임승빈의 연구[17], 일본의 지방방재계획을 비롯한 재난안전 시스템에 대한 라정일·변성수·이재은·조성의 공동연구[18], 김태훈·윤준희[19]의 대형 복합재난에 대한 제도 개선 방안 연구, 홍지완[20]의 지방자치단체의 재난관리 체계에 대한 연구 역시 이 분야의 선도적인 연구 성과이다. 다만 대부분의 연구가 복합재난 차원에서 분석을 진행하고 있기 때문에 더 포괄적인 국가위기관리 시스템의 차원에서 중앙정부와 지방정부 그리고 유관 기관의 협치 시스템의 작동 메커니즘을 평가하는 데 있어서는 다소 한계를 지니고 있다.

셋째, AI 혁명과 4차 산업 차원의 성과를 접목한 복합재난 대책 연구이다. 이는 최근 확산되는 연구 추세로, 크고 작은 복합재난에 대한 원인을 파악하고 대응을 하는 데 있어 AI 혁명 및 블록체인 혁명 등 4차 산업혁명의 성과를 연계시키는 것이다. AI 혁명과 4차 산업혁명의 대표적인 성과를 토대로 스마트 국가발전 전략을 수립하면서 다양한 정책 제언을 시도한 이민화[21]의 연구는 본 연구가 목적하고 있는 기존의 재난관리 체계 또는 전통적인 국가위기관리 체계를 4차 산업혁명의 기회를 활용하여 새롭게 혁신해야 하는 필요성과 정책 방향에 대한 구체적인 대안을 제시해 주었다.

또한 AI 혁명과 4차 산업혁명의 성과를 활용하여 기존의 재난안전관리 체계에 대한 연구를 토대로 새로운 스마트 안전관리 시스템에 대한 다양한 분석과 정책 제언을 제시한 강희조의 연구[22]는 본 연구를 수행하는 데 있어서 많은 정책적 시사점을 제공했다. 이외에도 최호진 외 국립보건연구원이 공동 작업한 연구보고서[23]와 국내 재난관리 분야에서 빅데이터를 활용해 연구한 신동희·김용문[24] 등의 연구가 대표적이다. 이러한 AI 혁명과 4차 산업혁명의 성과를 중심으로 한 재난 연구 역시 특정한 사례에 대한 미시적 연구가 대부분이다. 복합재난과 국가위기가 발생했을 경우 종합적인 대응 과정에서 빅데이터와 인공지능을 포함한 4차 산업혁명의 성과를 최대한 반영한 '스마트 국가위기관리 체제'의 관점에서 접근해야 함에도 불구하고 이에 대한 종합적 연구는 부족한 실정이다.

AI는 어떻게 위기를
관리하는가?

스마트 위기관리란 무엇인가?

'스마트' 국가위기관리 시스템의 도입 및 정착을 연구하기 위해서는 무엇보다도 전통적인 '국가위기관리'에 대한 개념 정립과 더불어 새로운 '스마트' 국가위기관리 시스템에 대한 정의와 핵심 분석틀에 대한 이해가 선행되어야 한다.

피컨과 블록Picken & Block[25]은 위기관리의 개념에 대해 "위기 발생을 예방하고, 위협을 최소화하고, 이미 발생한 위기에 대해서는 신속하고 효과적으로 대응하며, 가능한 한 빠르게 정상 상태로의 복귀를 돕는 것"이라고 규정했다. 박동균[26]은 이러한 개념에 기반해 위기관리를 "각종의 재난들을 체계적으로 관리하는 것으로서 재난으로 인한 피해를 극소화하기 위한 재난의 완화, 대비계획, 응급대응, 복구에 관한 정책의 개발 및 집행 과정"으로 정의했다.

이러한 위기관리의 개념을 수용하여, 이 책에서는 국가위기관리의 개념을 '각종 재난 및 복합재난으로부터 발생한 국가적 위기로 인한 피해를 최소화하기 위한 국가위기의 예방, 대비, 대응, 복구 과정에 관한 종합적인 대응 및 정책 개발 과정'으로 정의하고자 한다.

따라서 이 책에서 사용하는 '스마트' 국가위기관리 시스템 역시 전통적인 방식의 국가위기관리 시스템 차원을 넘어선 AI 혁명과 블록체인 혁명 등 4차 산업혁명의 성과가 반영된 국가위기관리 시스템을 의미한다. 사전적 의미로 '스마트smart'는 "소프트웨어나 하드웨어에 관하여 말할 때 종래에는 기대할 수 없었던 정도의 정보 처리 능력을 가지고 있다는 것을 의미하는 지능화된 또는 지능형intelligent 이라는 용어"와 같은 의미로 사용했다.[27]

이와 관련해서 강희조[28]는 스마트 재난관리란 스마트폰, 태블릿 PC 등 최신 ICT(Information Communication Technology, 정보통신기술)를 기반으로 재난관리, 예방, 대비, 대응, 복구 업무 처리 및 대국민 재난정보 서비스가 가능한 체계로 규정한다. 이러한 관점에서 본다면 스마트 국가위기관리 시스템 역시 4차 산업혁명의 성과를 토대로 다양한 국가위기에 대한 예방, 대비, 대응 그리고 복구에 이르는 통합적인 ICT 기반의 첨단화된 국가위기관리 시스템을 의미한다고 볼 수 있다.

그런 점에서 최근 진행된 복합재난 및 국가위기와 관련된 4차 산업혁명의 성과를 살펴보면, 재난안전관리와 국가위기관리에 있어 AI 혁명을 중심으로 한 4차 산업혁명의 성과를 가장 비중 있게 접목시킨 연구를 선도적으로 수행하고 있는 강희조[29]는 지능정보기술과 빅데이터 분석을 통한 ICBMS를 재난안전관리의 전 과정에 적용하고 있다. 여기서 ICBMS란 IoT(사물인터넷), Clouding(클라우딩) Big data(빅데이터), Mobile & Machine intelligence(모바일과 인공지능), 그리고 Security(보안)를 의미한다.

이민화[30]는 4차 산업혁명의 12대 핵심 기술[31]로 강희조의 ICBMS 외에 블록체인/핀테크, 증강/가상현실, 플랫폼, 3D 프린트/로봇, 게임화, LBS(Location Based Service), IoB(웨어러블) CPS(디자인) 등을 제시하고 있다. 하지만 이 책에서는 4차 산업혁명 전반에 대한 고찰보다는 국가위기관리 시스템과 직접 연관된 부분을 중심으로 하여 다룰 것이다. 그러므로 추가적으로 포함시킨 SNS(Social Network Service) 분야에 이민화의 12대 핵심 기술 중에서 강희조의 ICBMS에 포함되지 않은 4차 혁명의 중요한 성과를 포괄해서 다루고자 한다.

또한 향후 스마트 국가위기관리 시스템의 도입 및 정착 방안을 연구하고, 기존의 재난관리 수칙의 발전적 적용과 검증을 하는 데 있어 AI 혁명과 4차 산업혁명의 성과와 ICBMS를 중심으로 한 핵심 기술의 활용 가능성과 관련한 정책적 함의 도출에도 연구의 초점을 맞추고자 한다.

4차 산업혁명은 어디로 가는가?

전 세계적으로 진행되고 있는 AI 혁명과 4차 산업혁명의 파장은 한 국가 차원에서의 발전뿐만이 아니라 각국의 재난대응 및 국가위기관리 방식에도 많은 변화를 가져왔다. 1784년 영국에서 시작된 증기기관차와 기계화에 의한 1차 산업혁명과 1870년 전기를 이용한 대량생산이 본격화된 2차 산업혁명, 1963년 인터넷과 컴퓨터 정보화에 의한 자동화 생산 시스템이 주도한 3차 산업혁명과 달리 4차 산업혁명은 로봇이나 AI(인공지능)에 의한 지능화된 알고리즘으로 모든 사물의 지능적 제어 기능이 융합된 혁명적 산업을 일컫는다.[32] 따라서 4차 산업혁명의 성과는 개별 국가의 산업적 특성에 따라 국가발전 전략의 수립은 물론 다양한 복합재난과 국가위기 해결에 아주 유용한 수단으로 부각되고 있는 현실이다.

다양한 국가적 위기는 4차 산업혁명의 성과를 반영한 첨단화된 기술과 인력이 동원되어야 하는 고난도의 복합재난적 성격을 지닌다. 그러므로 스마트 국가위기관리 시스템의 정착 과정에서 AI 혁명과 4차 산업혁명의 성과가 갖는 의미를 구체적으로 찾는 작업은 매우 중요하다. 이러한 점에서 변상호·김태윤의 재난대응 수행원칙은 일차적으로 전통적인 복합재난에 초점이 맞추어져 있어, 복합재난적 성격을 띠면서 국가위기로 확산되는 경우에는 포괄적인 국가위기관리 시스템 차원에서의 국가위기관리 대응 수칙의 마련이 추가적으로 필요하다.

또한 대부분의 복합재난이 국가위기로 확산되는 경우에는 해결을 위해 AI 혁명과 블록체인 혁명 등 첨단화된 4차 산업혁명의 기술과 인력이 동원되어야 한다. 메르스와 같은 신종 감염병 발생의 경우에도 선진적인 감염병 예방 및 추적 시스템이 필요하다는 점에서 '스마트' 국가위기관리 시스템의 도입과 정착을 위한 복합재난 대응 수칙의 새로운 발전과 검증이 절실히 필요하다.

강희조[33]는 4차 산업혁명을 "로봇이나 AI(인공지능)에 의한 지능화된 알고리즘으로 모든 사물의 지능적 제어 기능이 융합된 혁명적 산업"으로 규정했다. 또한 "초지능성, 초연결성, 예측 가능성"을 주된 특징으로 규정하고 있다[34]. 따라서 강희조는 "4차 산업혁명 시대에 닥칠 재난안전 사고는 이전에 경험하지 못한 초대형 규모의 복합적인 재난이 될 수 있음을 인식하면서 재난안전 대응전략을 추진해야 한다"고 역설한다.

4차 산업혁명의 성과들은 이미 위기관리를 위해 사용되고 있으며, 구체적인 사례는 다음과 같다.[35]

첫째, IoT(사물인터넷) 차원에서는 (1) 유비쿼터스 센서 네트워크(USN), 무선 센서 네트워크(WSN) 등 센싱을 통한 상시 위험정보 모니터링 (2) IoT 기반 재난안전 플랫폼 개발과 통합 안전 앱 공유 (3) 최신 IoT를 활용하는 재난대응 인프라 구축 등 스마트 국가위기관리 시스템 정착에 필요한 다양한 기술이 개발 중이다.

둘째, Clouding(클라우딩) 차원에서는 (1) 다양한 국가위기에 대한 국내외의 유사 사례에 대한 빅데이터를 중앙 슈퍼컴퓨터에 저장해서, 위기 발생 전후에 실시간으로 활용하는 클라우딩 시스템의 개발과 운용 (2) 국가위기 발생 이전 사전 예방 및 이후 긴급 대응을 위한 종합적 클라우딩 시스템의 구축과 실시간 대응 매뉴얼의 개발 등이 추진 중이다.

셋째, Big data(빅데이터) 차원에서는 (1) 수집 축적된 빅데이터를 통해 위험을 예측하는 등 위험 징후 모니터링 시스템 평가 체계 구축 (2) 국내외의 유사 국가위기에 대한 빅데이터 분석 및 활용 방안을 둘러싼 다양한 연구 및 프로그램이 개발 중이다.

넷째, Mobile & Machine intelligence(모바일과 인공지능) 차원에서는 (1) 인공지능(AI) 및 슈퍼컴퓨터를 통한 예측 평가 (2) 저가형 센서와 모바일 기반의 실시간 감지장치 개발 (3) AI 및 다양한 첨단 기술을 통한 긴급 대응 및 복구 (4) 안전 체계 지능화를 위한 해상 스마트 네비게이션 개발 (5) AI 기반 스마트 국가위기관리 체계 표준 플랫폼 개발과 운용 등 다양한 분야에서 4차 산업혁명의 성과가 축적되고 있다.

다섯째, Security & Social Network Service(보안과 소셜 네트워크 서비스) 차원에서는 (1) 국가위기의 성격상 최적화된 보안 시스템 개발 (2) GIS(지리정보 시스템)와 연계, 국가위기 관련 조기 예측 시스템 구축 (3) 위기 발생 시 시민들의 스마트폰을 통한 쌍방향 소통 및 기업을 중심으로 SNS를 통한 긴급 대응 체계 구축 (4) 로봇이나 무인항공기(UAV)를 활용하여 인간 한계를 극복하는 구조 활동 (5) SNS를 통한 스마트 국가위기관리 체계에 대한 시민 대상 교육·훈련의 실시 (6) 스마트폰을 통한 시민 참여형 스마트 거버넌스 시스템 구축의 필요성이 제고되고 있고, 이와 관련된 세부적인 영역에서 4차 산업혁명의 성과가 연구되고 실행에 옮겨지고 있다.

이러한 AI 혁명과 4차 산업혁명의 성과가 스마트 국가위기관리 시스템의 도입과 정착 과정에 왜 필요한지, 현실적으로 어떤 형태로 작동 가능한지, 앞으로의 정책적 과제는 무엇인지가 본 저서의 주된 논점들이다.

AI 혁명을 중심으로 한 4차 산업혁명의 성과(ICBMS)와 스마트 국가위기관리 체계의 관계를 정리해 보면 〈표3〉과 같다.

표3 **4차 산업혁명의 성과(ICBMS)와 스마트 국가위기관리 시스템**

4차 산업혁명의 분야 (ICBMS)	스마트 국가위기관리 시스템의 적용 가능성
IoT (사물인터넷)	• USN, WSN 등 센싱을 통한 상시 위험정보 모니터링 • IoT 기반 재난안전 플랫폼 개발 및 통합 안전 앱의 공유 • IoT 활용, 재난대응 인프라 및 스마트 국가위기관리 시스템 구축
Clouding (클라우딩)	• 빅데이터를 중앙 슈퍼컴퓨터에 저장해서 위기 발생 전후에 실시간으로 활용하는 클라우딩 시스템 개발 및 운용 • 국가위기 발생 시 긴급 대응을 위한 종합적 클라우딩 시스템과 실시간 대응 매뉴얼의 개발
Big data (빅데이터)	• 빅데이터를 통해 위험을 예측하는 등 위험 징후 모니터링 시스템 구축 • 국내외의 유사 국가위기에 대한 빅데이터 분석
Mobile & Machine intelligence (모바일과 인공지능)	• 인공지능(AI) 및 슈퍼컴퓨터를 통한 예측 평가 • 저가형 센서와 모바일 기반의 실시간 감지장치 개발 • 인공지능 및 다양한 첨단 기술을 통한 긴급 대응 및 복구 • 안전 체계 지능화를 위한 해상 스마트 네비게이션 개발 • 인공지능 기반 스마트 국가위기관리 시스템 표준 플랫폼 개발
Security & Social Network Service (보안과 소셜 네트워크 서비스)	• 최적화된 국가위기 관련 보안 시스템 개발 • GIS(지리정보 시스템)와 연계, 조기 예측 시스템 구축 • SNS를 통한 쌍방향 정보 공유 및 긴급 대응 체계 구축 • 로봇이나 무인항공기(UAV)를 활용하여 인간 한계를 극복하는 구조 활동 • SNS 등을 통한 3D 체험형 시민 대상 교육·훈련의 실시 • 스마트폰을 통한 시민 참여형 스마트 거버넌스 전략 수립

AI 혁명 및 4차 산업혁명의 성과를 반영한 스마트 국가위기관리 시스템의 정착을 위해서는 복합재난에 대한 선진국의 대응 사례를 경험적으로 벤치마킹할 필요가 있다. 메르스 사태와 같이 국경을 초월하여 발생한 국가적 위기에 적절하게 대응하기 위해서는 미국을 비롯한 선진 감염병 예방 국가의 첨단화된 기술과 전문성을 한국의 현실에 맞게 수용할 필요가 있기 때문이다.

미국의 선진적인 국가위기관리 체제에서 특징적인 사항은 재난 발생 시에 표준화된 사고관리 개념에 입각하여 사법적 경계를 넘어 여러 조직이 임시적으로 모여서 TF 형태로 비상대책본부를 구성하는 응급통제 시스템(ICS)[37]을 가동해 온 것이다.

"ICS는 기본적으로 다양한 행위자를 포괄하여 명령과 통제를 효과적으로 구현하기 위한 방법의 구현이라는 측면에서 명령과 통제의 패러다임에 포함된다고 할 수 있다. 다른 한편으로 정부뿐만 아니라 재난대응과 관련된 여러 행위자들 간의 효과적 조정을 목표로 하고 있다는 점에서 네트워크 거버넌스 패러다임에 포함된다고 할 수 있다."[38]

이외에도 몇 가지 구체적인 성과를 예로 들면 (1) 국가위기관리 시스템(NEMIS)과 전략적 위험성 평가 (2) 국립해양대기청의 기상경보와 지질조사국(지진감지실)의 첨단화된 예측 시스템 (3) 질병통제예방센터(CDC)의 선진적 감염병 위기관리 체계 등이다.

한편 영국에서는 국가위기관리법[39]을 기본 프레임으로 하고, 부속 법령으로 통합적 재난관리 과정을 제안하고 있다.[40] 이 과정은 다른 국가와 달리 총 6단계의 재난관리 체계(예측·평가·예방·준비·대응·복구)로 이루어져 있다.[41] 또한 영국은 미국과 마찬가지로 국가위험성평가(NRA)[42] 제도를 상시적으로 운영하여 비상상황을 예측하며 대응하고 있다.[43] 특히 영국의 비상사태 대비 국가위험 목록은 80개 유형의 사건과 40개의 예비 목록으로 구성되어 있어, 유사한 국가위기 발생 시에 적절한 대응을 할 수 있는 구체적인 매뉴얼을 가지고 있다는 점이 특징적이다.[44] 이 책이 중요한 문제의식으로 공유하고 있는 국가위기관리법에 따른 6단계 재난관리 체계(예측·평가·예방·준비·대응·복구) 외에도 다양한 국가위기에 대한 비상사태 대비 위험 목록의 작성 및 매뉴얼화, 환경청의 실시간 홍수 경고 지도 그리고 지역 중심의 재난안전 리스트 관리 등은 한국의 복합재난 대응 사례 분석을 통한 스마트 국가위기관리 시스템 연구에 매우 큰 의미가 있다.

일본 역시 빅데이터에 기반한 국가위기관리 체계를 일찍부터 정비해 왔다. 가장 큰 특징은 재난에 대한 일차적 대응 체계로 자주조직과 비정부단체non-governmental organization, 비영리조직non-profit organization과 각 세대가 참여하는 자주적 방재조직이 잘 정립되어 있다는 것이다. 지진 등 대형 재난이 빈번히 발생하고 있는 일본은 일찍부터 지방의 자주적 방재조직을 조직화해 왔는데, 2004년 기준 3,213개 시정촌 가운데 자주적 방재조직을 조직화한 곳이 무려 2,536개에 달했다.[45] 이처럼 일본은 중앙정부 중심의 국가위기 및 복합재난 대응 체계를 현장 중심의 지방정부 중심으로 재편하는 혁신

적인 노력을 이미 진행해 왔다.[46]

이외에도 EU 국가의 4차 산업혁명과 연계한 국가발전 전략의 성과를 스마트 국가위기관리 체계의 정착 과정에서 발전적으로 접맥한 여러 가지 경험들, 예를 들면 EU의 iKnow 프로젝트와 Smart Work PADPlanning Ability Development 역시 한국의 현실에 맞게 수용할 필요가 있다. 또한 싱가포르의 국가안보 조정사무국(NSCS)[47]은 데이터를 기반으로 국가안전을 위협하는 요소에 대한 평가와 주변 환경 변화를 탐지하여 새로운 기회를 발굴하는 프로그램을 2004년부터 운영하고 있다.[48] 브라질 리우데자네이루의 지능형 운영센터는 날씨 예측 시스템과 첨단 모델링 시스템을 통해 폭우를 48시간 전에 예측할 수 있으며, 30여 개에 이르는 시 정부 산하 부서와 기관이 공유한 다양한 정보가 통합 연동되어 비상사태 발생 시에 도시의 두뇌 역할을 수행한다.[49] 이를 통해 응급상황의 대응시간이 30% 개선되었으며, 사망자 수도 10% 감소하는 효과를 거두었다.[50] 이러한 외국의 선진 사례 역시 한국의 '스마트 국가위기관리 시스템의 도입과 정착 과정'에 적극적으로 수용할 필요가 있을 것이다.

하지만 외국의 사례를 벤치마킹하는 데 있어서 항상 대립학습(모델링) 효과가 성공적으로 이루어지는 것은 아니다. 미국의 9.11 테러 이후 우리나라의 대테러 정책을 고찰해 보면, 공항과 항만의 대테러 대책과 금융기관의 재난복구 시스템(백업 시스템)에 있어서는 상당한 대리학습이 이루어졌다. 하지만, 테러 방지법 제정 등에 있어서는 미국, 영국, 일본을 비롯한 많은 국가에서 제정했음에도 불구하고 대리학습이 이루어지지 않았다.[51] 이러한 상황은 외국의 선진적인 위기관리 성공 사례라 하더라도 한국적 현실에 맞게 '맞춤형 위기관리 시스템'으로 연결시켜야 한다는 교훈을 준다.

스마트 국가위기관리 시스템 관련 해외 선진 사례 및 한국적 적용의 시사점을 정리해 보면 〈표4〉와 같다.

위기관리 시스템의 4단계

기존의 위기관리 시스템은 무엇이 잘못되었는가?

2010년 6월에 개정되어 2019년 3월부터 시행된 '재난 및 안전관리 기본법'에 따르면 "재난관리는 재난의 예방, 대비, 대응, 복구를 위하여 하는 모든 활동을 말하고, 안전관리는 재난이나 그 밖의 각종 사고로부터 사람의 생명·신체 및 재산의 안전을 확보하기 위하여 하는 모든 활동을 말한다."[52]

재난관리의 단계를 예측할 수 있는 의미 있는 규정이다. 하지만 재난관리에 있어 관리 대상인 재난의 성격이 '단순'재난인지 '복합'재난인지 그리고 이러한 재난이 국가적 위기로 확산될 경우에도 재난관리의 대상에 포함되는지 등에 대한 개념 규정이 불명확하다. 또한 재난관리의 구체적인 단계별 차이점도 규정되어 있지 않아 개별 세부 법규에서는 이러한 개념적 혼란과 구체적인 내용상의 혼선이 더욱 심화되고 있다.

한편 자연재해대책법에 따르면 "관리 체계를 재해예방, 재해응급대책, 재해복구"로 구분하고 있다. 이러한 "중앙정부의 재해예방, 재

표4 4차 산업혁명의 성과(ICBMS)와 스마트 국가위기관리 시스템

국가	선진적 해외 국가위기관리 시스템	한국 내 적용의 시사점
미국	• 국가위기관리 시스템(NEMIS)과 전략적 위험성 평가 • 국립해양대기청의 기상경보 및 지질조사국(지진감지실)의 첨단화된 예측 시스템 • CDC의 선진적 감염병 위기관리 체계	• 국립재난안전연구원의 스마트 재난 상황실을 혁신적으로 발전시켜 청와대 NSC 차원의 스마트 국가위기관리 체제로의 재편 강화 필요성 • 국가안보적 차원에서 미국의 선진국 CDC 감염병 위기관리 체계의 발전적 수용
영국	• 국가위기관리법과 6단계 재난관리 체계(예측→평가→예방→준비→대응→복구) • 비상사태 대비 국가위험 목록 • 환경청의 실시간 홍수 경고 지도 • 지역 중심의 재난안전 리스트 관리	• 영국의 사전 단계를 포함한 내실 있는 국가위기관리 단계 설정 • 영국의 사전 단계에서 ICBMS와 같은 4차 산업의 성과를 반영할 수 있는 스마트 위기관리 체계 정착 • 다양한 국가위기에 대한 비상사태 대비 위험 목록의 작성 및 매뉴얼화
일본	• 빅데이터 기반 국가위기관리 시스템 • 지방정부 중심의 자주적 방재 조직	• 중앙정부 중심의 국가위기 및 복합재난 대응 체계를 현장 중심으로 재편하기 위한 지방정부의 위상 강화 및 역할 제고 • 법·제도적 개선과 더불어 예산의 의무적 확보
기타 (EU 포함)	• EU의 iKnow 프로젝트와 Smart Work PAD • 싱가포르의 빅데이터 중심 국가안보 조정사무국의 역할 • 스페인 마드리드 시의 통합 비상대응센터 • 브라질의 지능형 운영센터	• EU 국가의 4차 산업혁명과 연계한 국가발전 전략의 성과를 스마트 국가위기관리 시스템의 정착 과정에 발전적으로 접맥 • 싱가포르의 국가위기관리 시스템의 빅데이터화 벤치마킹 • 스페인 및 브라질의 지방정부 차원의 통합적 복합재난 대응 시스템 적극 수용

해응급대책, 재해복구와 관련한 사항은 위기관리의 대비, 준비, 대응, 복구에 해당"한다고 볼 수 있다.[53] 재난관리법 역시 재난관리의 기본 틀을 재난예방 단계, 응급조치 단계, 긴급 구조 단계와 관련된 사항들로 구분하고 있다. 그러나 중앙정부의 자연재해관리의 단계에서는 위기관리의 각 단계별 활동 내용들이 혼재되어 규정되고 있으므로 단계별 목표의 설정과 활동에 혼돈을 가져올 수 있다.[54]

재해·재난관리에 관한 법 체계의 규정이 위기관리 단계별 활동 내용을 체계적으로 담고 있지 못하기 때문에 단계별 목표 설정과 활동에 혼돈을 가져오고 있다. 예를 들면, 중앙정부 수준에서 재해예방 단계는 완화·준비·대응 기능 등이 혼재되어 있다.[55] 그리고 지방자치단체의 경우에는 재해응급대책 단계의 응급조치 단계가 대응과 준비 기능을 함께 규정하고 있다.[56] 재난관리 역시 재난예방 단계는 완화·준비 기능, 긴급 구조 단계는 준비·대응 기능, 응급조치 단계는 준비·대응 기능을 포함하고 있다. 반면에 재난관리 법 체계에서는 복구 기능을 규정하고 있지 않는 것으로 볼 수 있다. 따라서 위기관리하의 활동 내용을 일관성 있게 체계화하는 것이 필요하다.[57]

이러한 개념상의 혼란이 그동안 다소 해소되었다고 하더라도, 여전히 개별 재난이나 재해에 대한 단계별 목표와 활동 내용이 애매하고 혼란스러운 상황에서 서로 다른 성격의 재난이 결합하여 복합재난이 발생하거나 더욱 심각한 국가적 위기상황으로 치달을 때에는 현존하는 개별 수준의 행동 매뉴얼은 실효성을 갖기 어렵다. 또한 현재의 국가위기관리 대응 지침에는 준비, 대비, 예방 등이 무차별적으로 사용되고 있고, 대응 단계에 있어서도 응급조치 단계와 긴급 구조 단계 등 매우 혼란스런 용어들이 난립하고 있다.

이재은[58]은 국가 재해·재난관리 체계의 발전 방향에 대해 오래 전 위기관리 체계의 문제점을 극복하기 위한 틀로서 국가위기관리 체계의 방향을 다음과 같이 정리한 바 있다.

(1) 재해·재난관리의 대상이 되는 위기 유형의 종합화 (2) 국가 재해·재난관리 체계의 단계별 내용 전체적 수용 (3) 각 기관들의 체계적 활동을 위한 민간의 조직적 참여 등 종합적 네트워크 (4) 효과적인 종합 체계를 위한 중앙정부와 광역·기초 지방자치단체의 연계 (5) 전문 인력의 종합 (6) 온라인과 오프라인상의 기능 수행 (7) 근거 법률의 종합화 (8) 책임과 조정, 통제를 할 수 있는 통합된 기구의 필요성 등이다.

이재은[59]의 접근 중에서 특히 재난의 대응 단계별 내용을 국가위기관리에도 확장 적용해야 한다는 점과 지방자치단체의 역할을 강조하고 있다는 점은 본 연구의 방향성과 일치한다. 하지만 여전히 근본적인 개선책이 충분히 마련되지 못하고 있는 실정이다. 기본적으로 단순재해·재난과 국가위기 간의 경계가 불분명하고, 국가위기관리 시스템의 개혁을 위한 방향에 있어서도 국가위기 발생 시 단계별 대응을 중심으로 더 구체적으로 평가할 필요가 있다. 동시에 국가위기관리 시스템의 핵심 체계라 할 수 있는 법과 조직, 운영, 정보화, 자원관리 및 교육훈련 등의 관점에서 주요한 개념과 역할 등이 상호간에 다소 혼재되어 있다.

역대 정부의 국가위기관리 기본 지침서[60] 역시 대부분 국가위기관리 과정을 아래와 같이 4개의 단계로 설명하고 있다.[61] 하지만 실제

로 국가위기 발생 시 구체적인 대응전략을 수립하기에는 여러 가지 문제점이 따른다.[62]

첫째, 예방 단계는 국가위기의 발생 자체를 억제하거나 방지하기 위한 일련의 활동이 이루어지는 단계이다. 하지만 언제 발생하는 어떤 국가위기를 의미하며, 어떻게 억제하거나 방지해야 하는지에 대한 구체적인 규정이 매우 불분명하다.

둘째, 대비 단계는 국가위기 상황하에 수행해야 할 비상계획 및 제반 당면 과제를 미리 계획하고 준비하여 위기 발생 시 즉각적으로 대응할 수 있는 태세를 강화해 나가는 일련의 활동이 이뤄지는 단계이다. 하지만 이 대비 단계 역시 예방 단계와의 차이가 명확하지 않고, 위기 발생 전에 계획하고 준비할 즉각적인 대응 태세의 내용 역시 구체적이지 못하다.

셋째, 대응 단계는 위기 발생 시 국가의 가용자원과 역량을 활용하고 신속하게 대처함으로써 피해를 최소화하고 2차 위기 발생 가능성을 감소시키는 실제적 활동이 전개되는 단계이다. 그런데 현대사회의 국가위기가 복합재난 성격을 띠고 있는 동시에 첨단화된 기술과 인력이 동원되어야 함을 감안할 때, 국가의 어떤 가용자원과 역량을 활용할 것인지에 대한 구체적 내용이 없고, 2차 위기의 발생 가능성 역시 표현이 애매하여 구체적인 대응전략을 수립하기가 매우 어렵다.

넷째, 복구 단계 역시 위기로 인해 발생한 피해를 원상복구하고, 제도 개선과 운영 체계 보완을 통해 위기관리 역량을 보강하고 재발 방지 대책을 강구하는 단계이다.[63] 하지만 복구의 의미를 확대하여 국가위기관리 역량 보강 및 재발 방지 대책을 강구하는 단계로 설정한 것은 의미가 있으나, 국가위기의 원인 규명 및 원상회복, 그리고 제도 개선과 위기역량 강화 및 재발 방지 대책 강구라는 매우 중요한 과제를 설정하고 있어 그 실효성에 의문이 제기된다. 어떤 국가위기가 발생했을 경우 단순한 위기의 복구만을 의미하는 것이 아니라, 유사 위기 발생 시 재발을 방지할 수 있는 빅데이터의 구축을 통한 스마트 국가위기관리 시스템의 정착을 위해 구체적으로 필요한 대응전략과 행동 매뉴얼의 마련이 시급해 보인다.

따라서 단순재난과 복합재난, 국가위기의 성격과 종류에 따라 단계별 대응전략을 세부적으로 수립하고, 각 단계별 대응전략은 스마트 국가위기관리 시스템 차원에서 예방과 대비, 대응과 복구라는 4단계 과정에서 일관되고 체계적으로 매뉴얼화되어야 할 것이다. 이외에도 통합적인 법과 조직 체계는 물론 수직적인 지휘 체계와 수평적인 협치 체계의 조화 그리고 첨단화된 기술과 인력을 동원할 수 있는 스마트 위기관리 시스템의 내장화 또는 내면화 과정이 필수적으로 요구된다고 하겠다. 이외에도 스마트 국가위기관리 시스템이 갖추어야 할 단계별 대응 수칙, 핵심 체계의 구체적인 구성요건, 종합적인 운용을 위한 '스마트 시스템화'는 매우 중요하다 하겠다.

스마트 국가위기관리의 4단계 과정

현행 「재난 및 안전관리 기본법」[66]에 따르면, 제1조에 '국가와 지방자치단체의 재난 및 안전관리 체계를 확립하고, 재난의 예방·대비·대응·복구'와 관련된 사항을 규정함을 목적으로 한다고 명시하고 있다. 그리고 제34조의 5항에 보면 재난 분야 위기관리 매뉴얼 작성·

운영과 관련해서도 위기관리 표준매뉴얼과 위기대응 실무 매뉴얼, 현장조치 행동 매뉴얼 등을 작성함에 있어서도 재난 유형에 따른 예방·대비·대응·복구 단계별 조치 사항에 관한 연구 및 표준화와 관련된 규정이 있다. 이러한 「재난 및 안전관리 기본법」상의 규정은 기본적으로 우리 정부가 '예방·대비·대응·복구' 등의 4단계로 재난 단계를 구분하고 있다는 해석을 가능하게 한다.

실제 2015년에 작성된 국민안전처의 재난관리총괄과에서 작성한 '위기관리 매뉴얼 운영 체계 및 작성 요령'[65] 역시 위기활동 및 경보 체계와 관련해서 예방Prevention, 대비Preparedness, 대응Response, 복구Recovery 등의 4단계로 구분해서 설명하고 있다. 이를 토대로 원자력안전위원회 등 정부의 유관 기관이 작성한 위기관리 표준매뉴얼[66] 역시 위기관리 활동에 있어서 동일한 단계별 규정을 따르고 있다. 이상을 종합해 볼 때 스마트 국가위기관리의 단계 설정 역시 정부가 일반적인 재난관리의 단계로 설정하고 있는 예방·대비·대응·복구의 4단계를 준용하면서도, 영국이 사전 단계에서 특별히 강조하고 있는 예측과 평가의 단계를 포함시키고자 한다.

이러한 맥락에서 이재은[67]은 위기관리의 정의를 "완화, 준비, 대응, 복구의 4단계가 중앙정부와 지방정부에 공통적으로 적용되는 과정으로 볼 수 있다"면서 위기관리의 각 단계별 활동 내용을 위기관리 체계와 연계하여 구체적으로 살펴본 바 있다.[68] 뿐만 아니라 이재은의 4단계 위기관리 체계에 대한 단계별 활동 내용은 대부분 재해·재난 체계에 대한 분석틀로 사용한 것이기 때문에, 정부의 4단계 재난관리 대응 체계와 연결하여 본 연구에서는 '스마트' 국가위기관리 시스템의 도입과 정착을 위한 단계별 주요 활동 내용으로 재정리하고자 한다.

첫째, 예방 및 완화Prevention & Mitigation 단계는 국가의 위기 위험 감소 계획을 결정·집행하고 각종 복합재난으로부터 국민의 생명과 재산에 대한 위험의 정도를 감소시키는 장기적인 활동으로 이루어져야 한다. 따라서 예방 및 완화 단계는 국가위기가 실제로 발생하기 전에 위기 촉발 요인을 제거하거나 위기 요인이 표출되지 않도록 억제 또는 예방하는 활동 단계이다.[69]

따라서 국가위기의 예방 단계에서의 주요 활동으로는 국가위기 유발 핵심 요인 분석과 핵심 위험요소의 사전 제거, 사전 예방대책의 수립, 피해 감소 방안의 마련, 국가위기의 위험 예측과 평가 등이 있다. 스마트 국가위기관리 시스템의 정착과 관련하여 1단계인 예방 단계가 갖는 중요성은 실제 국가위기가 발생하기 이전 단계부터 AI와 빅데이터 등을 통해 국가위기를 유발할 수 있는 핵심 요인을 분석하고, 이를 사전에 제거하기 위한 사전 예방대책을 수립하는 단계라는 점이다.

뿐만 아니라 1단계인 예방 및 완화 단계는 국가위기 발생 시 예상할 수 있는 돌발상황 등 다양한 국가위기의 위험을 예측하고 평가하는 단계이다. 영국이 다른 국가와 달리 사전에 국가위기의 위험을 예측하고 평가하는 2단계를 추가로 설정하여 전체적인 국가위기관리 단계를 6단계로 구분하고 있는 이유도 바로 이러한 중요성 때문이다. 특히 국가위기의 예방 단계에서는 위험 예측과 평가를 하면서 4차 산업혁명의 성과를 토대로 한 빅데이터와 AI 혁명 등에 기초한

'첨단화된 스마트 시스템'이 작동되어야 할 것이다.

둘째, 대비Preparedness 단계는 국가위기 발생 시의 대응활동을 사전에 준비하기 위한 대응능력을 개발하기 위한 활동 단계[70]이다. 동시에 각종 국가위기 상황에 대비하여 필요한 비상계획을 수립하고 위기 대응조직의 운영능력을 개발시키는 단계이다. 따라서 위기 발생 시의 피해를 최소화하기 위한 조기 경보 체제의 구축과 효과적인 비상대응 활동의 확립이 포함된다.[71] 따라서 대비 단계의 '철저성'과 '현실성' 여부가 실제 국가위기 발생 시의 '적절한 대응력의 여부'를 좌우한다고 해도 과언이 아닌 매우 중요한 단계라 할 수 있다.

이 단계에서 요구되는 주요 활동은 국가위기의 다양한 유형에 따른 사전 훈련 및 단계별 표준 운영절차의 확립, 국가위기별 유관 기관 확인 및 거버넌스에 기초한 협조 체계의 유지, 대응자원의 확보와 비축, 국가위기관리 경보 시스템의 구축, 주민 대피 홍보업무의 체계화, 복합재난 관련 비상방송 협조 체계의 구축 등이다. 재난대응에 있어서 2단계인 대비 단계가 스마트 국가위기관리 시스템의 정착과 관련해서 갖는 의미는, 복합재난이 실제 국가위기로 확산되었을 경우에 복합재난 대응 수칙이 현실적으로 적용 가능성이 있는지를 사전 훈련 실시, 위기 단계별 표준 운영절차 점검, 시민 참여형 국가위기관리 거버넌스에 입각한 협조 체계 가동 등을 통해 종합적으로 검증할 수 있는 실질적인 단계라는 점이다.

동시에 국가위기관리의 핵심 체계들이 실전 상황에서 통합적이면서 분권적으로 잘 운영될 수 있도록 하고, 자원관리에 있어서도 해당 국가위기에 맞게 전문화된 인력과 첨단화된 장비가 동원될 수 있는 사전 비상대응 체계를 구축하고 점검하는 매우 중요한 단계이다. 이러한 관점에서, 스마트 국가위기관리 시스템에서는 위기 발생 시 골든타임 동안의 적절한 대응 여부를 포함하여 사전 준비 단계에서의 철저한 점검과 표준매뉴얼에 따른 실질적인 대비 여부가 매우 중요하다고 볼 수 있다.

셋째, 대응Response 단계는 국가위기 발생 시 위기관리 기관들의 각종 임무와 기능을 실제로 적용하는 활동으로서, 대응은 예방, 대비 단계의 활동과 연계하여 제2의 손실 발생 가능성을 줄이고, 복구 단계에서 발생할 수 있는 문제들을 미리 최소화하는 활동 단계를 의미한다.[72]

세부 활동으로는 현장 지휘소 및 국가위기 통합 상황실 운영, 대응목표와 기관별 역할의 명확화, 대응기관 및 협조기관 간의 역할 조정, 희생자 탐색·구조 및 응급의료 활동, 수용시설 확보 및 관리, 긴급 복구계획의 수립 등이 있다. 스마트 국가위기관리 시스템의 정착과 관련하여 대응 단계의 중요성은 국가위기가 발생했을 경우 골든타임 동안의 적절한 초기 대응과 스마트 국가위기관리 통합센터의 운영, 지방자치단체 중심의 현장 맞춤형 위기관리 대응, 유사 국가위기 발생 시 재발 방지 대책 마련을 위한 종합적인 대책 마련과 직결되어 있다는 점이다.

넷째, 복구Recovery 단계는 국가위기 발생 직후부터 위기 발생 이전 단계로 회복될 때까지의 장기적인 활동 과정으로서, 정상화될 때까지 종합적인 지원을 하는 지속적인 활동 단계를 의미한다. 위기 복구 단계에서는 장기적으로 재난의 성격에 따라 재개발계획과 도시계획 등의 과정을 거쳐 원상태를 회복해야 한다. 이러한 계획들은 미래에 닥쳐올 재난의 피해를 줄이거나 재발을 방지할 수 있는 좋은 기회가 되며, 위기관리의 첫 단계인 예방 및 완화 단계에 선순환으로 연결되어야 한다.[73]

복구활동으로는 중장기 복구계획 수립 및 복구상황의 점검 및 관리, 피해자 보상 및 배상관리, 피해 유발 책임자 및 책임 기관에 대한 법적 처리, 국가위기 발생 원인 및 문제점 조사, 유사 위기 재발 방지대책 마련 등이 있다. 국가위기관리의 마지막 단계라 할 수 있는 복구 단계는 자칫 다른 단계에 비해서 소홀히 취급될 수도 있다. 하지만 중대한 국가위기 발생 시에는 다수 시민들의 생명과 재산권이 직결되어 있기 때문에 단순한 시설 복구 차원을 넘어서는 종합적인 복구대책 마련과 미래의 재발 방지 대책을 포함해야 하는 중요한 단계이다.

이상에서 살펴본 것처럼 기존의 복합재난과 국가위기관리에 대한 선행연구는 다양한 재해·재난에 대한 개별적이고 미시적인 접근이 주류가 되어 왔다. 접근방법에 있어서도 전통적인 재난·재해관리적 측면이나 법과 제도를 중시하는 제도주의적 접근이 대부분이었으며, 최근 들어 4차 산업혁명의 성과와 연결한 새로운 접근들이 시도되고 있지만 거의 모두가 복합재난에 대한 기술적·정책적 접근을 강조한 것이었다.

하지만 국내는 물론 국제적으로 발생하는 최근의 재난은 대부분 복합재난의 성격을 띠고 있으며, 초기 대응 여부에 따라 국가적 위기로 확산될 위험성이 높기 때문에 복합재난과 국가위기에 대한 연구와 정책적 대응 역시 더 새로운 차원에서 접근하지 않으면 안 될 것이다. 그 대표적인 사례가 바로 천안함 침몰사건과 세월호 참사 그리고 메르스 사태이다.

따라서 국가위기에 대한 더욱 통합적이고 체계적인 연구와 대응을 위해서는 4차 산업혁명이 국내외의 전통적인 재난안전 분야에서 이룩한 성과를 최대한 활용하여, 새로운 재난대응 및 국가위기관리에 대한 수칙을 개발하고 그 적실성 여부를 검증하는 과정이 필요할 것이다. 또한 기존의 국가위기 관련 핵심 체계 분석을 통하여 기존의 대응 체계의 문제점을 보완하고, 법과 제도는 물론 운영상에 있어서도 혁신적인 업그레이드를 해야 할 것이다.

이러한 과정을 통해서 '스마트 국가위기관리 시스템'을 새롭게 도입하고 정착시킴으로써 다양한 재난과 국가위기에 대한 예방 및 대응 체계를 강화해 국민의 안전은 물론 국가발전의 새로운 원동력으로 활용해야 할 것이다.

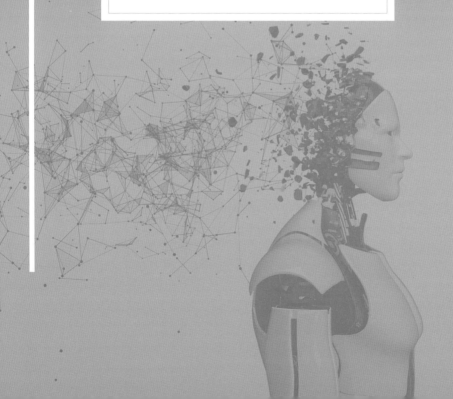

제2장

어떻게 AI로 위기를
극복할 것인가?

스마트 위기관리를
설계하다

현대사회가 급속히 '위험사회'로 진입하고 있는 가운데 신종 복합재난과 다양한 국가위기가 발생하고 있다. 특히 복합재난이 국가위기로 전환되는 과정에서는 총체적 부실이 노출되고 있다. 천안함 침몰 사건과 세월호 참사 그리고 메르스 사태가 대표적인 경우이다. 이 사례들에서 정부의 기존 재난대응 수칙과 국가위기관리 대응의 총체적 문제점이 드러난 것을 볼 수 있다. 따라서 새로운 복합재난과 국가위기관리 대책의 필요성이 그 어느 때보다도 비중 있게 제기되고 있어, 그 대안으로서 AI 혁명과 4차 산업혁명의 성과를 담은 '스마트' 국가위기관리 시스템이 요구되고 있는 상황이다.

스마트 국가위기관리 시스템의 정착을 위한 본 연구의 기본 설계는 다음과 같다. 첫째, 복합재난과 국가위기에 대한 기존의 접근법에 대한 이론적 검토를 우선적으로 진행하고자 한다. 둘째, 현실 적합성이 높은 기존의 복합재난 대응 수칙을 재검토하는 한편, 국내와 해외의 국가위기 사례에 나타난 4차 산업혁명의 성과와 한계에도 주목하고자 한다. 셋째, 이러한 과정을 통해 스마트 국가위기관리 시스템 정착을 위한 새로운 수칙을 도출하고, 국가위기 사례연구를 통한 새로운 수칙의 검증 절차를 거칠 것이다. 끝으로 스마트 국가위기관리 시스템의 정착 방안을 제시하면서 향후 복합재난관리와 국가위기관리 시의 새로운 모델화를 위한 과제를 제시하고자 한다.

본 연구는 새로운 연구방법론으로서 우선 일차적으로 전통적 재난관리 정책을 발전적으로 적용한 새로운 국가위기관리 연구를 진행할 것이다. 이차적으로 신제도주의 연구방법론에 입각한 새로운 국가위기관리 시스템을 연구하면서, 추가로 지방자치단체 및 국가위기 사례 검증을 위한 실증적 연구를 병행하고자 한다.

더 구체적인 차원에서 분석틀을 살펴보면 우선 '스마트' 국가위기관리 시스템을 위한 새로운 수칙과 분석틀로서 변상호·김태윤[74]의 복합재난대응 수칙을 발전적으로 도출·검증하고자 한다.

둘째, 추가적인 분석틀로는 국가위기관리 '6대 핵심 체계'의 스마트화 여부를 검증하기 위해서 이홍구의 국가위기관리 6대 핵심 체계에 있어 '스마트 시스템'의 요소를 대폭 보강하여 적용할 것이다.

셋째, AI 혁명과 4차 산업혁명의 성과(ICBMS)를 반영한 새로운 스마트 국가위기관리 연구를 위해서 복합재난과 국가위기에 있어 4차 산업혁명의 성과와 정책적 함의를 심층적으로 고찰하고자 한다. 이를 위해 강희조[75]의 ICBMS(IoT, Clouding, Big data, Mobile & Machine intelligence, Security)를 활용한 재난안전관리 시스템 연구를 '국가위기 시스템' 연구로 발전시켜 분석하고자 한다. 이 과정에서 강희조[76]의 ICBMS와 이민화[77]의 4차 산업혁명의 12대 핵심 기술(사물인터넷, 클라우드, 빅데이터, 위치 기반 서비스, 생체인터넷, 소셜 네트워크 등)을 반영한 'O2O 스마트 국가위기관리 시스템' 역시 본 연구의 주된 개념적 도구라 할 수 있다. 끝으로 스마트 국가위기관리 시스템 연구에 있어서 특별히 중요한 위치를 차지하고 있는 지방자치단체와 역대 국가위기에 대한 사례 검증을 통한 실증적 연구 역시 병행할 것이다. 이를 위해 고양시의 다양한 재난·재해 사례 그리고 천안함 침몰사건과 세월호 참사, 메르스 사태 등의 사례에 대한 연구도 구체적으로 진행할 것이다.

이러한 연구방법론과 분석틀을 통해 본 연구는 '사례연구를 통한 새로운 연구방법론을 국가위기관리 정책에 적용할 수 있는 현실적 '유효성'과 유사 국가위기 사례 시 활용 가능한 이론적 '보편성'을 찾고자 한다. 이상과 같은 논의를 종합하여 이 책이 구상하고 있는 스마트 국가위기관리 시스템 연구를 위한 종합적 설계도를 그려 보면 다음 〈그림1〉과 같다.

본 연구가 설정하고 있는 가정이나 가설의 구체적인 예는 다음과 같다. 기존 재난대응 매뉴얼과 국가위기관리 지침은 효과적으로 작동했는가? 문제가 있었다면, 어떤 문제가 있었고 무엇을 개선해야 하는가? 새로운 국가위기의 발생에 대한 효과적인 대응 방안은 무엇인가? 전통적인 대응 방식을 탈피한 새로운 '스마트 국가위기관리 시스템'의 내용은 무엇이며, 그 실효성은 어떻게 검증할 수 있는가?

이러한 연구의 가정이나 가설을 입증하기 위한 본 연구의 조작적

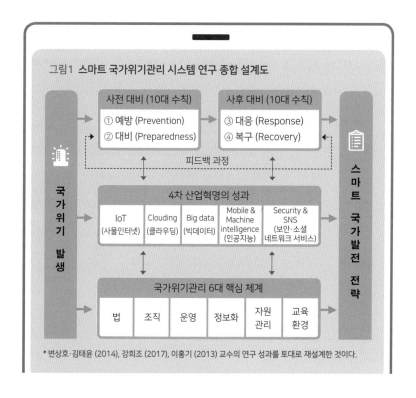

그림1 스마트 국가위기관리 시스템 연구 종합 설계도

사전 대비 (10대 수칙)
① 예방 (Prevention)
② 대비 (Preparedness)

사후 대비 (10대 수칙)
③ 대응 (Response)
④ 복구 (Recovery)

피드백 과정

국가위기발생

4차 산업혁명의 성과

| IoT (사물인터넷) | Clouding (클라우딩) | Big data (빅데이터) | Mobile & Machine intelligence (인공지능) | Security & SNS (보안·소셜 네트워크 서비스) |

국가위기관리 6대 핵심 체계

| 법 | 조직 | 운영 | 정보화 | 자원 관리 | 교육 환경 |

스마트 국가발전 전략

* 변상호·김태윤 (2014), 강희조 (2017), 이홍기 (2013) 교수의 연구 성과를 토대로 재설계한 것이다.

정의는 다음과 같다. 기존의 전통적 대응 매뉴얼은 체계적으로 구성되었으며, 현실적으로 효과적이었는가? 스마트 국가위기관리 시스템 정착을 위한 새로운 대응 수칙은 필요한가? 새로운 수칙은 국가위기 사례 검증을 통해 볼 때 '유효성'이 확인되었는가? 향후 복합재난과 국가위기에 적용 가능한 이론적 '보편성'(모델화)이 있는가? 이러한 조작적 정의를 입증하는 과정을 통해 스마트 국가위기관리 시스템의 도입과 정착 방안을 모색하는 것이 본 연구의 기본 설계이자 핵심적인 연구 목적이다.

어떻게
연구할 것인가?

현대사회에서 발생하고 있는 다양한 형태의 복합재난과 국가위기에 새롭고 적절하게 대응하기 위해서는 전통적인 재난대응 매뉴얼이나 수칙과는 근본적으로 다른 새로운 재난관리 수칙의 발전적 도출과 검증이 필요하다. 이를 위해서 기존의 관리 수칙에 AI 혁명과 4차 산업혁명의 성과를 포함시켜 새롭게 도출한 '스마트 국가위기관리 대응 수칙'을 분석틀로 삼는 다양한 국가위기 사례연구를 통해 현실적 적합성을 검증해야 할 것이다.

한편 복합재난 대응 체계 및 국가위기관리의 핵심 체계 분석을 통하여, 현대사회의 새로운 위기에 대응하는 과정에서의 문제점과 개선점을 도출함으로써 '스마트 국가위기관리 시스템'을 도입하고 정착시키는 데 있어서 중요한 '설계의 기초'로 삼을 필요가 있다.

이를 위해서 본 장에서는 기존의 재난관리 10대 수칙의 발전적 도출과 검증을 위해서 수년 동안 실증적 사례연구를 시도한 고양시의 경험을 사전적으로 고찰하고자 한다. '스마트 국가위기관리 시스템의 정착'을 위한 새로운 수칙의 도출 과정에서 각종 재난이 발생하는 지역 현장에서의 시행착오를 포함한 다양한 경험적 사례는 상당한 의미가 있기 때문이다. 뿐만 아니라 '스마트 국가위기관리 시스템의 도입과 정착'을 위해서는 이민화[78], 이재은[79] 등이 강조하는 것처럼 '지방자치단체의 자주적이고 체계적인 재난대응 체계 구축'을 통한 '스마트 안전도시의 확산'이 매우 중요하기 때문이다.

동시에 기존의 국가위기관리 6대 핵심 체계에 대한 개념 규정을 통해서 향후 스마트 국가위기관리 시스템의 정착을 위한 추가적인 분석틀로 삼고자 한다. 다시 말해서 전통적인 복합재난 및 국가위기관리 체계의 법과 조직, 운영 등에 있어서 어떤 문제점이 발생했으며, 이를 어떤 방향으로 개선해야 4차 산업혁명의 시대를 맞이하여 첨단화되고 복합적인 재난과 국가위기에 효과적으로 대응할 수 있는지를 연구하고 정책 대안을 모색하고자 한다.

재난을 이겨 낸 사례들에 대한 분석틀

재난관리의 10가지 원칙

기존의 재난관리 정책에 대한 연구는 대부분 사례연구에 초점을 맞추거나, 다양한 복합재난에 대한 원인과 대책을 미시적으로 접근하는 데 중점을 두어 왔다. 하지만 변상호·김태윤[80]은 쿼런텔리Quarantelli[81]

의 '재난관리의 원칙'을 우리나라의 재난현장에 대한 해석에 기초하여 우리의 현장상황에 적절성이 있도록 수정, 보완해서 '재난대응 수행원칙'으로 재정의를 시도했다.[82] 변상호·김태윤[83]은 도출된 재난대응 수행원칙의 유효성을 확인하고 그 내용을 더 명료하게 맥락적으로 파악할 수 있도록 김태윤[84]의 '재난의 주기별 관리 단계의 구조적 속성 및 기능적 지향'의 재난관리의 기능적 지향에 입각하여 10개의 항목과 항목별 세부 내용으로 재분류했다. 이와 같이 정립된 '재난대응 수행원칙'은 과거의 재난대응 사례에서 나타난 문제점을 체계적으로 파악하기 위한 분석틀로 활용했다. 재난대응 10대 수행원칙과 세부 내용은 〈표5〉와 같다.

표5 재난대응 10대 수행원칙과 세부 내용

재난대응 10대 수행원칙	수행원칙의 세부 내용
인력, 장비 등을 현장상황에 적합하게 동원	• 인명구조 등 현장상황을 타개할 수 있는 적합한 장비가 동원되었는가? • 상황에 적합한 전문성을 갖춘 훈련된 인력이 현장에 동원되었는가? • 현장에 동원된 장비와 인력은 적재적소에 배치되었는가?
자원봉사 등 외부 지원 조직과 긴밀한 공조	• 지원 기관, 자원봉사 조직은 최대한 효과적으로 공조하고 있는가? • 협력 기관과 상황 대처에 필요한 지원 협조는 잘 이루어지고 있는가? • 전문가, 전문 조직과 연결 채널은 구축되고 상시 가동이 가능한가?
총체적 내·외부 현장 조정력의 확립	• 유관 기관, 민간 부문의 임무, 목표, 이해관계의 충돌은 없는가? • 현장의 문제들을 해결하기 위한 의사조정은 잘 이루어지고 있는가? • 대응 관련 협력 기관의 현장 유고 시를 대비한 사전 계획은 있는가?

재난대응 10대 수행원칙	수행원칙의 세부 내용
재난대응 과정에서 돌발적 리스크의 대비 및 방지	• 재난 특성을 이해하고 돌발적인 리스크를 우선적으로 고려하는가? • 공명심이 앞선 무리한 대응으로 안전사고의 발생 위험은 없는가? • 개인적 경험, 즉흥적 판단으로 상황을 악화시키지는 않는가?
상황실의 종합적 역할기능 수행	• 현장상황의 판단에 필요한 종합적인 정보를 제공하고 있는가? • 유관 기관과의 지원협력에 필요한 상황 처리는 이루어지고 있는가? • 대형 재난 시 유관 기관 대표들과 합동 상황 처리를 수행하고 있는가?
현장책임 조직 및 유관 기관 등의 전문적 과업 수행	• 현장 책임 조직 및 유관 기관은 업무를 전문적으로 수행하고 있는가? • 현장상황 변수에 따라서 임무의 분장은 적합하게 이루어졌는가? • 책임 기관의 전문적 판단에 근거한 과업 수행이 진행되고 있는가?
원활한 정보흐름, 양방향적인 의사소통	• 문제 해결을 위해 유관 기관들과의 의사소통의 통로는 확보되었는가? • 문제 해결을 위한 공통적 목표를 향한 수평적 의사소통이 있는가? • 공조하는 상대방과는 쌍방향적으로 의사소통을 하고 있는가?
매스컴의 공공성 적극 활용	• 언론매체를 통하여 현장의 진행 사항을 정확히 알리고 있는가? • 정보를 적시에 전파하여 재난 피해의 확산 방지를 하고 있는가? • 재난현장상황은 대국민 안전교육의 기회임을 알고 협력하는가?
현장 수칙, 규정, 절차 등 기준 적용의 유연화	• 현장상황 변수의 고려 없이 규정 준수에만 집착하지 않는가? • 재난 상황의 변화가 있음에도 절차를 집행하려고 하지 않는가? • 상급자의 지시, 명령을 기다리다 상황 조치를 실기하지 않는가?
재난상황에 따른 의사결정, 판단의 전문화, 분권화	• 중요한 의사결정을 지위와 계급으로 섣불리 행하지 않는가? • 객관적인 근거나 기술적인 근거에 따라 상황 판단을 하였는가? • 재난의 상황변수에 따른 전문적인 판단은 하였는가?

* 변상호·김태윤 (2014), 121

이상과 같은 변상호·김태윤[85]의 재난대응 10대 수행원칙이 갖는 의미는 첫째로 다양한 재난대응에 대한 종합적이고 체계적인 매뉴얼로서 사고의 예방에서부터 초동 대응, 종합적인 평가에 이르기까지 매우 정교한 원칙과 기준을 마련했다는 점이다.

둘째, 다양한 대형 복합재난과 국가위기가 발생했을 경우, 해당 사고지역은 물론 중앙과 유관 기관 간의 체계적인 대응원칙 마련은 물론 각종 돌발상황에 대한 대비 등 대형 재난 대응 시에 간과하기 쉬운 핵심적 요소를 대부분 포괄하고 있다는 점이다.

셋째, 재난대응 10대 수칙은 단순히 원론적인 방향만 제시한 것이 아니라 더 구체적인 세부 평가와 검증 내용까지 제시하고 있다. 그 핵심적인 내용 역시 기존의 전통적인 재난 연구나 정부의 공식적인 표준매뉴얼에서 제시하는 다소 형식적인 것이 아니라 중앙과 지역, 시민들을 아우르는 광범위한 협치적 네트워크 차원에서 대형 재난에 접근하는 등 상당히 현실적인 내용을 담고 있다.

이러한 변상호·김태윤[86]의 재난대응 10대 수행원칙을 국가위기관리 시스템에 새롭게 적용할 때 특별히 유념할 사항이 있다. 그것은 라이 지머맨Rae Zimmerman[87]이 정확히 지적한 것처럼 재난관리 정책의 고유성에 대한 이해다.[88] 시민안전에 대한 정부와 시민의 의식이 제대로 정착되지 않은 우리나라의 경우 재난관리의 본질적인 특성에 대한 이해가 없이는 재난관리 체계가 지머맨[89]이 제시한 대로 구축되었다고 하더라도 제대로 작동할 것이라고 보장하기는 어렵다. 따라서 대형 재난관리를 포함한 국가위기관리 정책의 경우에는 다음과 같은 과업의 특성을 반드시 이해해야 한다.

첫째, 국가위기관리는 일상적인 공공서비스를 생산하는 일반행정과 전혀 성격을 달리한다. 일반행정에서는 능률성의 논리가 우선적으로 지배하지만, 재난 등 국가위기관리에서는 경계성의 논리가 우선되어야 한다.[90] 표준화된 업무를 반복적으로 수행하는 일반행정에서는 적은 비용으로 더 많은 서비스를 제공하는 것이 성공적이다. 이에 반해 국가위기관리에서는 언제 발생할지도 모르는 다양한 위기에 대비해야 하므로 일반행정과 같은 시각에서 업무 수행을 평가할 수는 없다. 오히려 언제 어떻게 발생할지 모르는 국가위기관리에 필요한 비용을 아끼지 말아야 한다. 특히 스마트 국가위기관리 시스템 정착을 위해서는 AI 혁명과 4차 산업혁명의 성과에 기반한 첨단화된 각종 IoT 장비와 기술, 그리고 관련 산업의 육성을 위한 연구 인력과 연구개발비의 투입 등이 적극적으로 이루어져야 한다.

둘째, 과정을 중시하는 대부분의 관료제 조직 운영과는 달리 국가위기관리는 결과를 중시한다. 불확실한 상황에서 긴급한 판단을 요구하는 국가위기관리에 있어서는 어느 정도의 규칙과 절차가 필요하기는 하나 조직 구성원들의 활동에 신축성을 부여함으로써 결과적으로 국가위기의 예방과 신속한 대응이 이루어지도록 해야 한다.[91]

셋째, 국가위기관리 과정에 수반되는 대형 재난관리는 현장에서 사태의 진전에 따라 즉각적으로 이루어져야 한다. 따라서 국가위기관리는 현장 위주의 관리와 밀접히 연결되어야 하며, 현장 지휘자에게 관리의 권한과 책임이 전폭적으로 주어져야 한다.[92] 국가위기관리 조직의 최고위층에 결정권과 권한이 집중되어 있으면, 현장에서의 대응이 신속히 이루어지기 어렵다.[93]

이상에서 살펴본 지머맨[94]의 재난관리 정책을 통한 정책의 고유성 이해는 기술재해에 대한 재난관리의 단계별 전략을 중심으로 살펴보았다. 그러나 국가의 위기관리는 일반행정과 다양한 재난과 정치적 위기의 중층적 복합 정책이라는 점에서 근본적으로 다르다는 점이 있다. 따라서 더 확대되고 체계적인, 그러면서도 독자적인 국가위기관리 정책의 수립이 시급하다는 점이 본 연구의 핵심적인 문제의식이다.

고양시에서 무슨 일이 일어났는가?

─재난에 대비하는 고양시의 태도

스마트 국가위기관리 시스템의 도입과 정착을 위한 실증적 사례 분석은 2010년부터 고양시에서 진행되어 오던 을지훈련과 고양 종합터미널 화재사건 및 메르스 사태 등을 거치면서 변상호·김태윤[95]의 '재난대응 10대 수칙'을 꾸준히 검증했고, 새로운 수칙을 도출해 내는 과정을 거쳤다.

국내적으로는 북한의 연평도 포격이 발생하고, 국제적으로는 노르웨이 오슬로의 테러 사태와 일본의 대지진 발생을 계기로, 고양시는 민선 5기(2010년)부터 시 자체의 위기관리 시스템을 적용한 새로운 패러다임의 고양형 재난안전훈련을 체계적으로 실시해 왔다.

대표적인 예로 2010년부터 매년 실시되는 을지훈련 기간 동안에 고양시만의 독자적인 시민 참여 안전훈련을 실시하면서, 꾸준히 매뉴얼을 수정·보완해 왔다. 이외에도 북한의 대량 탈북 사태 발생 시 고양시 비상위기관리 시스템의 가동 그리고 사이버 테러로 인한 시스템 마비 사태, 킨텍스 테러 발생, 다중 밀집지역의 대형 화재 발생 시 골든타임의 사수 방안, 보건소 주관하에 홍콩 독감의 국내 확산 위험에 따른 감염병 발생 및 신종 바이러스 위기관리 종합훈련 등에 재난안전수칙을 적용하며 검증 과정을 철저히 거쳤다.[96]

그 결과 2017년 12월 국무총리 주재 전국 지자체장 재난안전 대책 영상회의에서 '고양시의 차별화된 재난대응 수칙'을 비롯한 다양한 모범 사례를 전국 지자체에 전파하라는 총리의 지시[97]로, 청와대를 비롯한 전국의 중앙 및 지방자치단체에 이를 배포한 바 있다. 또한 중앙정부와 민간 기관에서 전국의 지방자치단체 및 공공기관을 대상으로 실시한 안전도시 평가에 있어서 최고의 평가를 받기도 했다.[98]

독자적인 재난관리 수칙에 따라 유지·운영해 온 '고양형' 위기관리 시스템의 특징은 대체로 다음과 같다.

첫째, 시의 특성에 맞는 맞춤형 현장훈련을 지속적으로 실시하는 한편, 변상호·김태윤[99]의 재난안전 10대 수칙을 다양한 재난 사례로 검증하면서 새로운 위기관리 수칙을 도출해 왔다. 매년 실시하는 을지훈련 기간은 물론 실제 대형 재난이 되었던 세월호 참사와 고양 터미널 화재사건, 메르스 사태가 발생했을 당시 고양시 독자적으로 재난대응 10대 수칙을 적용해서 시민 참여 토론을 진행하면서 새로운 위기관리 대책을 강구했다.[100] 다양한 복합재난에 대비한 '스마트 재난안전관리 시스템'을 도입하기 위해 3,000여 명의 공직자가 참여해 8년 가까이 훈련을 진행하고 대책을 세우는 가운데 이 책에서 방법론으로 사용하고 있는 새로운 '스마트 국가위기관리 시스템을 위한 수칙'의 도출이 가능할 수 있었다.

둘째, 기존의 재난대응 매뉴얼은 물론 시 자체의 독자적 대응에 대한 문제점과 개선점을 집중적으로 분석하여, 고양형 재난안전 거버넌스 시스템 구축을 위해 노력해 왔다는 점이다. 특히 100만 인구의 과밀화와 도시의 집중화, 지구온난화에 따른 기상이변 등으로 예측하기 어려운 각종 대형 복합재난의 발생 가능성이 높아지자 재난안전 종합관리 추진계획에 따라 스마트 방재 시스템을 활용한 사이버 재난 상황실을 운영하여 범시민 참여형 재난위기관리 시스템을 구축했다.[101] 이는 고양형 스마트 재난관리 시스템의 대표적인 사례이기도 하다.

일반적으로 중앙정부는 물론 지방자치단체도 복합재난이나 국가위기가 발생했을 경우에는 사후적 평가를 하면서 주로 긍정적인 측면을 부각하고 심각한 문제점에 대해서는 피상적으로 접근하는 것이 관례였으나, 고양시는 을지훈련은 물론 고양 터미널 화재사건과 메르스 사태의 경우 전문가 회의 및 T/F팀을 구성해 백서[102]까지 발간하면서 자체적인 문제점과 개선점을 찾으려는 시도를 했다.

셋째, 시민 참여형 재난 거버넌스 시스템 구축을 위해 민·관·군·경의 참여를 제도화시켰다. 다른 지자체의 경우에는 시민안전 대피훈련에 참여하지 않는 기관의 참여를 MOU 체결을 통해 제도화하는 한편, 전국 최초로 제작된 시민안전 로드맵 7종 50만장을 고양시 관내 39만 세대에 배포하고 교육기관 등 400여 개 유관 기관에 다양한 재난 대비 포스터를 배포하여 시민의 참여와 실전 훈련을 끊임없이 유도했다.[103]

넷째, 스마트 재난관리 시스템의 강화를 위해 소셜 네트워크 서비스를 통한 시민 참여 재난대비에 특별한 노력을 기울였다. '고양 맞춤형 스마트 안전 앱'을 자체 개발하여 시민들이 무상으로 이용할 수 있도록 하는 한편, 시의 공식 행사에 앞서 '스마트 안전 앱'을 통해 지속적인 시민안전교육을 실시했다. 뿐만 아니라 시의 독자적인 재난훈련 과정에서도 시장의 특별 메시지 형태로 다양한 재난 발생 시 '사이버 재난대응 시스템의 정비 방안', '사이버 테러 시 SNS를 통한 시민 네트워크 구성 방안' 등 다양한 스마트 재난관리 시스템을 실전 훈련처럼 가동하면서 검증했다.[104] 특히 고양시가 활용한 SNS는 전국 최고 수준의 평가를 받는 소셜 네트워크 시스템으로서 고양시 통합 안전 앱은 물론이고 페이스북, 트위터, 밴드, 블로그, 인스타그램 등 다양한 매체를 적극 활용했다.[105]

이처럼 8년에 걸친 '고양형 스마트 시민 참여 재난안전 시스템'의 운영 과정을 통해서 이 책에서 새롭게 제시하는 '스마트 국가위기관리 시스템을 위한 새로운 수칙'을 도출하게 된 것이다. 이를 토대로 고양시는 메르스 사태와 같은 국가적 위기가 발생했을 때에도 중앙 정부의 통제를 따르면서도 독자적인 메르스 대책을 시행했다. 예를 들어 발생 초기부터 중앙정부의 매뉴얼에는 없는, 시장을 본부장으로 하는 재난안전 대책본부를 구성해 초기부터 상황을 통제했고 매뉴얼에 따라 감염병 예방 확산 대책을 단계별로 이행했다. 또한 민간 의료기관의 협치 시스템을 구축하여 거점 병원에 격리 외래진료소 및 음압장비 등을 신속히 설치하고 지원했다. 결과적으로 삼성병원 간호사를 제외하고 고양시 관내에서는 한 명의 확진 환자도 발생하지 않았다.[106]

이렇듯 다년간의 고양시 사례연구와 검증을 통해 '스마트' 국가위기관리 시스템을 위한 수칙이 도출되고 검증되었다. 이 책은 이를 토대로 역대 정부의 국가위기 사례에 대한 실증적 분석을 추가적으로 병행할 것이다.

─스마트 시티를 건설하자

고양시는 이처럼 다양한 복합재난에 대하여 중앙정부의 재난대응 매뉴얼을 개선한 데 이어 '고양시만의 독자적인 대응 수칙'을 만들었고, 고양 터미널 화재사건이나 메르스 사태 발생 시 이를 구체적으로 현장에서 검증하면서 새로운 대안적 재난대응 체계를 시스템적으로 구축해 나갔다. 동시에 온라인상으로 스마트 안전 앱을 구축하고, 군과 경찰, 소방 당국과 연계하여 사이버 재난안전 시스템을 갖춤으로써 '고양형 O2O 재난관리 시스템'을 발전시켜 나갔다.

또한 시민 참여 교육 및 훈련과 광범위한 재난안전 관련 거버넌스 체계를 운영했다. 을지훈련을 중심으로 한 국가안보적 차원의 대응에 있어서는 지방정부 차원의 독자적인 매뉴얼로 대처했고, 시민 참여 훈련에 있어서도 실전을 방불케 하는 다양한 중앙 및 지역기관과의 공동 훈련을 해 나갔다.

특히 '고양형 재난관리 시스템' 운영의 특징은 고양시 전반에 확산된 소셜 네트워크 서비스를 중심으로 한 스마트 시티 건설의 방향과 연결하여, 고양시민의 안전과 미세먼지를 비롯한 새로운 국민안전 정책 추진과 긴밀히 연계하며 추진되었다는 점이다. 고양시는 이러한 '고양형 안전도시 구현'을 목표로 다양한 분야에서의 재난안전 플랫폼을 형성하고, 단계적으로 복합재난에 대한 대응을 해 나가며 궁극적으로 도시 전체를 '스마트 안전도시'로 발전시키는 중장기 로드맵을 추진해 왔다.

우선 고양시가 추진한 '고양형' 스마트 시티의 특징은 시민 중심의 스마트 시티 추진과 산학 연관 협치 시스템 구축, 중앙정부의 국가 프로젝트와의 연계 추진 및 전 세계 글로벌 네트워크화라는 기본적인 방향성을 갖고 출발했다.[107]

구체적으로 고양 U+ 융복합 실증단지를 통해 스마트 플랫폼을 도심 문제 해결의 수단으로 활용했으며, LG 등이 참여한 가운데 대한민국의 대표적인 스마트 도시로 인증받는 성과를 가져왔다.

다음으로는 청년 일자리 창출과 도시의 자족성을 확보하기 위한 차원에서 고양 청년 스마트 타운 건설[108]이 LH와 함께 공동협약의 형태로 추진되었고, 이외에도 일산 테크노밸리, 한류월드, K-컬처밸리, 방송영상밸리와 같은 대규모 국책사업 및 민간사업이 '통일한국의 실리콘밸리 프로젝트와 스마트 안전도시 건설'이라는 큰 축에서 종합적으로 추진되었다.[109]

물론 이 과정에서 자체 예산의 부족과 '고양형 재난관리 시스템'과 '스마트 시티'에 대한 공직자와 시민의 공감대가 온전히 형성되지 않아 다양한 시행착오를 겪기도 했다. 시 의회에서의 관련 예산 삭감은 물론이고 '고양형 스마트 시티에 기초한 고양형 스마트 안전관리 시스템'은 결국 시장과 일부 해당 부서의 공직자 주도로 추진되어 고양 시민 전체의 협치적 참여가 이루어지는 데에는 좀 더 많은 시간을 필요로 하게 되었다.

고양시의 이러한 스마트 안전도시 건설을 위한 경험은 앞서 언급한 고양시의 독자적인 재난안전 대응 수칙에 대한 검증 작업과 더불어 향후 스마트 국가위기관리 시스템의 도입과 정착에 있어서 가장 중요한 요소 중의 하나인 '스마트 안전도시 네트워크 형성을 통한 스마트 국가위기관리 거버넌스 체제 구축 과정'에 매우 유의미한 시사점을 제공해 줄 것이다. 이에 대해서는 제5장에서 집중적으로 다룰 예정이다.

고양시에서의 '스마트 안전도시 구축'을 위한 노력은 이민화[110]가 스마트 재난관리 거버넌스의 실현 과정에서 가장 중요한 모순으로 설정한 지방정부의 역할과 관련해서 매우 중요한 의미를 지닌다. 왜냐하면 우리나라와 같이 여전히 중앙집권적인 형태를 띠고 있는 상황에서 지역에 다양한 재난이 발생할 경우 지역정부 차원의 스마트 시스템이 구축되어 있지 않다면, 아무리 현장에서 중앙의 통제를 받으면서 위기를 해결하려 해도 결국은 복합재난이 국가적 위기로 확산되는 것을 방지하기 어렵기 때문이다.

따라서 기초 지방정부와 광역 지방정부 차원의 '복합재난을 해결할 스마트 시티 건설'이 제도화되고 단계적으로 발전해 나간다면, 이러한 스마트 시티는 궁극적으로 스마트 거버넌스와 연결되어 4차 산업혁명의 시대에 국가발전은 물론 현대사회의 다양한 복합재난과 국가위기를 해결할 수 있게 될 것이다.

이러한 문제의식의 연장에서 고양시는 그동안 체계적으로 추진한 '고양형 재난안전 체계의 발전적 성과'를 토대로, 'IoT 융복합 시범단지 사업의 진행을 통한 고양형 스마트 시티'의 건설을 추진해 왔

다. 'IoT 실증 서비스 적용을 통한 시민 체감·참여형 도시 문제 해결'
이라는 목표 아래, 고양시는 대기업을 포함하여 여러 시민사회단체
와 함께 협치 네트워크를 구성해 4단계의 과정을 거쳐 추진했다. 1단
계는 도시 문제 해결형 IoT 솔루션 실증 단계이고, 2단계는 개방형
스마트 시티 플랫폼 활용이다. 3단계는 실증지원센터 구축이고 4단
계는 성과 분석을 통한 홍보이다.

IoT 실증 솔루션에는 스마트 쓰레기 수거관리 서비스를 비롯하여
공원 환경, 생활 환경, 생태 환경, 안심 주차, 방역, 스마트 환경 자전
거 공유 서비스 등이 포함되어 있다. 대부분이 주민의 삶의 질 개선
과 직결되어 있는 것으로서 '고양형 스마트 시티'는 미세먼지와 교통
안전, 각종 범죄를 비롯한 재난·재해 해결을 위한 스마트 시스템을
구축하는 것을 기본 목표로 지향하고 있다.

특히 고양형 스마트 시티의 건설이 갖는 의미는 단순한 시범단지
에 국한되지 않았다는 데 있다. '청년 임대주택단지'를 '고양 청년 스
마트 타운'의 형태로 조성해 스마트 안전도시의 구체적인 플랫폼을
구축하고자 했고, 청년 기업인을 중심으로 한 청년 벤처 타운과 연결
하여 새로운 신도시 건설의 중심축으로 '청년 스마트 타운' 조성계획
을 세우는 한편, 이를 중심적으로 추진하는 LH와 2년에 걸친 협의를
거쳐 구체적인 협약으로 발전시켰던 것이다. 이 과정에서 민·관·산·
학이 함께 참여하면서 스마트 시티의 구축 방향 및 구체적인 내용 등
에 대해서 상시적인 협의체를 통해 결정하는 '시민 참여형 고양 스마
트 시티 거버넌스 체계'로 운영했던 것이다.

이러한 '고양형 스마트 안전도시 프로젝트'는 국제적으로 114개

도시로 구성된 '세계 도시전자정부 협의체(WeGO) 총회에서 지속 가능한 도시 부문 최고의 영예인 금상을 수상한 바 있다. 당시 고양시는 러시아에서 개최된 WeGO 총회에서의 수상 연설을 통해 "스마트폰에 설치된 통합 앱을 통해 시민에게 재난안전 정보와 일자리 정보를 편리하고 똑똑하게 제공하고 시민의 교육과 문화 욕구를 충족시킴으로써 안전을 보장하고 삶의 질을 개선하는 스마트폰 시티를 구현하겠다"는 비전을 제시해 '스마트폰 시티'의 개념화를 시도하기도 했다. 이는 이민화의 "내 손 안의 스마트폰 시티"와 맥락을 같이 하는 것이기도 하다. 이민화[111]는 "스마트 시티의 자기조직화는 모든 시민들이 언제 어디서나 갖고 있는 스마트폰으로 구현된다. 바로 스마트폰 속의 스마트 시티Smart city in smart phone"라는 흥미로운 규정을 한 바 있다.

위와 같은 고양시의 사례연구 및 스마트 재난안전 관련 경험은 이 책이 핵심적 문제의식으로 설정하고 있는 스마트 국가위기관리 시스템의 도입과 정착 과정에서 개별 지자체 사례의 중요성을 판단하는 데 중요한 근거가 될 뿐만 아니라, 이러한 지방자치단체 차원의 스마트 안전도시 추진 경험이 국가 전체적으로는 '스마트 거버넌스를 통한 스마트 국가위기관리 시스템의 강화'로 직결될 수 있다는 점에서 큰 의미가 있다.

스마트 위기관리 시스템을 위한 새로운 원칙
이 책은 '스마트' 국가위기관리 체제 정착을 위해 앞서 언급한 ICBMS를 중심으로 한 4차 산업혁명의 성과 등을 토대로 전반적인 재분류 작업을 수행하였다. 이는 기존의 변상호·김태윤[112]의 재난대응 10대 수칙과 비교해서 다음과 같은 차별적 특징을 보여 준다.

첫째, 기존의 10대 대응 수칙이 주로 복합재난 발생 이후의 종합 대응 수칙을 담고 있다는 점에서, 복합재난이나 국가위기 발생 이전의 예방과 대비 단계를 새로 추가해 설정했다. 이는 영국이 다른 나라의 복합재난 대응과 달리 사전 2단계(예측·평가)를 포함한 6단계로 구성하고 있는 점에서 착안했다. 다시 말해서 우리 정부의 각종 재난·재해관리 기본 지침과 행동 매뉴얼에 따르면 (1) 예방 (2) 대비 (3) 대응 (4) 복구 등 4단계로 나누어져 있지만 본 연구에서는 영국과 같이 (1) 예측 (2) 평가의 단계를 사고 발생 이전 단계에 추가하면서, 4차 산업 혁명의 성과를 대폭 보강했다. 좀 더 구체적인 수준에서 스마트 국가위기관리 시스템 정착을 위한 사전 2단계의 내용은 〈표6〉과 같다.

우선 1단계는 '예방 단계'로서 국가위기를 예방하기 위해 '빅데이터 등을 통해 사전 예측했는가?'를 중심으로 다음과 같은 더 구체적인 수칙이 점검되는 단계이다.

(1) 빅데이터 등을 통해 국가위기의 원인과 대책을 사전에 예측했는가?

(2) 위기 발생 시 종합 대응 수칙에 따라 사전 예측과 평가를 수행했는가?

(3) 국가위기관리의 핵심 체계를 중심으로 사전 예방대책을 수립했는가?

(4) 국가위기 발생 단계별 피해 경감 예방대책을 종합적으로 수립했는가?

표6 스마트 국가위기관리 시스템을 위한 사전 2단계 (예방-대비) 10대 수칙

스마트 국가위기관리 시스템 – 사전 2단계	스마트 국가위기관리 대응을 위한 사전 대응 수칙
1단계 - 예방 국가위기를 예방하기 위해 빅데이터 등을 통해 사전 예측했는가?	1. 빅데이터 등을 통해 국가위기의 원인과 대책을 사전에 예측했는가? 2. 위기 발생 시 종합 대응 수칙에 따라 사전 예측과 평가를 수행했는가? 3. 국가위기관리의 핵심 체계를 중심으로 사전 예방대책을 수립했는가? 4. 국가위기 발생 단계별 피해 경감 예방대책을 종합적으로 수립했는가? 5. 스마트 국가위기관리 시스템에 따라 첨단화된 기술과 인력을 통해 종합적인 예방대책을 수립했는가?
2단계 - 대비 국가위기에 대비하기 위해 시뮬레이션 등을 통해 사전 평가하고 비상계획을 수립했는가?	6. 빅데이터, AI 등 사전 시뮬레이션 등을 통해 국가위기에 대한 종합적인 평가 및 비상계획을 수립했는가? 7. 국가위기관리 대응 수칙에 따라 위기 발생 단계별로 종합적인 비상계획을 수립했는가? 8. 국가위기관리 핵심 체계 및 시민 참여 협치 네트워크를 중심으로 비상대비계획을 수립했는가? 9. 실제 국가위기 발생 시에 대비해 사전에 '실전 비상훈련과 교육'을 실시했는가? 10. 국가위기 발생 시 핵심 위험요소와 돌발상황 그리고 스마트 국가위기관리의 목표 등을 종합적으로 점검하고 대비했는가?

(5) '스마트' 국가위기관리 시스템에 따라 첨단화된 기술과 인력을 통해 종합적인 예방대책을 수립했는가?

2단계는 대비 단계로, '국가위기에 대비하기 위해 사전 시뮬레이션 등을 통해 평가하고, 비상계획을 수립했는가?'를 중심으로 다음과 같은 점검이 필요하다.

(1) 빅데이터, AI 등 첨단화된 스마트 시스템을 통해 국가위기에 대한 종합적인 평가를 실시하고 비상계획을 수립했는가?

(2) 국가위기관리 대응 수칙에 따라 위기 발생 단계별로 종합적인 비상계획을 수립했는가?

(3) 국가위기관리 핵심 체계와 시민 참여 협치 네트워크를 중심으로 비상대비계획을 수립했는가?

(4) 실제 국가위기 발생 시에 대비해 사전에 '실전 비상연습과 교육훈련'을 실시했는가?

(5) 국가위기 발생 시 핵심 위험요소와 돌발상황 그리고 스마트 국가위기관리의 목표 등을 종합적으로 점검하고 대비했는가?

이처럼 스마트 국가위기관리 시스템의 사전 2단계(예방·대비 단계)가 갖는 의미는 국가위기 발생 이전의 사전 예측과 평가 작업이 사고 발생 이후의 종합 대응 10대 수칙 못지않게 중요하다는 점이다. 여기서 중요한 것은 국가위기 발생 이전의 예방과 대비 단계에서 4차 산업혁명의 성과를 최대한 반영해야 한다는 점이다. 실제 국가위기 발생 시 빅데이터에 따른 사전 예측과 평가에 따라 종합 대응은 구체적인 행동 매뉴얼을 실행에만 옮기는 수준으로 사전에 대비해야 하기 때문이다. 또한 '스마트' 국가위기관리 시스템에 따른 종합 대응에 있어서 대비 단계의 중요성을 특별히 강조한 것이 특징이다.

또한 기존의 복합재난 대응 10대 수칙을 국가위기관리 10대 수칙으로 발전시키면서, 4차 산업혁명의 성과를 담은 '스마트'적 요소가 대폭 추가되었다. 구체적인 예를 들면 '골든타임 내 빅데이터 등을 활용한 적절한 초기 대응', '인력과 장비 동원에 있어서 인공지능 시스템 등의 적극적 활용', 'ICBMS로 상징되는 4차 산업혁명의 성과를 토대로 한 스마트 국가위기관리 통합센터의 운영', '시민 참여형 소셜 네트워크 서비스에 기초한 SNS의 공공성 활용', '통합적 스마트 국가위기관리 대책 마련을 위한 국가위기관리 핵심 체계의 스마트 시스템화' 등이 포함되었다. 이를 정리하면 〈그림2〉와 같다.

더 나아가 국가위기 발생의 원인을 사전 제거하고, 재발 방지 대책을 마련하기 위해서 스마트 국가위기관리 시스템의 6대 핵심 체계라 할 수 있는 법, 조직, 운영, 정보화, 자원관리, 교육훈련 체계의 '스마트적 업그레이드'를 수반했다. 과거 다양한 복합재난에 대한 대응이 즉흥적이고 미봉적인 차원에 머물렀던 한계를 극복하고, 다양한 국가위기에 대한 법·제도와 운영적 측면 등 종합적이고 통합적인 대책을 마련하기 위해서이다. 더 구체적인 예를 들면 '국가위기 발생의 전 단계인 예방과 대비 단계에서부터 철저한 스마트 시스템을 통한 사전 준비 작업', '인력과 장비의 동원에 있어서 'O2O 정보화 시스템'을 중심으로 한 전문 인력과 첨단 장비의 동원', '법과 제도 등 재발 방지 대책과 통합적 스마트 국가위기관리 대책'을 새롭게 추가했다.

또 다른 특징으로는 기존 수칙이 재난 발생 이후의 대응 중심이었다면 새로운 수칙은 국제적인 복합재난과 국가위기관리의 표준적 대

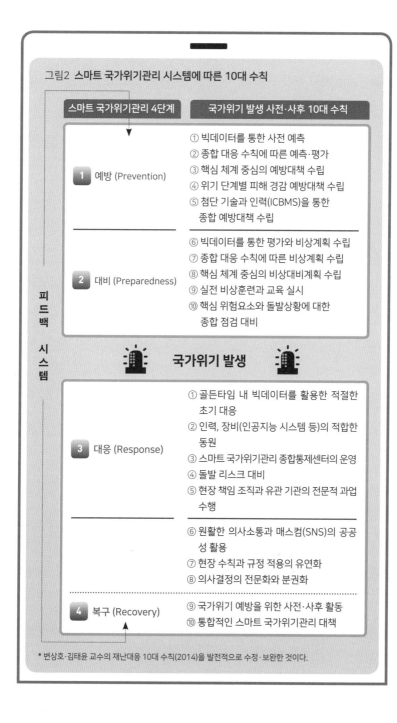

그림2 스마트 국가위기관리 시스템에 따른 10대 수칙

스마트 국가위기관리 4단계	국가위기 발생 사전·사후 10대 수칙
1 예방 (Prevention)	① 빅데이터를 통한 사전 예측 ② 종합 대응 수칙에 따른 예측·평가 ③ 핵심 체계 중심의 예방대책 수립 ④ 위기 단계별 피해 경감 예방대책 수립 ⑤ 첨단 기술과 인력(ICBMS)을 통한 종합 예방대책 수립
2 대비 (Preparedness)	⑥ 빅데이터를 통한 평가와 비상계획 수립 ⑦ 종합 대응 수칙에 따른 비상계획 수립 ⑧ 핵심 체계 중심의 비상대비계획 수립 ⑨ 실전 비상훈련과 교육 실시 ⑩ 핵심 위험요소와 돌발상황에 대한 종합 점검 대비

피드백 시스템

🚨 **국가위기 발생** 🚨

3 대응 (Response)	① 골든타임 내 빅데이터를 활용한 적절한 초기 대응 ② 인력, 장비(인공지능 시스템 등)의 적합한 동원 ③ 스마트 국가위기관리 종합통제센터의 운영 ④ 돌발 리스크 대비 ⑤ 현장 책임 조직과 유관 기관의 전문적 과업 수행
	⑥ 원활한 의사소통과 매스컴(SNS)의 공공성 활용 ⑦ 현장 수칙과 규정 적용의 유연화 ⑧ 의사결정의 전문화와 분권화
4 복구 (Recovery)	⑨ 국가위기 예방을 위한 사전·사후 활동 ⑩ 통합적인 스마트 국가위기관리 대책

* 변상호·김태윤 교수의 재난대응 10대 수칙(2014)을 발전적으로 수정·보완한 것이다.

응 매뉴얼에 따라 4단계의 국가위기관리 전 과정(예방·대비·대응·복구)에 적합한 대응 수칙을 마련했다는 점이 있다. 우리 정부의 위기관리 대응 매뉴얼은 각 단계의 구분이 매우 모호하고, 불일치하여 체계적인 대응이 어려운 문제점이 있다. 이를 보완하기 위하여 영국을 제외하고 국제사회에서 보편적으로 사용하고 있는 4단계 재난대응 매뉴얼에 따라 새롭게 대응 수칙을 발전시켰다. 영국이 국가위기 발생 이전에 예측과 평가 단계를 추가한 점에 주목하여, 새로운 수칙에는 4차 산업혁명의 성과를 담아 예방과 대비 단계를 대폭 보강했다. 즉 국가위기 발생 직전의 사전 예방과 대비 단계의 위상과 역할을 매우 중요시하고 있다.

다음으로 국가위기 발생 이후의 대응 단계에서도 국가위기관리의 3~4단계인 대응과 복구 과정을 더 명확히 규정했다는 특징이 있다. 이에 대한 구체적인 수칙의 점검과 평가를 하는 과정에서 국가위기 발생의 이전 단계(1~2단계인 예방과 대비 단계)와 연결해 선순환적인 체계적 대응이 되도록 새로운 수칙과 평가를 대폭 추가했다. 구체적으로 말하면 '국가위기 예방을 위한 사전·사후 활동을 추가해 국가위기에 대한 대응과 복구 과정이 유사 위기의 재발 방지를 위한 예방과 대비 조처 준비로 어떻게 연결되는가', '통합적 스마트 국가위기관리 대책을 위해 종합적인 대응 수칙이 국가위기의 전 과정(예방·대비·대응·복구)에서 제대로 작동되었는가' 등이다.

끝으로 새로운 수칙은 단순히 학문적 연구의 결과라기보다는 기존의 10대 수칙을 토대로 고양시를 중심으로 한 지방자치단체에서 수년 동안 적용되어 왔으며, 동시에 외국의 선진 사례를 벤치마킹하는 등 국내외 검증 절차를 거쳐 스마트 국가위기관리 시스템을 위한 수칙으로 발전해 왔다는 점이다.

이상의 새로운 '스마트 국가위기관리 체제의 정착을 위한 종합 대응 수칙'은 〈표7〉과 같다.[113]

물론 이러한 다양한 시도에도 불구하고 본 수칙은 여러 가지 면에서 한계를 지닐 수 있다. 단적인 예로 이러한 새로운 수칙이 중앙정부나 지방자치단체에 의해서 실질적으로 적용될 수 있는 집행 가능성이 있느냐 하는 문제가 있다. 게다가 아직 국가위기관리 시스템이 정착되지 않은 상태에서 4차 산업혁명의 성과를 포함한 스마트 국가위기관리 시스템에 대한 개념의 모호성과 구체적인 내용에 대한 합의의 부재 등의 문제가 남아 있다. 하지만 본 연구는 기존의 국가위기 사례에 대한 새로운 수칙의 검증 과정을 통해서, 그리고 스마트 국가위기관리 시스템의 도입과 정착을 위한 정책 과제를 모색하는 과정에서 이러한 한계와 문제점을 극복하고자 한다.

국가위기의 4가지 유형

현재 우리 정부가 규정하고 있는 국가위기의 유형은 대체로 다음의 4가지 형태로 분류되어 있다.

첫째, 전통적 안보 분야로 북한 관련 위기, 외부 관련 위기, 내부 위기로 설정하고 있다. 북한 관련 위기라 함은 북한의 핵개발 위협과 천안함 침몰, 연평도 도발과 같은 전통적 안보 위기 등으로 구체적인 예상이 가능하지만, 그 밖의 외부 관련 위기와 내부 위기는 그 규정이 모호하다.

표7　스마트 국가위기관리 시스템 정착을 위한 종합 대응 10대 수행원칙

국가위기관리 대응 10대 수행원칙	수행원칙의 세부 평가
❶ 골든타임 내 빅데이터를 활용한 적절한 초기 대응	- 골든타임 내 빅데이터를 활용한 적절한 초기 대응이 이루어졌는가? - 초기 대응 시 해당 국가위기 관련 빅데이터를 최대한 활용했는가? - 국가위기 발생 시 <예방>과 <대비> 단계에서 검토한 <사전 예측과 평가>에 따라 <골든타임> 내 적절한 대응이 이루어지고 있는가?
❷ 인력, 장비(인공 지능 시스템 등)의 적합한 동원	- 국가위기 상황을 타개할 수 있는 적합한 장비가 동원되었는가? - 전문성을 갖춘 훈련된 인력이 현장에 작재적소에 배치되었는가? - 현장상황에 맞는 다양한 인공지능 시스템이 충분히 동원되었는가?
❸ 스마트 국가위기관리 종합통제센터의 운영	- 스마트 국가위기관리 종합통제센터가 적절히 설치·운영되었는가? - 국가위기 상황 판단에 필요한 종합적인 빅데이터를 제공하고 있는가? - 유관 기관, 민간 부문의 임무, 목표, 이해관계와 충돌은 없는가?
❹ 돌발 리스크 대비	- 국가위기의 특성을 이해하고 돌발 리스크를 우선적으로 고려하는가? - 공명심이 앞선 무리한 대응으로 인한 상황 악화의 위험은 없는가? - 돌발 리스크를 해결하기 위한 첨단 기술과 자원이 동원되었는가?
❺ 현장 책임 조직과 유관 기관의 전문적 과업 수행	- 현장 책임 조직과 유관 기관은 업무를 전문적으로 수행하고 있는가? - 지원 기관, 전문가, 자원봉사 조직은 효과적으로 공조하고 있는가? - 현장상황에 맞는 빅데이터, 인공지능 전문가는 적극 활용되는가?
❻ 원활한 의사소통과 매스컴(SNS)의 공공성 활용	- 문제 해결을 위해 유관 기관들과의 수평적 의사소통 통로가 확보되었는가? - 언론매체(특히 SNS)를 통해 국가위기 상황을 정확히 알리고 대처하는가? - 시민 참여형 소셜 네트워크를 통해 피해 확산 방지 노력을 하고 있는가?
❼ 현장 수칙과 규정 적용의 유연화	- 현장상황에 맞게 현장 수칙과 규정이 유연하게 적용되었는가? - 4차 산업혁명의 성과를 반영한 스마트 시스템이 충분히 반영되었는가? - 중장기적 복구 대책과 종합적인 재발 방지 대책이 마련되었는가?
❽ 의사결정의 전문화와 분권화	- 객관적인 빅데이터, 첨단화된 AI 기술 등에 따라 상황 판단을 하였는가? - 의사결정이 현장 책임자 중심으로 전문화되고 분권적으로 되었는가? - 중앙과 현장 그리고 민간 차원의 협치 시스템이 효과적으로 작동되었는가?
❾ 국가위기 예방을 위한 사전·사후 활동	- 빅데이터와 시뮬레이션 분석으로 자원관리 등이 예방관리되고 있는가? - 실전 교육과 첨단 훈련(3D 기반 가상체험 훈련 포함)이 지속적으로 시행되는가? - 국가위기에 대한 <대응>과 <복구> 과정이 유사 위기의 재발 방지를 위한 <예방>과 <대비> 조처 준비로 연결되었는가?
❿ 통합적인 스마트 국가위기관리 대책	- 해당 국가위기에 대한 종합 대응(예방→대비→대응→복구) 전 과정에서 스마트 시스템이 제대로 작동되었는가? - 스마트 국가위기관리 시스템 정착을 위해 법, 조직, 운영, 정보화, 자원관리, 교육훈련 등의 핵심 체계에 대한 종합 대책이 마련되었는가? - 국가위기의 극복 과정에서 '스마트' 국가발전 전략의 수립을 위해 도움이 되는 빅데이터와 각종 정보가 공유되고 있었는가?

* 변상호·김태윤(2014)의 수칙을 고양시 사례 등에 적용해 새롭게 작성한 것이다.

둘째, 자연재난 분야로 풍수해, 기상이변, 지진 등이 포함되어 있다. 최근 포항과 경주, 그리고 강원도 일대에서 발생한 지진은 우리 정부가 자연재난 분야의 국가위기로 규정하고 있음을 확인할 수 있다. 하지만 지역 차원의 자연재난과 범국가적 위기상황의 복합재난에 대한 명료한 구분과 개념 규정, 그리고 이에 대한 차별화된 대응이 필요하다.

셋째, 인적 재난 분야로 다중밀집시설 대형 사고, 대규모 환경오염, 대규모 산불, 지하철 대형 화재, 감염병, 가축질병, 인접국 방사능 유출 등이 있다. 최근 지속적으로 발생하고 있는 세월호 침몰과 같은 대형 참사, 사스·구제역·메르스와 같은 신종 감염병, 강원도 산불과 같은 대규모 산불 등이 모두 인적 재난으로서 국가위기에 포함되어 있다.

넷째, 국가 핵심 기반 분야로서 에너지, 보건의료, 원자로, 사이버 등이 포함되어 있다. 이 또한 주로 국가 핵심 분야에 직접 재난이 발생한 경우의 국가위기를 염두에 두고 있지만, 최근 발생한 포항·경주·강릉 일원의 지진과 강원도 산불의 경우처럼 대형 산불이 발생했을 경우 인근의 원자로나 국가 기간시설에 복합적으로 연계되어 국가적 위기로 비화할 수 있다. 사이버의 경우도 북한의 대남 사이버 테러의 형태를 비롯해서 각종 국제 해킹그룹에 의한 주요 국가 기간시설에 대한 사이버 테러 등이 진행될 수 있다. 따라서 전반적으로 국가위기의 분야와 유형, 그리고 이에 대한 대응 매뉴얼에 대한 근본적인 수정·보완 작업이 요구된다고 하겠다.

한편 역대 정부에서 발생한 대표적인 국가 위기 사례를 살펴보면 우선 김대중 정부(1998년~2003년)는 출범 직전에 발생한 IMF 외환위기(1997년)[114]의 여파를 겪었다. 이후 1999년 제1차 연평해전과 2002년 제2차 연평해전 등 서해교전 사건이 발생했다.

그 이후 노무현 정부(2003년~2008년)는 임기 초반인 2004년 3월 대통령 탄핵 위기를 맞았고, 2006년 북한 1차 핵실험을 거쳐 2009년에는 대청해전과 같은 국가안보적 위기상황을 경험했다.

김대중, 노무현으로 이어지는 중도개혁 정부 이후에 들어선 이명박 정부(2008년~2013년)는 2008년 출범 직후 광우병 쇠고기 파동으로 인한 천만 촛불시위와 더불어 대통령 탄핵 요청 등 국가적 위기상황을 겪었다. 그리고 2010년 3월에는 해군 장병 46명이 전사한 천안함 침몰사건, 같은 해 11월에는 군인과 민간인 등 4명이 사망한 연평도 포격 사건이라는 안보적 위기를 경험했다. 그 후 2011년 1월에는 구제역이 발생하여 전국적인 감염병 확산이라는 국가적 인재를 겪었고, 그 후에도 임기 말인 2013년 2월 박근혜 대통령이 취임하기 2주일 전에 북한 2차 핵실험이 발생했다.

박근혜 정부(2013년~2017년)는 출범 2주 전인 2013년 2월에 발생한 북한 2차 핵실험 이후로 2013년의 3차 핵실험, 2016년 1월의 4차 핵실험과 첫 수소탄 실험, 9월의 5차 핵실험 등 계속되는 국가안보 위기상황에 직면했다.[115] 뿐만 아니라 2014년 4월에는 세월호 참사가 발생했고, 2015년에는 38명이 사망한 메르스 사태가 발생하여 감염병이라는 새로운 국가적 위기상황에 봉착했다.

이상과 같이 정부의 국가위기관리 지침에 따른 다양한 국가위기의 분야와 분류 중에서 천안함 침몰사건과 세월호 참사, 그리고 메르스 사태를 대표적인 사례연구의 대상으로 설정한 이유는 다음과 같다.

첫째, 천안함 침몰사건은 전통적 안보 영역의 국가위기이다. 세월호 참사는 인적 재난 분야의 다중밀집시설 대형 사고이다. 메르스 사태는 신종 감염병 차원의 인적 재난이다. 따라서 이 사례들의 성격과 종류가 서로 달라 국가위기 평가의 보편적 준거를 찾기가 용이하다는 점이다.

둘째, 천안함 침몰사건과 세월호 참사 그리고 메르스 사태 모두에서 정부의 국가위기관리 대응 매뉴얼이 골든타임에서부터 사건 발생 후 종합적인 대응에 이르기까지 총체적인 문제점을 드러냈다는 점이다. 이를 반면교사로 삼아 스마트 국가위기관리 시스템의 정착을 위한 실증적 연구를 하고자 한다.

셋째, 대부분의 대규모 재난의 경우 그 원인과 초동 대응 과정, 그리고 최종 결과에 대한 자료가 불분명하고 자료 접근이 힘들다. 그러나 앞의 3가지 사건은 심각한 국가적 재난으로 인식되어 감사원 감사, 국회 차원의 특위 구성, 그리고 사법부의 최종 판결[116] 등의 과정을 거쳐 사건의 실체적 진실이 상당 부분 규명되었다는 점이다.

넷째, 천안함 침몰사건의 경우, 2개월이 지나서야 사고 원인을 파악할 정도로 초동 대응이 미흡했다. 세월호 참사의 경우도 초기 대응 과정에서 첨단 구조 활동 인력과 기술을 가동했어야 함에도 불구하고 기본적인 구명조끼조차 활용하지 못했다. 메르스 사태의 경우는 신종 감염병에 대한 사전 빅데이터에 기초한 예방과 국제적 추적 시스템 등 첨단화된 인력과 시스템이 작동되었어야 함에도 불구하고 매우 원초적인 대응으로 일관했다. 따라서 이 사례들은 이 책이 초점을 맞추고 있는 '복합재난 대응 단계 사례 분석을 중심으로 한 스마트 국가위기관리 시스템의 정착 방안'을 연구하는 데 매우 적합하다고 할 수 있다.

끝으로 3가지 사건 모두 해상에서의 안보적 충돌과 대형 안전사고, 그리고 국민건강 차원의 신종 감염병으로 시작되었지만, 골든타임의 부적절한 대응과 돌발상황에서의 위기관리 부재, 국민적 소통 부재, 대형 사고에 대한 총체적인 대응 부실로 심각한 국가적 위기로 비화했다는 점에서 향후 '스마트 국가위기관리 체제 정착 방안'을 모색하는 데 있어 기존의 재난대응 수칙을 발전적으로 도출하고 검증하기 위한 가장 적합한 사례라 할 수 있다.

새로운 위기관리 시스템의 6가지 핵심

스마트 국가위기관리 시스템의 도입과 정착 방안을 연구하는 데 있어 재난대응 수칙을 중심으로 한 분석이 '재난관리론적 접근'이라면, 국가위기관리 시스템의 구조를 심층적으로 분석하는 것은 '신제도주의적 접근'이라 할 수 있다.

국가위기관리 시스템과 관련한 기존 연구 현황은 주로 법제적 분석이나 조직 체계 구성 그리고 구축 방안 등을 중심으로 한 법률·제도적 접근에 초점을 맞추어 왔다.[117] 특히 신제도주의적 접근에는 첫째로 '인간은 합리적 존재'라는 전제하에 정책결정에 있어 '결과성의 논리'를 중시하는 합리적 선택 제도주의가 있다. 다음으로 '관례와 관습'을 포함하고 '적절성의 논리'를 강조하는 사회학적 제도주의가 있다. 마지막으로 "제도란 행위를 구조화하는 공식 조직과 비공식적인 규칙과 절차를 포함하는 것"으로 규정하고 '제도의 지속성'을 강조하면서 "과거에 정치적, 경제적, 사회적으로 어떤 사건들이 있었고, 어떠한 역사적 배경하에 그러한 제도가 형성되었는가를 고찰"하는 역사적 제도주의가 존재한다.[118]

특히 역사적 제도주의에 입각한 접근법은 본 연구가 역점을 두고 있는 스마트 국가위기관리 시스템의 도입과 정착을 위한 경제적·사회적·역사적 배경에 주목해야 한다는 점에서 시사점을 제공해 주고 있다. 다시 말해서 크고 작은 복합재난과 국가위기가 발생하고 있고, 이와 연관된 4차 산업혁명의 성과가 급속히 진전되고 있는 사회·경제적 상황을 이해하면서 이들 간의 '스마트 시스템적 해결'을 모색하는 역사적인 신제도주의 접근법이 매우 유용하다는 점이다.

뿐만 아니라 신제도주의적 접근에 의한 스마트 국가위기관리 체계 분석은 국가위기관리에 있어 6대 핵심 체계라 할 수 있는 법령, 조직, 운영, 정보화, 자원관리, 교육훈련 체계 등의 관점에서 더 구체적으로 국가위기를 어떻게 관리해 왔는지에 대한 정책적 평가를 하는 데 매우 유용한 접근법이 될 것이다.

이러한 신제도주의적 접근은 역대 정부의 국가위기관리 정책의 효과적 작동 여부에 대해 실증적인 사례를 비교연구하는 데 있어 (1) 스마트 국가위기관리 체계의 형성과 발전 과정에 대한 법·제도적 연구 (2) 4차 산업혁명이 국가위기관리 시스템의 도입과 정착 과정에 연관된 역사적 배경과 경제적 필요성 (3) 스마트 국가위기관리 시스템의 핵심 운영 주체, 예를 들면 대통령과 행정부 그리고 국회와 다양한 사회연합세력의 상호관계 (4) 스마트 국가위기관리 시스템의 실질적 작동 과정에서 법·제도와 실제 운용상의 불일치 여부와 원인 규명 (5) 향후 국가발전 전략을 수립하는 데 있어서 법과 제도 등 정책적 함의의 도출 등의 연구 측면에서 매우 유용한 접근이라 할 수 있다.[119]

　이러한 신제도주의적 방법론과 접근법을 통해 스마트 국가위기관리 시스템이 정상적이고, 효과적으로 작동되고 있는지, 문제가 있다면 어떤 제도적 개선책을 마련해야 하는지를 집중적으로 조명하고자 한다. 다시 말해서 스마트 국가위기관리 시스템의 '법과 조직'이 현장상황에 맞게 '운영'되는지, 이 과정에서 복합재난과 국가위기의 성격에 맞는 4차 산업혁명의 '첨단화된 정보화 체계'에 따라 다양한 '자원관리'와 '교육훈련' 역시 이루어지는지를 종합적으로 비교분석해야 할 것이다. 바로 이러한 이유 때문에 스마트 국가위기관리 시스템의 도입과 정착을 위해 법과 조직, 운영, 정보화, 자원관리와 교육훈련이라는 국가위기관리의 핵심 체계 분석을 수행하고자 한다. 이 책에서 사용하고 있는 국가위기관리 체제의 6대 핵심 체계의 구조와 문제점, 개선 방향에 대해서는 이홍기[120]의 논문을 주로 참조했고, 여기에 4차 산업혁명이 갖는 스마트적 요소를 추가하여 분석했다.

　스마트 국가위기관리 시스템이 합법적으로 기능을 발휘하기 위해서는 규범적 기능과 사회적 기능을 균형 있게 구비한 독립적 법령 체계를 확고히 구축해야 할 것이다. 뿐만 아니라 현대사회의 첨단화되고 복합화된 재난에 효과적으로 대응하여 단순재난이 국가적 위기로 확산되는 것을 방지하기 위해서는 4차 산업혁명의 성과를 접맥시킨 '스마트 국가위기관리 시스템의 정착'이 무엇보다 중요하다. 이 과정에서 국가위기관리 체제의 핵심 체계라 할 수 있는 법, 제도, 운영, 정보화, 자원관리, 교육훈련에 있어 '스마트 위기관리 시스템의 내재화', 보다 명료히 표현하자면 '위기관리 시스템 혁명'이 답이다.

따라서 이 책에서는 일반적인 국가위기관리 체제를 분석하는 것이 아니라, 스마트 국가위기관리 시스템의 정착과 혁명을 위해서 기존의 국가위기관리 핵심 체계가 어떻게 변화·발전되어야 하는 가를 신제도주의적 관점에서 집중적으로 조망하고자 한다.

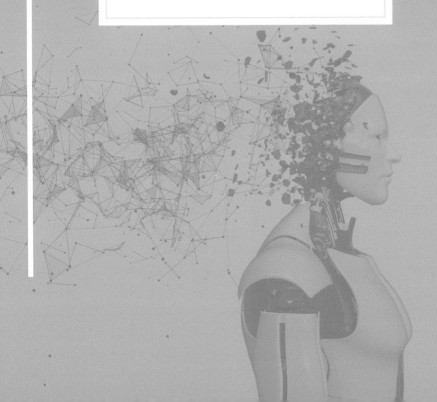

제3장

어떻게 국가위기를
극복할 것인가?

천안함, 세월호, 그리고 메르스

천안함 사건을 돌아본다[121]

천안함 사건은 어떻게 일어났는가?

2010년 3월 26일 백령도 근처 해상에서 한미 합동군사훈련을 전개하던 중에, 대한민국 해군 초계함인 천안함이 격침되어 침몰했고, 이 사건으로 대한민국 해군 46명이 사망했다. 천안함이 침몰한 지역은 1953년 휴전 이후 남북한 간의 해상 휴전선이라고 불리는 서해 북방한계선(NLL) 남측의 우리 해역으로, 우리 정부가 2005년부터 국가위기관리 기본 지침에 따라 표준매뉴얼로 관리해 온 지역이다.

사건 발생 당시 천안함 함장이 "어뢰에 맞은 것 같다"는 보고를 상부에 했음에도 불구하고 해군 제2함대사령부와 해군작전사령부는 이를 합동참모본부에 보고하지 않았고, 사건 발생 시각에 대해서도 제2함대사령부는 21시 28분에 천안함으로부터 사건 발생 보고를 받고서도 함참의장에게 22시 11분, 국방부 장관에게 22시 14분에 보고하는 등 청와대에까지 보고하는 데 무려 23분이 걸렸다.

천안함 사건 발생 이후 23시경에 인근 지역을 항해하던 속초함이 추격·발포한 해상 표적물의 실체에 대해 당초 보고 과정에서 속초함은 "북한의 신형 반잠수정으로 판단된다"고 보고했으나, 제2함대사령부는 속초함의 보고와 달리 상부에 "새떼"로 보고하도록 지시했다. 뿐만 아니라 속초함은 탐색 레이더를 통해 천안함 침몰의 원인을 제공한 것으로 추정되는 미확인 물체에 대한 군사적 공격을 수행했으나, 최종 조사 결과 발표에서는 "새떼"로 결론이 나서 많은 논란을 불러일으켰다.

피격 직후 합동참모본부는 긴급조치조를 즉각 소집했으나, 초기 대응반과 위기조치반이 1시간 경과 후 소집되어 초기 대응 및 위기 관련 조직이 제대로 가동되지 못했다. 또한 함참의장에게 최초 보고가 지연되어 초동 조치를 취하는 데 제한을 받았다. 국방부 통합위기관리반도 국방부 관련 부처와 합동참모본부 등을 장악해 위기관리 조치를 수행해야 했으나, 적극적인 조처를 취하지 않았다. 한편 천안함 침몰 직후 구조 활동에 참여했던 수중폭파팀 소속의 준위가 순직했고, 구조 지원에 나선 민간인 선박이 인근 캄보디아 상선과 충돌하여 선원을 포함한 9명이 사망하는 돌발사고가 추가적으로 발생했다.

국방부와 합동참모본부는 언론 발표 등과 관련 3월 30일 사건 발생 시각 등에 대한 국민 의혹이 증폭되는 상황에서 열영상관측장비 (TOD)[122] 동영상을 공개하면서 일부 부분만 영상 편집하여 공개함으로써 국민 불신을 초래하였다. 또한 3월 27일 청와대 위기상황센터로부터 사건 발생 시각 등을 알 수 있는 지질자원연구원의 지진파 자료(해군 초계함 침몰과 관련된 공중음파 신호 분석 결과)를 받고도 당시 혼선이 있었던 사건 발생 시각에 대한 적극적인 수정 조치 등을 이행하지 못하였다. 이외에도 국방부와 민관 합동조사단의 발표 과정에서 천안함의 피격 위치와 천안함을 공격한 어뢰를 설명한 그림 등에서 수시로 내용을 변경하거나 누락함으로써 국민적 의혹을 증폭시켰다.

당시 대한민국 정부는 천안함 침몰 원인을 규명할 민·군 합동조사단을 구성했으며, 여기에는 한국과 미국, 영국 등의 4개국 전문가가 포함되었다. 합동조사단은 사고 발생(3월 26일) 이후 2개월이 지난 2010년 5월 20일에서야 "천안함은 어뢰에 의한 수중폭발로 발생한 충격파와 버블 효과에 의해 절단되어 침몰되었고, 무기 체계는 북한에서 제조한 고성능 폭약 250kg 규모의 어뢰로 확인되었다"고 공식 발표했다. 하지만 초기 대응에서부터 대국민 설명, 최종 조사 결과 발표에 이르기까지 야당을 비롯하여 언론과 국민들로부터 많은 의혹이 제기되어 감사원 감사가 진행되었고, 합참의장을 포함하여 25명의 장성급 장교에 대한 징계가 요청되었다.[123]

천안함 사건을 분석한다

천안함 사건 이전의 위기관리 시스템

천안함 침몰사건이 발생하기 이전에 우리 군과 정부가 보였던 대응에 대한 평가는 우선 지속적으로 남북 간의 군사적 충돌이 있어 왔던

NLL상에서 북한의 사전 도발 정보를 파악하고도 사전 예방과 대비 조처에 있어서 현장과 중앙정부의 대응이 부적절하고 미흡했다는 것이다. 군 안보 당국은 유사 도발의 발생과 관련한 정보 보고를 입수한 상태에서 북한의 도발에 대한 사전 예측을 할 수 있었다. 그러나 유사 군사적 충돌 시 교전수칙에 따른 초기 대응 등 예상할 수 있는 여러 가지 돌발상황에 대비한 시뮬레이션을 하지 못한 상태였다. 즉, 국가위기 발생 시 가장 필요한 사전 예측과 평가 작업이 매우 미흡했다. 과거 서해상의 도발에 대한 빅데이터와 첨단화된 해상 네비게이션 등 스마트 국방 체계를 통해 사전 시뮬레이션을 실시하는 등의 충분한 대비가 없었다.

스마트 국가위기관리 시스템 정착을 위한 사전 1단계인 '국가위기를 극복하기 위해 빅데이터 등을 통해 사전 예측하는 예방 단계'와 관련해서도, 천안함 침몰 시 중앙정부와 현장의 안보 관련 대응 기관은 '국가위기에 대한 사전 예측을 빅데이터에 의해 종합적으로 수행'하지 못했다. 국방부가 자체적으로 구성한 민관 합동조사단의 조사와 감사원 감사 결과에서 공통적으로 지적된 것처럼 천안함 침몰사건 이전 군 정보에 유사 도발 가능성을 사전에 충분히 인지하고 있었음에도 불구하고 빅데이터 등을 통한 사전 예측 등 예방 활동이 부재했다. 이와 관련해서 감사원의 천안함 침몰사건 대응 실태에 대한 감사 결과[124] 역시 다음과 같이 지적하고 있다.

"합동참모본부, 해군작전사령부, 제2함대사령부는 '09.11.10 대청해전 이후 실시된 전술토의 등을 통해 북한이 기존 침투 방식과는 달리 잠수함

(정)을 이용, 서북해역에서 우리 함정을 은밀하게 공격할 가능성이 높다는 것을 예상하고도 제2함대사령부는 대청해전 이후 백령도 근해에 잠수함 대응 능력이 부족한 천안함을 배치한 채 대잠 능력 강화 등 적정 조치 미이행 / 합동참모본부와 해군작전사령부는 제2함대사령부의 대잠 능력 강화 조치 이행 여부 확인을 소홀히 하는 등 전투 준비 태세 소홀 / 특히 제2함대사령부 등은 사건 발생 수일 전부터 '북 잠수정 관련 정보'를 전달받고도 적정한 대응 조치를 하지 않은 것으로 확인."[125]

뿐만 아니라 해상에 군사적 안보 위기가 발생했을 경우에 대비하여 스마트 국방안보 시스템을 통한 위기 발생 단계별 피해 경감을 위한 종합적인 예방대책 역시 미흡했다.

다음으로 '사전 시뮬레이션 등을 통해 평가하고 비상계획을 수립하는 대비 단계'와 관련해서도 다양한 국가위험 징후에 대한 모니터링과 시뮬레이션 등을 통한 예방 활동이 부재했다. 또한 유사시 교전 수칙에 따른 국가위기 발생 단계별 종합적인 비상계획을 수립하지 않았고 실전 비상훈련 역시 실시하지 않는 등 종합적인 대비 상황이 미흡했다. 결론적으로 천안함 침몰사건과 같은 국가위기 발생 시 예방과 대비 단계에서 검토가 필요한 사전 예측과 평가 작업의 부재로 인하여 실제 상황이 발생했을 경우, 골든타임을 포함해서 전반적인 과정에서 대응이 부적절했다는 것이며 향후 스마트 국가위기관리 시스템의 도입과 정착을 위해서도 사전 예방과 대비 단계가 매우 중요하다는 점을 확인할 수 있다. 천안함 침몰사건과 사전 2단계(예방·대비) 대응 수칙 평가는 〈표8〉과 같다.

표8 천안함 침몰사건과 사전 2단계 (예방-대비) 대응 수칙 평가

스마트 국가위기관리 시스템 – 사전 2단계	스마트 국가위기관리 대응을 위한 사전 대응 평가
1단계 - 예방 국가위기를 예방하기 위해 빅데이터 등을 통해 사전 예측했는가?	1. 천안함 사태 이전 군 정보에 유사 도발 가능성을 사전 인지함에도 빅데이터 등을 통한 사전 예측 등 예방 활동 부재 2. NLL상의 군사 도발 시 교전수칙에 따른 사전 예측 활동 부재 3. 안보 현장과 중앙 지휘 체계 등 안보상의 핵심 체계 중심으로 사전 예방대책 미흡 4. 군사적 안보위기 발생 단계별 피해 경감 종합 예방대책 수립 미흡 5. 빅데이터와 스마트 국방안보 시스템을 통한 종합적 예방대책 미수립
2단계 - 대비 국가위기를 대비하기 위해 시뮬레이션 등을 통해 사전 평가하고 비상계획을 수립했는가?	6. 북한의 해상 도발 가능성 등 다양한 국가위험 징후에 대한 모니터링과 시뮬레이션을 통한 예방 활동 부재 7. 교전수칙에 따른 국가위기 발생 단계별 종합적 비상계획의 미수립 8. 해상 사고 발생 시 핵심 안보기관 및 시민 참여 협치 네트워크를 중심으로 한 비상대비계획 수립 미흡 9. 해상 대남 도발 시에 대비한 사전 '실전 비상훈련' 미실시 10. 국가위기 발생 시 핵심 위험요소, 돌발상황, 스마트 국가위기관리의 목표 등에 대한 종합적인 점검과 대비 미흡

천안함 사건 당시 위기관리 시스템의 문제점

천안함 침몰사건 발생 이후 대응과 복구 단계에서의 스마트 위기관리 시스템에 따른 대응 수칙을 종합적으로 평가해 보면 다음과 같다.

──골든타임 안의 정보가 왜곡되었다

천안함 침몰사건의 가장 큰 문제점은 한미 군사합동훈련이 진행되고 있는 핵심관리 대상 지역에서, 북한에 의한 군사적 공격에 대해 골든타임 내 초기 대응이 없었다는 점이다. 우리 해군 병사 46명이 사망했음에도 교전수칙에 따른 즉각적인 군사 대응이 미흡했다. 또한 안보 전략상 가장 중요한 군 상부 체계 보고 과정에서 사건 발생의 원인과 발생 시각, 진행상황에 대한 보고가 누락되거나 지체되고, 심지어 은폐되었다.

더욱 놀라운 사실은 사고 해군초계함인 천안함과 현장에 출동한 속초함이 상급 부서인 제2함대사령부에 "북한의 신형 반잠수정의 소행으로 판단된다"고 초기 보고를 했으나, 해당 기관은 상부에 "새떼"로 보고하는 왜곡된 정보 체계가 작동되었다는 점이다. 이러한 정보의 누락, 왜곡, 지체 행태는 천안함 침몰사건 발생 직후부터 최종 복구 과정에 이르기까지 전 과정에서 지속되었음은 다음과 같은 감사원 조사에서도 여실히 드러난다.

"제2함대사령부는 천안함으로부터 21시 28분경 사건 발생 보고를 받고서도 해군작전사령부에는 3분 후에 보고하고 합동참모본부에는 지연 보고(21시 45분) / 천안함으로부터 침몰 원인이 "어뢰 피격으로 판단된다."는 보고(21시 53분)를 받고도 이러한 사실을 합동참모본부, 해군작전사령부 등 상급 기관에 제대로 보고하지 않아 초기 대처에 혼선 초래 / 천안함 사건 발생 이후 23시경에 속초함이 추격·발포한 해상 표적물의 실체에 대해 당초 보고 과정에서 속초함은 "북 신형 반잠수정으로 판단된다"고 보고했으나,

제2함대사령부는 속초함의 보고와 달리 상부에 "새떼"로 보고하도록 지시함에 따라 최초 상황 보고를 중간 부대에서 추정·가감하지 못하도록 금지한 보고 지침 위배."[126]

뿐만 아니라 천안함 침몰사건 발생을 전후해 지질자원연구원의 공중음파 신호 분석 결과를 적극 활용하거나, 해상에서 사용 가능한 첨단 국방 시스템 관련 인력과 장비를 적절히 동원하는 조치가 거의 이루어지지 않았다. 더욱이 북한 잠수정이 우리 영해에 침투해 천안함에 어뢰를 발사하고 도주하는 동안, 우리 군의 위기관리 시스템에 따른 대응과 조치는 다음의 몇 가지 점에서 전반적으로 심각했다.

첫째, 사건 초기 피격 상황에 대한 보고 및 전파가 해군작전사령부, 합동참모본부, 청와대 등에 적시에 이루어지지 않아 대응조치에 혼선을 초래했다. 더욱이 천안함과 제2함대사령부에서는 피격 상황과 원인 추정에 대한 보고가 누락되었으며 유관 기관 사이에도 상황 전달이 제대로 이루어지지 않았다.

천안함 통신장과 레이더 기지 무선병이 26일 21시 51~52분에 침몰 사유에 대해 "어뢰 공격으로 판단된다"고 교신했고, 21시 53분에 이를 문자정보망을 통해 제2함대사령부와 해군작전사령부에 보고했다. 22시 32분에서 42분까지 천안함 함장과 제22전대장이 통화하면서 "어뢰에 맞은 것 같다"는 내용을 확인했었다. 그럼에도 불구하고 제2함대사령부와 해군작전사령부는 적 잠수함정의 실체와 구체적인 상황 파악이 제한되었던 까닭에 이를 합동참모본부에 보고하지 않았다. 더욱이 피격 직후 천암함으로부터 해군작전사령부, 합동참모본

부, 국방부, 청와대까지 보고하는 데 무려 23분이 걸렸다.[127]

둘째, 피격 직후 우리 군의 체계적인 조치 역시 미흡했다. 합동참모본부는 긴급조치조를 즉각 소집했으나, 초기 대응반과 위기조치반은 1시간 경과 후에 소집되어 초기 대응 및 위기 관련 조직이 제대로 가동되지 못했다. 또한 함참의장에게 최초 보고가 지연되어 초동 조치를 취하는 데 제한을 받았다. 국방부 통합위기관리반도 국방부 관련 부처와 합동참모본부 등을 장악하여 위기관리 조치를 수행해야 했으나, 적극적인 조처를 취하지 않았다.[128] 그리고 침몰 원인이 단순 침몰사고인지 북한군의 공격에 의한 것인지를 판단하는 데 혼선이 있었다.[129] 당시 개최된 외교안보장관회의에서도 북한의 공격 가능성에 대해 신중한 판단을 강조하여 신속하고 체계적인 상황조치가 이루어지지 않아 군의 초기 작전조치에 영향을 미쳤다.[130]

셋째, 천안함 침몰 전 부표 설치와 초기 구조작전 시의 부적절한 대응이다.[131] 사건 발생 후 함수는 3월 27일 14시까지 노출된 상태로 있었다. 27일 02시 25분에는 '해양경찰-501함'이 부표를 설치했지만 유실되면서 함수 위치를 확인하는 데 많은 시간을 소모했다. 사건 발생 초기에 치밀한 상황 분석 없이 '69시간 생존 가능성'이 제시되면서 함체 인양이 지연되었으며 여론에 떠밀려 무리하게 구조작전을 강행함으로써 추가적인 희생자와 잠수병 환자가 발생했다.[132]

이상과 같은 상황에 대해 감사원은 다음과 같이 지적했다.

"상황 보고 및 전파 부실로 인해 제2함대사령부는 천안함으로부터 침몰 원인이 "어뢰 피격으로 판단된다"는 보고를 받고도 이러한 사실을 합동참모본부 등 상급 기관에 제대로 보고하지 않아 초기 대처에 혼선을 초래했다. 그리고 합동참모본부에서는 제2함대사령부로부터 사건 당일 21시 45분경 천안함 침몰 상황을 보고받고도 합참의장에게 22시 11분, 국방부 장관에게 22시 14분에야 보고하는 등 보고가 지연되었으며, 이후 보고 과정에서 사건 발생 시각을 임의로 수정하거나 "폭발음 청취" 등 중요한 내용을 누락한 채 국방부 장관에게 보고했다. 아울러 긴급상황의 최초 보고를 구두로만 보고하도록 규정되어 있어 긴급상황 보고·전파가 지연되는 문제가 있었다. 위기대응 조치 부실로, 사건 발생 이후 국방부에서 의무적으로 '위기관리반'을 소집해야 하는데도 위기관리반을 소집하지 않았을 뿐 아니라 소집한 것처럼 국방부 장관 등에 보고했으며, 일부 부대에서는 위기조치 기구의 요원들이 응소하지 않거나 허위 또는 지연 응소 하는 등 기강이 해이했다."[133]

── 인력과 장비의 동원이 부적절했다

스마트 국가위기관리 시스템의 정착 과정에서 중요한 것은 4차 산업혁명의 성과를 담은 첨단 기술과 장비를 적절히 동원했느냐 하는 점이다. 특히 천안함 침몰사건처럼 해상에서 심야에 발생한 군사적 충돌과 관련된 경우에는 더욱 그렇다.

천안함 침몰사건 당시 해군작전사령부는 대잠 상황을 고려하여 소나(SONAR)[134]가 장착된 링스(LYNX) 헬기와 해상초계기(P-30)의 출격을 지시했다. 또 공군 작전사령부는 해군의 요청에 따라 탐색구조와 조명기를 지원하기 위해 탐색구조 헬기(HH-47, 60) 2대와 조명기를 출동시키고, 북한의 공중도발에 대비하여 27일에는 F-15K를 출격시켰다.[135] 그러나 천안함 침몰사건 발발시 이러한 첨단 장비의 동원에도 불구하고 천안함 침몰의 원인과 군사적 공격으로 인한 피격 여부 등에 대해서 의미 있는 정보를 전혀 제공하지 못했다. 심지어는 해상에 자주 출몰하는 '새떼'를 북한의 잠수정으로 오인해서 군사적 선제공격을 시도했다. 더욱이 최종적으로 "북한 반잠수정의 소행"이라는 최종 발표가 나오기까지는 무려 2개월이라는 시간이 걸릴 정도로 우리 군의 첨단 장비는 제구실을 하지 못한 것이다.

뿐만 아니라 초기 인명구조 단계에서 구조 요청을 받은 해양경찰이 당시 구조를 위해 출동시킨 함정은 고속단정(RIB)을 보유하지 않았기 때문에 승조원 104명 가운데 46명이 전사하는 과정에서 생존자를 구해 내기 어려웠다. 또한 해군에서는 해양경찰에 요청하여 27일 02시 25분경 침몰하는 함수 위치에 부표를 설치했으나 빠른 조류에 의해 부표가 유실되어 이후의 인명구조 작전에 차질을 초래했다.[136]

이외에도 천안함 침몰 당시 우리 군이 보여 준 초동 대응 과정은 첨단 인력과 장비를 동원해야 하는 스마트 국가위기관리 시스템의 도입의 정착 과정에서 다음과 같은 심각한 몇 가지 문제점을 드러냈다.

첫째, 대형 해난사고에 대비한 구조자산의 종합적인 관리 소홀로 문제가 있었다. 정부의 어느 부서에도 민·관·군의 구조자산을 통합 관리하는 데이터베이스(DB)가 구축되지 않았기 때문에 가용자산의 통합운용이 제한될 수밖에 없었다. 또한 주요 기관별 구조장비의 불균형, 구조작전에 대한 상호이해와 공감대가 부족했다. 예를 들어 해군의 경우 해난사고 발생에 대비한 우수한 탐색·구조 인적자원(잠수 인력·장비)을 보유하고 있었지만 인양장비 능력은 1,550톤 이하 선박의 인양장구lift bag에 국한되었다. 반면 해경과 민간은 소규모 해난

사고에 대한 인양 및 예인 능력만을 보유하고 있어 대형 선박(4천 톤급 이상) 인양능력은 제한되어 있었다. 한편 조선소 등은 대형 크레인 보유로 인양능력은 우수했지만 잠수장비와 전문 인력은 부족했다.[137]

둘째, 구조함과 소해함의 평시 운용 체계에도 문제점이 있었다. 해군의 소해함(옹진함·양양함)과 구조함(광양함)이 모두 진해에 대기하고 있어 상황 접수 후 전방 해역까지 항해하는 데 장시간(20~40시간)이 소요되면서 즉각적인 조치를 강구하는 데 차질이 발생한 것이다.[138]

셋째, 첨단화된 장비의 적절한 동원 여부 역시 매우 중요하다. 천안함의 침몰장소를 파악하는 데 결정적인 근거가 되는 한국 해군 전술자료처리 체계(KNTDS)[139]의 전시 화면 역시 해석상의 논란으로 오히려 천안함 피격 시각과 위치에 대한 논란의 빌미를 제공하기도 했다.[140]

스마트 국방 시스템 차원에서의 첨단 무기와 자원의 적극적 활용은 천안함 침몰사건과 같은 해상에서의 군사적 충돌 사건의 경우에 특히 중요하다. 해군은 1980년대부터 초계함, 호위함, 구축함 등을 도입해 왔다. 1990년대에는 기동성이 우수한 해상작전헬기, 광해역을 탐색할 수 있는 해상초계기, 선배열 예인소나 체계를 탑재한 구축함 등을 운영하면서 대잠 능력이 점진적으로 향상되었다. 특히 선배열 예인소나 체계(TASS)[141]는 수상함 등에서 음향탐지기가 달린 케이블을 수중에 넣고 예인하는 방식으로 수중 표적을 탐지하는 장비로 장거리 표적 탐색에 주로 사용된다. 그러나 수상함을 이용한 대잠수함작전은 그 특성상 북한 잠수함과 접촉하기 이전에 먼저 탐지될 가능성이 높고, 잠수함의 잠항 시 탐지가 어려우므로 작전 수행이 용이

하지 않다. 그리고 항공기를 이용한 대잠수함작전은 서북해역의 작전 종심이 짧고 북한 연안까지의 거리가 가까워 작전을 수행하기가 쉽지 않으며 북한 전투기의 위협으로 제한이 따른다.[142]

따라서 평시 경계를 위해 제6해병여단과 연평부대는 해안 감시 레이더 열영상관측장비(TOD), 영상감시장비 등의 감시 및 탐지 장비와 해안포, K-9 자주포 등의 타격전력을 통합·운용하고 있다. 특히 TOD는 물체가 지닌 에너지의 차이를 이용해 물체를 영상으로 보여주는 장비로 감시·정찰 등의 목적으로 사용된다. 가시광선이 아닌 적외선을 감지하기 때문에 빛이 전혀 없는 어둠 속에서도 생명을 가진 동식물은 물론 각종 물체까지도 식별이 가능한 장비이다.[143] 그럼에도 불구하고 이러한 첨단 장비가 유명무실했거나 실질적인 효능을 전혀 발휘하지 못했다.

— 위기관리센터의 운영에 혼선이 있었다

국가위기관리 종합통제센터를 초기에 구축하지 못하고, 정부는 해상에서의 '원인을 알 수 없는 재난' 차원의 대응으로 일관했다. 천안함 정도의 사태가 발생했다면 청와대는 대통령 주재하에 국가안전보장회의를 즉시 소집하면서 NSC 차원의 국가위기관리 통합 시스템을 즉각적으로 가동했어야 했으나 그렇게 하지 못했다. 국방부 역시 천안함 침몰사건과 같은 위기상황에서 '위기관리반'을 소집해야 하는데도 관계 규정을 따르지 않았다. 심지어 소집한 것처럼 장관 등에게 허위로 보고했고 비상상황 시 의무적으로 조치해야 할 전투대응태세도 이행하지 않았다.[144] 또한 NLL상에서의 우리 해군 함정의 침몰사건이었음에도 불구하고 사고현장의 제2함대사령부와 해군작전사령부, 합동참모본부, 청와대 NSC 간에 신속하고 통합적인 정보의 공유와 대응이 전혀 이루어지지 않았다. 특히 우리 정부는 사고 발생 56일이 지나서야 "북한의 도발에 의한 소행으로 볼 수 있는 근거가 아직 없다"는 식의 발언이 이어지고, 이 과정에서 대통령의 "북한을 근거로 볼 수 없다"는 발언과 반대로, 국방부 장관은 하루 뒤에 "북한의 어뢰 공격일 가능성이 높다"고 발표하는 등 커다란 국민적 혼란을 불러일으켰다.[145]

특히 정부는 사고 발생(3.26) 이후 2개월 가까이 지난 2010년 5월 20일에서야 민·군 합동조사단 공동단장(윤덕용)의 명의로 "천안함은 어뢰에 의한 수중폭발로 발생한 충격파와 버블 효과에 의해 절단되어 침몰했으며 무기 체계는 북한에서 제조한 고성능 폭약 250kg 규모의 어뢰로 확인되었다"고 공식 발표했다.[146]

정부와 관련 기관의 역할도 체계적으로 통합되지 못했다. 탐색·구조에는 청와대, 국방부와 합참본부, 해군본부와 작전사령부, 그리고 현장의 역할 분담과 노력의 집중이 중요한 요소였다.[147] 그러나 청와대로부터 현장에 이르기까지 수직 체계는 물론 대통령실·정부 부처·국방부 및 합참의 부서 간 횡적인 협조 체제, 그리고 해양경찰청(국토해양부), 소방방재청(행정자치부), 해양조사원, 해양연구원(국토해양부) 등의 유기적인 협조 체제가 부실했다.[148]

대통령실 내부에서도 초기 단계에서는 천안함 침몰사건을 국가적, 범정부적 차원의 위기보다는 국방 차원의 위기만으로 좁게 인식하려는 경향이 있었다. 이로 인해 모든 가용역량을 총동원하고 정보를 융합하여 효율적으로 대처하는 데 한계를 보였다. 그 결과 천안함 탐색구조를 위한 민관 장비의 투입 지연, 천안함 구조를 지원한 후 조업에 복귀하던 중 침몰한 '금양호'에 대한 수습 업무 처리 미숙, 전사자 장례와 포상 과정에서의 업무 혼선 등의 사례가 발생했다. 별도의 범정부적 위기관리 기구나 체계가 운용되지 않아 대통령실의 지침을 이행하는 수준에 머물렀다. 관련 부처는 범정부적 위기에 대한 자발적 대응보다는 국방부의 대응 지원이나 협조 수준에 머물렀다.[149]

이상과 같은 문제점은 천안함 침몰사건에 대한 의혹이 확산되자 국방부가 중심이 되어 민간과 함께 T/F팀을 구성한 이후 작성한 「천안함 피격사건 백서」[150]의 자체 평가 결과이다.

천안함 침몰 직후, 대통령은 법적으로 규정되지 않은 외교안보장관회의를 소집하고, 3월 28일까지 4차례 회의를 주재했고, 대통령실역시 관련 대책회의를 3차례 개최했다.[151] 하지만 실질적인 국가위기관리 통합센터로서의 기능은 정상적으로 작동되지 못했다. 우선 국가위기 관련 최고의 컨트롤 타워라 할 수 있는 NSC는 천안함 침몰사건 발생 이후 단 한 차례도 개최되지 않다가, 사건 발생 이후 59일이 경과한 5월 21일에서야 대통령 주재로 개최되었다.[152] 이 회의에 당연직인 국무총리는 정작 참여하지 않아 많은 비판을 받기도 했다.

─돌발 리스크 대비가 미흡했다

천안함 침몰 직후 구조 활동에 참여했던 수중폭파팀의 준위가 순직하는가 하면, 구조 지원에 나선 민간 선박(금양호)이 인근의 캄보디아 상선과 충돌해 8명의 선원을 포함한 9명 모두가 사망하는 돌발적인 대형 사고가 발생했다.[153] 국가위기 발생 시 첨단 장비와 인공위성 및 GIS(지리정보 시스템) 그리고 다양한 AI 기술을 지닌 자원 역시 구조 활동에 동원되지 못했다.

구조작전 도중 수중폭파팀(UDT)[154] 요원 1명이 사망하고 실종자 중 1명이 사망한 것으로 확인된 후, 실종자 가족들의 요구에 따라 인명구조를 종결하고 함체인양작전으로 전환했다.[155]

—현장 기관들이 전문적이지 못했다

천안함 침몰사건 발생 이후 현장의 책임 조직 및 유관 기관의 전문적 과업 수행은 전반적으로 매우 미흡했다. 또한 민간이 참여한 구조작전의 부작용도 컸다. 구조 및 인양작전 시 민간의 참여와 지원은 여론에 긍정적 영향을 미쳤지만 실질적인 구조작전에는 크게 도움이 되지 못했다. 오히려 탐색작전 지연 등 많은 부담 요인으로 작용했다. 구조작전 초기에 참가했던 민간 쌍끌이 어선도 작전 중 어장 및 어망 훼손 문제가 제기되면서 곧바로 철수해 자체 어로 활동에 종사했다. 그 과정에서 철수했던 제98금양호가 침몰하는 사고도 발생했다. 또한 민간 업체 관계자는 자신의 휴대전화로 언론과 직접 접촉해 혼선을 초래하기도 했다.[156]

—의사소통이 폐쇄적이었다

대언론관계를 포함한 국민과의 소통이 미흡했다. '천안함 조작설'이 인터넷을 중심으로 확산되었다. 또한 합참의장을 비롯한 25명에 달하는 군의 최고지도자들이 감사원에 의해서 문책을 권고당했다. 이는 '북한의 어뢰 공격으로 인한 침몰'이라는 결론이 천안함 사건 발생 직후부터 근거를 가지고 신뢰성 있게 국민들에게 제공되지 않았기 때문이다.

안보상의 위기라는 이유로 과도하게 비밀주의적 입장을 취하여 사고의 발생 시기와 원인 그리고 대응 과정에서 중요한 정보를 누락하거나 은폐했다. 국내와 해외의 언론은 물론 SNS상에서도 '천안함 조작설'과 '남한의 대북 선제공격설', '만 17세 이상 남자의 전쟁 참여 준비설' 등이 광범위하게 유포되는 등 원활한 의사소통과 매스컴의 공공성을 활용하지 못했다.

국방부와 합동참모본부는 3월 30일 언론 발표 등과 관련해 사건 발생 시각 등에 대한 국민 의혹이 확대되는 상황에서 TOD 동영상을 공개하면서 일부 부분만 영상 편집하여 공개함으로써 국민 불신 초래했다. 3월 27일 청와대 위기상황센터로부터 사건 발생 시각 등을 알 수 있는 지질자원연구원의 지진파 자료(해군 초계함 침몰과 관련된 공중음파 신호 분석 결과)를 받고도 당시 혼선이 있었던 사건 발생 시각에 대한 적극적인 수정 조치를 하지 않았다.[157]

이처럼 사고 초기부터 천안함의 사고 발생 시각과 위치 등에 대한 정부 발표의 혼선은 국민과의 원활한 의사소통을 방해하고, 궁극적으로 정부 불신을 초래했다. 최초에 국방부는 피격 시각을 해군작전사령부로부터 유선으로 보고받은 시간인 21시 45분으로 언론에 발표했고, 이후 3월 27일에는 21시 30분으로 국회 보고와 언론에 발표했다.[158] 피격 위치 역시 해군 전술자료처리 체계(KNTDS)의 전시 화면에서 천안함이 완전히 사라진 시각은 21:25:03이며, 이때 천안함은 피격 시각(21:21:57)보다 650m 북서쪽에 위치해 있는 것으로 되어 있어 천안함이 피격 이후에도 계속 북서진했다는 오해를 불러일으켰다.[159] 이러한 상황은 당시 주요 언론으로 하여금 "군이 천안함의 피격 시각을 21시 45분→21시 30분→21시 25분→21시 22분으로 바꾸어 발표함으로써 불신과 의혹을 키우고 있다"고 보도하게 만들었고,[160] 관계자의 진술과 TOD 영상방위각 등을 근거로 KNTDS상의 좌표 위치와 천안함 피격 위치에 대해 의혹을 제기하게 만들었다.[161]

이외에도 국내외의 전문가들이 "천안함의 흡착물질이 폭발로 발생한 '알루미늄 산화물'이 아니라, 풍화작용에 의해 일반적으로 형성되는 단순 퇴적물인 '수산화알루미늄(깁사이트, 녹)이다"라는 의혹을 제기했다.[162] 이에 대해서도 정부는 상당한 시간이 경과한 이후에서야 "과학적 분석을 통해 '폭발재'인 비결정질 알루미늄 산화물(Al_xO_y)임을 확인했다"고 발표했다.[163]

심지어 합동조사단의 종합 발표(5월 20일) 시에 천안함을 공격한 어뢰를 설명하는 과정에서 잘못된 실물 크기의 그림을 제시해 혼선을 초래하기도 했다. 이에 대해 언론이 의혹을 제기하자 합동조사단은 다음과 같이 해명했다.

"천안함 사건 해역에서 건져 올린 어뢰의 추진체를 설명하기 위해 제시한 설계도는 CHT-O2D 어뢰의 것이 맞지만, 발표 보조용으로 제시한 실물 크기의 그림은 실무자의 착오로 인해 PT-97W 어뢰의 그림을 제시하는 실수가 있었다."[164]

쉽게 납득할 수 없는 합동조사단의 실수였다. 이처럼 의혹이 확산되자, 민관 합동조사단의 발표에 대해서도 국회 특별위원회 조사위원들조차 "고폭탄 250kg이 폭발했는데 어뢰 부품이 남아 있을 수 있는가?", "우현 프로펠러의 역회전 손상은 좌초가 아닌가?", "21:15의 '15'에 볼펜으로 'ㄴ'자를 그려 넣어 '45'로 고친 것이 아닌가?" 등의 의혹성 질의[165]가 이어졌다. 당시 국방부는 이에 대해 적극 해명을 했으나, 감사원 감사의 지적 사항에 대해서는 전반적으로 수용을 했다.[166]

정부 역시 언론을 통한 국민과의 소통 방식에 대해 심각성을 인정했다.

"공보 전략의 부재는 해명에 급급한 언론 대응 방식으로 국민의 불신을 초래했다. 특히 생존자 구조나 침투한 잠수정 추적 등 군사작전을 전개하는 데 필수 요소인 사건 발생 시각과 관련하여 부정확한 최초 보고로 혼선을 야기했으며, TOD 영상·한국지질연구원의 지진파 탐지 분석 자료 등이 충분히 공유되거나 활용되지 못했다."[167]

이러한 배경은 진보와 보수 진영의 갈등이 심각한 한국 사회의 현실에 있다. 북한의 대남 도발로 인한 안보상의 위기가 국회를 중심으로 한 여야 정치권의 색깔 논쟁과 시민사회 내부의 강경한 사회세력 간의 이념적 갈등이 심화되면서 국가적 위기로 확산된 것이다. 이 과정에서 중요한 핵심적 역할을 수행해야 하는 대통령과 청와대 NSC 그리고 국방부와 합동참모본부 등은 핵심적인 국가안보 관련 정보

를 제대로 파악하지 못하고 국민들에게 왜곡된 정보를 제공함으로써
'정부의 심각한 신뢰 위기'를 초래했다.

― 명령주의적이었던 현장 원칙

천안함 침몰사건 발생 후 우리 군의 대응은 상의하달식 명령주의 행
정이 주류를 이루었다. 급박한 안보상황인데도 불구하고 규정에 따
른 구두보고를 고수함으로써 보고 시간이 지체되었다.

천안함 침몰사건과 같은 해상에서의 군사적 충돌이나 대형 재난
의 경우 신속한 보고 체계와 긴급한 대응이 매우 중요하다. 1996년
에 발생한 강릉 잠수함 침투사건의 경우도 해안 초소 경비병의 초기
보고에서 합동참모본부에 보고되기까지 무려 2시간 40분이 소요되
었고, 민간인의 총성 신고가 경찰을 통해 군부대에까지 접수되는 데
2시간 25분이 걸렸다.[168] 이러한 상황을 볼 때, 사고 발생 시의 초기
보고와 적절한 대응 체계가 개선되지 못하고 오히려 악화된 상황이
었다. 따라서 두 사건은 국가위기관리 시스템을 '빠르고, 정확하고,
효과적'인 대응이 가능하도록 '스마트'하게 혁신하지 않으면 심각한
국가적 위기에 직면할 수 있다는 교훈을 제공해 주고 있다.

― 의사결정이 전문적이지 못했다

천안함 피격의 원인을 제공한 미확인 물체에 대한 정책적 판단 과정
에서 의사결정의 전문화와 분권화의 문제가 드러난다.

"천안함 침몰 장소의 남방해역에서 경계 임무를 수행하고 있던 속초함은

3월 26일 21시 31분 제2함대사령부의 지시에 따라 백령도 서방으로 전속력으로 기동하여 22시 40분 천안함 침몰사건 현장에 도착했다. 천안함 침몰로 해상 및 대잠 경계 태세가 A급으로 격상된 긴박한 상황에서, 22시 55분 속초함은 통제 레이더상에 백령도 북방으로부터 시속 약 40노트(74km)로 고속 북상하는 미상의 물체를 탐지했다. 속초함에는 대공 레이더가 장착되어 있지 않았지만, 탐색 레이더로 해상 표적과 저고도 공중 표적을 탐지할 수 있었다. 속초함 함장은 당시 긴박한 상황에서 미식별 접촉물이 천안함을 공격하고 난 후 숨어 있다가 도주하는 적 함정이라고 판단하여 제2함대사령부의 승인을 받아 76mm 함포 2발을 경고사격한 후, 23시부터 23시 5분까지 격파사격을 실시했다. 당시 속초함은 표적까지의 거리가 9.3km임을 고려하여 유효 사거리가 12km인 76mm 함포로 135발을 발사했다. 23시 11분 미식별 고속 접촉물이 장산곶 육상에서 소실됨에 따라 속초함의 추적작전은 종결되었다."[169]

당시 상황을 국방부가 민간 전문가와 공동으로 작성한 「천안함 백서」는 이렇게 정리하고 있다.

"레이더상에서 함정과 새떼의 구분이 쉽지 않아서 미확인 물체가 과연 북한의 반잠수정인지 새떼인지에 대한 논란이 발생했다. 왜냐하면 잠수정이나 새떼 모두 레이더상에서 비슷한 형상으로 나타나고, 이동 속도 역시 시속 70~80km로 함정과 비슷해 분간이 쉽지 않았기 때문이다. 당시 속초함 함장은 미확인 물체가 북방한계선 이북으로 넘어가는 급박한 상황이었으므로 정확한 식별보다는 이를 제압하고 격파하기 위한 사격이 우선이라고 판단했다."[170]

상황 종료 후 속초함과 제2함대사령부는 레이더상에 포착된 '미식별 표적'을 다음과 같은 이유로 새떼로 판단했다.[171] ① 소실된 표적의 속도가 40노트 이상이었다는 점과 당시 파고 2.5m의 기상 상태에서 북한 공작모선이나 반잠수정은 고속 항해가 불가능하다는 점, ② 전자광학추적장비(EOTS)로 확인한 결과 잠수함(정) 등이 고속 항해 시에 발생하는 물결이 식별되지 않고 분산된 형태를 띠었던 점, ③ 표적이 최종적으로 사라진 곳이 장산곶 육상이었던 점 등이다.[172]

결론적으로 천안함 침몰 현장에 출동한 속초함은 탐색 레이더를 통해 피격의 원인을 제공한 것으로 추정되는 미확인 물체에 대한 군사적 공격을 거의 유일하게 수행했는데, 결국은 '새떼에 대한 공격'으로 최종 판단을 했다는 충격적인 사실이다. 천안함 사건 발생 초기에 '북한의 어뢰 공격 가능성'을 보고했던 속초함이 이러한 판단과 군사적 행동을 하는 과정에서 당시에 출동했던 첨단 장비를 장착한 링스 헬기와 해상초계기, 탐색구조 헬기, F-15 등의 군 장비와 인력은 이 과정에서 어떤 정보를 토대로 의사결정을 하는 데 분권적이고 전문화된 참여를 했느냐 하는 문제는 여전히 남아 있다. 「천안함 백서」에는 군사적 대응을 결정해야 하는 해군작전사령부와 합동참모본부, 국방부, 청와대 NSC 등이 중대한 군사작전을 수행하는 과정에서 어떤 정보를 교환하고 어떤 정책적 협의를 했는가를 엄밀히 자체 평가하고, 그에 대한 책임을 묻는 재발 방지 대책에 대한 논의가 전혀 없다. 그런 점에서 국방부가 자체 조사한 「천안함 백서」의 보고는 현장에서 '미확인 물체를 새떼로밖에 볼 수 없었던 정황을 합리화해 주는 수준의 보고서'라는 뚜렷한 한계를 지니고 있다고 하겠다.

──사전 활동과 사후 활동이 미흡했다

'북한의 해상 도발 가능성'에 대한 정보를 입수하고도, 빅데이터에 기초한 예측과 시뮬레이션 평가가 진행되지 않았다. 또한 센서 네트워크에 기반한 안보 위기상황에 대한 모니터링 역시 이루어지지 않았다. 뿐만 아니라 유사 해상 충돌에 대비한 3D 기반의 가상체험 훈련 역시 전혀 이루어지지 않음으로써 갑작스러운 사고 발생 시 즉각적인 대응을 하지 못했고, 당시 해상에 자주 출몰하는 새떼를 북한의 공격용 잠수정으로 오인하여 보복사격을 실시했다.

천안함 침몰사건 발생 시 사전 교육활동 부재에 대해서도 감사원은 "2008년 이후 긴급상황은 해군 관련 상황이 대부분인데도 합동참모본부의 위기대응 담당 지휘관이 육군 위주로 편성되어 있어 해군 관련 상황 대처가 제한될 우려가 있었고 지휘통제반장에 대한 교육을 실시하지 않아 상황 대처 능력이 미흡한 실정이었다"고 지적하고 있다.[173]

──통합적인 위기관리 시스템이 부재했다

천안함 침몰사건의 전 과정에서 청와대 NSC를 비롯한 통합적인 국가위기관리 시스템은 거의 작동하지 못했다. 그리고 북한의 해상 도발 시 상응하는 대응과 관련한 법과 조직, 운용 등 국가위기관리 시스템에 대한 종합적인 대책 역시 미흡했고, 향후 새로운 안보 위기에 대한 스마트 국방 차원의 종합적인 대책 마련 역시 매우 시급한 과제로 남겨 두었다.

천안함 침몰사건 후 이명박 대통령은 대통령 직속의 안보특별보

좌관 신설, 청와대 위기상황센터의 확대 개편과 기능 강화, 국가안보 총괄점검회의 구성 및 운영, 국방선진화추진위원회의 대통령 직속 기구로의 지위 격상, 군사 대비 능력 제고 등을 통해 국가안보 역량을 강화하는 조치를 취해 나갔다.[174]

천안함 침몰 과정에서 유의할 점은 실질적 핵보유 국가인 북한과의 군사적 비대칭 관계 속에서 안보를 지키기 위해서는 첨단 무기의 개발, 구입, 배치뿐 아니라 국방 체계 선진화가 반드시 포함되어야 한다는 것이다.[175] 천안함에 대한 북한의 군사적 공격과 우리의 매우 부적절한 대응 과정에서 확인할 수 있듯이 '미래의 전쟁과 전투 양상은 무인화, 로봇화, 정보화 추세가 강화되고 군사와 비군사, 정부와 민간, 전투와 치안의 구분과 경계가 사라지는 경향으로 변화할 것'이기 때문이다.

하지만 우리 군은 해상에서의 공격 발생 시각과 원인을 파악할 수 있는 지질자원연구원의 공중음파 신호 분석 결과를 심층분석하거나 정보 공유를 통한 적극적인 대응을 하지 않았다. 이미 존재하고 있는 스마트 국방안보 체계상의 핵심적인 시설과 정보를 군 당국에서 전혀 활용하지 않았기 때문이다.

따라서 향후 스마트 국가위기관리 체제의 정착을 위해서는 첨단 시설의 배치 못지않게 이에 대한 적절한 운영과 관련 전문가에 대한 교육훈련 체계의 혁신적 강화 역시 매우 중요하다.

이외에도 '스마트 국가위기관리 체제의 정착을 위한 10대 대응 수칙'에 따라 종합적인 평가를 해 보면 다음의 〈표9〉와 같다.

표9 천안함 침몰사건과 종합 대응 10대 수행원칙 평가

국가위기관리 대응 10대 수행원칙	수행원칙의 세부 평가
❶ 골든타임 내 빅데이터를 활용한 적절한 초기 대응	- 골든타임 내 빅데이터 활용의 부재 - 지휘 체계를 통한 정확한 정보 보고와 적절한 군사적 초기 대응 미흡 - 국가위기 발생 시 <예방>과 <대비> 단계에서 검토가 필요한 <사전 예측과 평가> 등의 작업 부재로 골든타임 시 부적절한 대응
❷ 인력, 장비(인공지능 시스템 등)의 적합한 동원	- 실종 장병 수색, 구조·선체 인양 등에 적합한 인력과 장비가 동원되지 않음 - 현장상황에 맞는 다양한 인공지능 시스템이 전혀 동원되지 못함
❸ 스마트 국가위기관리 종합통제센터의 운영	- 스마트 국가위기관리 종합통제센터의 설치 부재 - 현장과 군 수뇌부 그리고 청와대 간의 늑장·허위 보고로 국가위기관리의 총체적 문제점 노출
❹ 돌발 리스크 대비	- 천안함 피격 원인에 대한 정부 발표의 신뢰성 상실로 유언비어 확산 - 수중폭파팀 준위의 순직과 수색 활동 지원 민간인 선박의 침몰 등 돌발 리스크 대비 미흡 - 돌발상황을 해결하기 위한 첨단 기술과 자원이 동원되지 않음
❺ 현장 책임 조직과 유관 기관의 전문적 과업 수행	- 현장 책임 조직과 유관 기관의 전문적 과업 수행은커녕 정보 공유 조차 부재 - 자원봉사로 참여한 민간인 선박이 좌초·침몰하는 심각한 문제 노출 - 현장상황에 맞는 빅데이터, 인공지능 전문가의 활용 부재
❻ 원활한 의사소통과 매스컴(SNS)의 공공성 활용	- 국방부의 늑장 보고와 자료 조작 등으로 '천안함 조작설' 유언비어 유포 - SNS를 통한 국가위기관리 소셜 네트워크의 작동 부재
❼ 현장 수칙과 규정 적용의 유연화	- 교전수칙 등 국가안보 위기 시 필요한 대응 수칙의 불이행 - 해상에서의 스마트 국방 시스템의 작동 부재 - 단기 구조 활동 및 중장기 복구 대책, 종합적 재발 방지 대책의 마 련 미흡
❽ 의사결정의 전문화와 분권화	- 객관적인 빅데이터나 첨단화된 AI 기술 등에 따른 상황 판단 부재 - 제2함대사령부→합참의장→국방부장관→청와대 NSC 사이의 통 합적이고 분권화된 의사결정 부재
❾ 국가위기 예방을 위한 사전·사후 활동	- 빅데이터에 기초한 예측과 시뮬레이션 평가 비가동 - 센서 네트워크에 기반한 안보 위기 모니터링과 예측 시스템 비가동 - 유사 해상 충돌에 대비한 3D 기반 가상체험 훈련 등 미실시
❿ 통합적인 스마트 국가위기관리 대책	- 천안함 침몰사건 전 과정에서 청와대 NSC 등 스마트 시스템 작동 부재 - 법, 조직, 운영, 정보화, 자원관리, 교육훈련 등의 핵심 체계 종합 대책 미흡 - 유사한 국가안보 위기 발생 시의 ICBMS 활용 등 종합적 대책 수립 필요

세월호 참사를
돌아본다[176]

세월호 참사는 어떻게 일어났는가?

세월호 참사는 2014년 4월 16일 오전 8시 48분경 전남 진도군 서해 상에서 청해진 해운 소속의 인천발 제주행 국내선 여객선인 세월호 가 전복되어 침몰한 사건이다. 이 사고로 수학여행을 가던 단원고등 학교 학생 325명과 선원 30명 등 총 475명의 탑승자 중 304명이 사 망(5명의 미수습자 제외)하고 172명만 구조되었다.

사고 당시 세월호의 동정을 지속적으로 관찰·추적하는 책임을 지 고 있던 진도 연안 해상교통관제(VTS)[177]센터의 관제요원은 세월호 사고를 직접 관찰하지 못하고, 사고 발생 17분 후에 뒤늦게 목포해 양경찰서 상황실로부터 전해 들었다. 또한 9시 7분에서 37분까지 세 월호와 직접 교신하는 과정에서 승객들이 선내에서 나오지 못하고 있다는 세월호 상황을 서해지방해양경찰청(상황실)에만 보고하고, 목포해양경찰서와 출동 중인 123정, 헬기(B511) 등에는 전파하지 않아 적절한 구조 활동을 할 수 있는 기회를 놓치게 했다.

목포해양경찰서와 서해지방해양경철청은 세월호 승무원이 "배가 40~45도 기울어서 도무지 움직일 수 있는 상황이 아니다", "지금 선내에서 움직이지 마시라고 계속 방송하고 있다"는 등 세월호 선내 상황을 파악할 수 있는 중요한 정보를 제공받고도, 신고 내용을 상급자에게 보고하지 않았다. 그 결과 상황실 책임자도 구조 세력도 현장 상황을 알지 못하게 함으로써 구조 현장에서 효과적인 구조 활동을 할 수 없게 되었다. 이외에도 122 구조대의 이동수단 미확보로 출동이 지연되고, 구조 세력 도착 후에도 상황 보고와 선내 진입을 지시하지 않았다.

세월호 사고 당시 인명구조 활동을 현장에서 책임지고 있던 목포해양경찰서 123정의 정장은 선내 진입 시도 등의 조치는 물론 승객들이 탈출할 수 있도록 대공 스피커 등으로 탈출 안내 방송을 하지도 않았다. 심지어 정장은 사고현장에 도착하자마자 단정을 이용, 세월호 선내에 근무복을 입고 있던 선원 7명(선장 포함)을 구조하는 과정에서도 이들의 신분을 확인하지 않은 채 팽목항으로 후송했다.

한편 사고 대책을 총괄적으로 책임지고 있는 중앙재난안전대책본부(본부장: 안전행정부 장관)는 구조 인원 178명 외에 진도 행정선이 190명을 추가 구조했다는 해경의 확인되지 않은 내부 문서 등을 근거로 총 368명이 구조되었다고 잘못 발표했다가 추후 브리핑을 통해 정정하기도 했다. 당시 일부 언론에서는 이를 근거로 "세월호 승객 전원 구조"라는 오보가 발생하여 큰 혼란을 야기했다. 당시 검경 합동수사본부는 참사 6개월 뒤 세월호의 침몰 원인으로 화물 과적, 화물 고정 불량, 불법 증축, 조타수의 운전 미숙 등을 꼽았다.[178]

그리고 2019년 6월 11일 현재, 대법원에 따르면 살인 및 살인미수 등의 죄목으로 세월호 선원들에 대해서 최고 무기징역을 선고하는 등 41건의 범죄행위에 대하여 재판이 여전히 진행 중이다.[179]

세월호 참사를 분석한다

세월호 참사 이전의 위기관리 시스템

세월호 참사가 발생하기 이전부터 해상 운항에 필요한 최소한의 안전교육 및 비상 대비계획의 수립 및 표준매뉴얼에 따른 실전 훈련, 그리고 과적 상황에 대한 법적 안전점검 등의 사전 예방과 대비 조처가 전혀 이루어지지 않았다. 이에 구조적으로 대형 사고가 예견되어 있었다. 특히 해상 재난사고의 경우, 예측할 수 없는 돌발상황과 긴급한 위기상황에 대비한 해상 위치추적 시스템 및 통합적인 비상구조 시스템 등이 전혀 가동되지 않았다.[180]

해양수산부의 위기관리 매뉴얼 총괄 부서인 비상안전담당관실은 2014년 1월 17일 '장관 지시 사항과 관련하여 해양 선박사고, 적조赤潮 등 4개 재난 유형에 대해 같은 해 7월 7일까지 위기관리 표준매뉴얼을 작성해 제출하라'는 공문을 전달했다. 그러나 아무런 조치 없이 표준매뉴얼을 작성하지 않았으며, 비상안전담당관실의 공문 접수

(2014. 1. 17) 이후 76일이 지난 4월 3일에야 다시 표준매뉴얼을 작성하겠다고 안전행정부에 통보하는 등 해양 선박사고 표준매뉴얼 작성업무를 지체했다.

그 결과 해양 선박사고에 대한 표준매뉴얼이 없어 국방부, 해양경찰청, 소방방재청 등은 해양 선박사고에 대한 부처별 실무 매뉴얼을 작성하지 않았을 뿐만 아니라 매뉴얼에 따른 연습·훈련도 제대로 하지 못한 채 2014년 4월 16일 세월호 침몰사고가 발생했을 당시 부적절하게 대응하게 되었다.[181]

세월호 침몰사고와 같은 대규모 선박사고는 관계 기관 간의 유기적 협업이 매우 중요함에도 표준매뉴얼이 없어 국가 차원의 관리 체계가 수립되어 있지 않았고 관계 기관의 임무·역할도 규정되어 있지 않았을 뿐 아니라 부처에서 자체 운용 중인 실무 매뉴얼도 부실하게 관리되고 있었다. 더욱이 해양 선박사고 실무 매뉴얼 정비 업무도 소홀히 하여 당시 실무 매뉴얼에는 재난 컨트롤 타워인 중앙재난안전대책본부(본부장: 안전행정부 장관)의 임무와 역할이 누락되었다. 또한 재난기본법상의 개정 내용도 반영되어 있지 않아 해당 경찰청이 아닌 소방방재청에서 인명구조와 현장 수습을 총괄한다는 등의 부정확한 대용이 다수 포함되어 있었다.[182]

이러한 세월호 참사는 사고 발생 이전부터 해상에서의 재난안전을 총괄 책임지고 있는 해양수산부와 중앙재난안전대책본부 등이 기본적인 위기관리 매뉴얼의 작성 그리고 관련 부처와의 협의와 사전훈련 등을 전혀 이행하지 않고 있었으므로 구조적으로 대형 복합재난이 될 가능성을 잉태하고 있었던 것이다.

또한 현장에서의 재난대응 책임을 맡고 있는 해양경찰청의 사전 안전 관련 감독 및 교육훈련에 대한 예방과 대비 과정 역시 매우 부실했던 것으로 드러났다.

뿐만 아니라 해양경찰청에서는 2014년 5월까지 본청이 직접 지휘·통제하는 본청, 지방해양경찰청, 해양경찰서의 합동 수색구조훈련 기준을 마련하거나 별도의 계획을 수립하지 않고 있었고, 이와 관련하여 2010년 이후 실시한 수색구조훈련에 대한 본청의 지휘·통제 여부를 확인한 결과 해양경찰청 본청에서는 대형 해양사고 등 중요 상황에 대한 수색구조훈련 시 중앙구조본부나 상황대책팀을 구성·운영하여 훈련을 직접 지휘·통제하지 않은 채 해당 지방해양경찰청, 해양경찰서로 하여금 훈련을 지휘·통제하게 한 것으로 확인되었다.[183]

해양경찰청은 2010년부터 2013년까지 매년 구조본부 등에 대한 안전감독관의 연간 점검계획을 수립하지도 않았고, 2012년까지는 정기 점검을 실시하지 않다가 2013년 정기 점검을 1회 실시하면서도 서해 등 4개 지방해양경찰청에 대해서는 실제 조사 없이 자체 서면 점검으로 대체했다. 또한 안전감독관과 수색구조(SAR) 상황요원, 연안 해상교통관제(VTS)센터의 관제요원, 119 종합상황실 직원 등에 대해서도 연간 교육훈련계획에 따라 정기·전문 교육이나 수색구조훈련을 받도록 되어 있으나 이를 제대로 이행하지도 않았다.[184]

그 결과 실제로 세월호 참사가 발생했을 때 현장에 대한 유기적인 지휘 체계가 이루어지지 않아 신속하고 효율적인 상황 대응이 어려웠다. 심지어 감사원의 감사[185] 결과 해양경찰청의 직원은 한국해양

구조협회 업무를 담당하면서 친분관계를 유지해 온 구난 업체인 주식회사 언딘에게 청해진 해운이 구난계약을 체결하도록 종용하면서 특혜를 준 의혹도 밝혀졌다.

스마트 국가위기관리 시스템 정착을 위한 사전 1단계 작업이라 할 수 있는 '국가위기를 예방하기 위해 빅데이터 등을 통해 사전 예측했는가?'라는 예방의 관점에서 세월호 사태 발생 이전의 상황을 살펴보면 선장과 선원은 물론 탑승객을 대상으로 한 안전훈련과 사고 발생 시 종합 대응 수칙에 따른 사전 예측 및 평가 작업이 전면 부재했다. 뿐만 아니라 해상 사고에 대비한 '스마트' 재난안전 시스템에 따른 첨단 기술과 인력을 동원한 종합적인 예방대책 등도 없었다.

또한 '국가위기에 대비하기 위해 사전 시뮬레이션 등을 통해 평가하고 비상계획을 수립했는가?'라는 2단계 대비의 기준에서도 해상 사고 시 국가위기의 위험 징후에 따른 모니터링을 통한 시뮬레이션 평가 작업이 부재했다. 청해진 해운은 물론 정부도 다양한 해상 재난 등에 대비한 국가위기 평가에 따라 재난안전관리 비상종합계획을 수립하지 않았으며 실전 훈련도 하지 않았다. 특히 유사한 역대 대형 해상 재난(페리호 사고 등)에 따른 국내외 유사 사례에 대한 빅데이터를 통한 종합적인 대응책 마련 부재 등 복합재난 관리를 위한 사전 대비가 전혀 되어 있지 않아 사고 발생 후 중대한 국가적 위기로 확산된 것이라 볼 수 있다. 세월호 참사와 사전 2단계(예방·대비) 수칙 평가는 〈표10〉과 같다.

표10 세월호 참사와 사전 2단계 (예방-대비) 대응 수칙 평가

스마트 국가위기관리 시스템 - 사전 2단계	스마트 국가위기관리 대응을 위한 사전 대응 평가
1단계 - 예방 국가위기를 예방하기 위해 빅데이터 등을 통해 사전 예측했는가?	1. 중앙과 현장 재난기구 모두 빅데이터 등을 통해 해상에서의 대형 복합재난 사고에 대한 예방대책 미흡 2. 선장과 선원은 물론 탑승객들을 대상으로 한 안전훈련과 사고 발생 시 종합 대응 수칙에 따른 사전 예측과 평가 작업의 전면 부재 3. 중앙과 지역 차원의 재난관리 핵심 체계를 중심으로 한 사전 예방 대책 미흡 (안전 관련 규제 입법의 강화 조처 등) 4. 해상 사고 발생 단계별 돌발상황 및 피해 경감 예방대책 미수립 5. 해상 사고에 대비한 '스마트' 재난안전 시스템에 따른 첨단 기술과 인력을 통한 종합적인 예방대책 미수립
2단계 - 대비 국가위기를 대비하기 위해 시뮬레이션 등을 통해 사전 평가하고 비상계획을 수립했는가?	6. 해상 사고 시 국가위기의 위험 징후에 따른 빅데이터, AI 등 사전 시뮬레이션 평가 작업의 부재 7. 대형 해상 사고 시 국가위기관리 대응 수칙에 따른 위기 발생 단계별 종합적인 비상계획의 미수립 8. 중앙과 현장 그리고 시민 참여 협치 네트워크를 중심으로 한 비상대비계획 미수립 9. 해상 사고 발생에 대비한 사전 '실전 비상훈련과 교육'의 미실시 10. 해상 사고 등이 국가위기 상황으로 심화될 가능성에 대한 평가 작업과 종합 대책 미수립

우리는 세월호 참사에 어떻게 대응했는가?

—골든타임 안의 빅데이터를 활용하지 못했다
최초 침몰 징후가 나타났던 골든타임 동안 1차 구조 활동의 현장 책임자인 선원과 승무원이 가장 먼저 도주했고, 허위 보고로 인해 즉각적 구조 활동이 중지되었다.

"진도 연안 VTS 운영 매뉴얼상으로도 세월호의 동정을 지속적으로 관찰·추적하는 책임을 맡고 있던 관제요원은 매뉴얼에 따라 세월호의 사고를 직접 관찰하지 못하고, 사고 발생 17분 후에서야 뒤늦게 목포해양경찰서 상황실로부터 전해 듣는가 하면, 구조 세력 출동 등 초기 대응 시간을 4분이나 지체했다. 또한 오전 9시 7분에서 37분까지 세월호와 직접 교신하는 과정에서 승객들이 선내에서 나오지 못하고 있다는 세월호 상황을 서해지방해양경찰청(상황실)에만 보고하고, 목포해양경찰서와 출동 중인 123정, 헬기(B511) 등에는 전파하지 않아 적절한 구조 활동이 이루어지지 못하게 하는 결과를 가져왔다."[186]

뿐만 아니라 함정의 현장 도착 시 선체 기울기가 45도인 상태에서 선내 진입을 시도했더라면 전원 구조도 가능했을 것이다.

"목포해양경찰서와 서해지방해양경찰청은 세월호 승무원이 "배가 40~45도 기울어서 도무지 움직일 수 있는 상황이 아니다.", "지금 선내에서 움직이지 마시라고 계속 방송하고 있다"는 등 세월호 선내 상황을 파악할 수 있는 중요한 정보를 제공받고도 신고 내용을 상급자에게 보고하지 않아 상황실 책임자도 알지 못하게 되었고 구조 세력에게 전파되지 못함으로써 구조 현장에서 효과적인 구조 활동을 하지 못하게 되었다. 이외에도 122 구조대의 이동수단 미확보로 출동이 지연되고, 구조 세력 도착 후에도 상황 보고와 선내 진입을 지시하지 않는 등의 심각한 문제점을 드러냈다."[187]

해양수산부에서는 오전 9시 33분경 해양경찰청이 중앙재난안전대책본부(이하 중대본) 등 관계 기관에 상황보고서로 사고 상황을 전파했다는 이유로 관계 기관에 사고 상황을 전파하지 않았다. 사고 인지(9시 03분) 후 1시간이 지난 10시 6분경에야 상황보고서를 통해 중대본 등에 사고 및 구조 상황을 전파하는 등 사고 발생 상황을 늑장 전파했다. 그러다가 위기 경보가 발령된 지 1시간 20분 정도 지난 오전 11시 6분경에야 중대본 등 40개 기관에 위기 경보 '심각' 단계 발령 사실을 통보했다.[188]

해양수산부에서는 사고 당일 총 9차례 상황보고서를 작성해 관계 기관에 전파하면서 사상자 여부가 아직 확인되지 않았는데도 현장에서 보고되거나 공식 확인된 사상자가 없다는 이유만으로 마치 세월호 사고가 인명 피해와 관련이 없는 경미한 사고로 오인될 가능성이 높은 "인명 피해 없음"이라는 문구를 넣어 이를 관계 기관에 전파했다.[189]

해양경찰청에서는 목포 122 구조대의 최초 수중수색 시간을 확인할 수 있는 P-120정의 경찰 전보, 선박 위치정보 시스템 항적 기록 자료와 상황보고서 등 관련 자료를 바탕으로 목포 122 구조대의 최초 수중수색 시간을 정확히 보고했어야 함에도 불구하고 13시에 실시한 것을 11시 24분에 최초 수중수색을 실시한 것으로 사실과 다르게 작성하여 대통령 비서실에 보고했다.[190]

그 결과 국가적 차원의 신속한 대응이 필요한 세월호 침몰사고에 대해 중대본 등 관계 기관이 해양수산부의 조치 사항이 담긴 상황보고서와 위기 경보 '심각' 단계 발령 사실을 늦게 보고받았고, 부정확한 상황 보고로 인해 대규모 인명 피해가 예상되는 상황임에도 사고 초기 재난 상황의 심각성이 제대로 전달되지 못하는 결과를 가져왔다.[191]

스마트 국가위기관리 시스템의 정착과 관련하여 세월호 참사의 초기 대응 과정에서 중요한 사실은 진도 연안 VTS 관제요원의 세월호에 대한 첨단화된 관찰·추적 시스템의 운영이 필수적임에도 불구하고 일상적인 관찰조차 이행하지 않았다는 점이다. 목포해양경찰서 상황실로부터 세월호 침몰사고를 보고받고 TRS 무전기[192], 문자 상황 전파 시스템, VHF 통신[193] 등을 이용해 적극적인 정보 공유와 신속한 구조 활동이 이루어지게 했어야 함에도 불구하고 매뉴얼에 따른 적절한 조치를 거의 하지 않았다. 또한 구조 헬기(512호)의 호이스트[194]를 이용해 123정에 내려와 현장에서 지휘를 했어야 함에도 불구하고 이미 존재하고 있는 정보화 수단과 첨단 장비조차 전혀 활용하지 못했다.[195] 한편 해양경찰청에서도 목포 122 구조대의 최종 수색 시간을 확인할 수 있는 선박 위치정보 시스템(VMS)[196] 항적 기록 자료를 바탕으로 목포 122 구조대의 최초 수중수색 시간을 정확히 파악해 보고서를 작성하고 대외 기관에 송부하는 등의 조치를 했어

야 함에도 불구하고 대통령 비서실을 비롯한 대외 기관에 사실과 다른 허위 보고를 전파했다.[197]

─인력과 장비의 적절한 동원이 부재했다

사고 발생 이전의 사전 안전 점검 단계에서부터 해상안전 첨단 시스템의 가동을 통한 심층적인 점검이 이루어져야 하고, 사고 발생 초기에도 첨단화된 기술과 인력의 동원을 통해 신속한 구조 활동이 이루어져야 하지만, 정보의 공유와 구조 활동에 있어 4차 산업혁명의 성과가 전혀 반영되지 못했다.

예를 들어 세월호 침몰사고 발생 당시 현장 지휘함으로 지정된 123정의 경우, 100톤급 함정으로 위성 시스템이 설치되어 있지 않아 이를 기반으로 한 통신수단이 없었으며, 목포해양경찰서 상황실에서 상황정보 문자 시스템e-mate을 통해 123정에는 위성 기반 네트워크 시스템인 코스넷이 설치되어 있지 않다고 수차례 알려 주었는데도 123정에 '모바일 영상회의 시스템'을 가동하라거나 '비디오 콘퍼런스를 작동하라'는 등의 잘못된 지시를 내리기도 했다.[198]

향후 스마트 국가위기관리 체제의 정착을 위해서는 기존 첨단 시설의 활용은 물론이고 해상 사고에 대한 관찰 및 추적 시스템의 개발과 배치, 드론이나 무인 로봇을 통한 구조 활동 등이 인적·물적 자원 동원 과정에서 반영되어야 할 것이다. 복합재난의 경우 인공위성과 GPS를 통한 위치정보 시스템의 개발과 현장 배치, 모바일과 소셜 네트워크 서비스(SNS)를 통한 더욱 첨단화된 빅데이터 정보화 시스템의 정착 등이 필요하다.

해상 대형 재난을 종합적으로 컨트롤하는 스마트 국가위기관리 종합 통제센터가 가동되지 못했다. 사고 발생 직전에 새롭게 재편된 안전 행정부 중심의 재난관리 체계는 전문성의 부재로 현장 지휘가 불가 능했고 오히려 혼란을 가중시켰다. 중앙과 지역 차원의 대책본부 역 시 기본적인 대응 매뉴얼조차 구비하거나 숙지하지 못해 초동 대응 에 실패했다.

안전행정부에서는 2013년 8월 6일에 「재난 및 안전관리 기본법」 이 개정되면서 재난분류 체계가 자연재난, 인적 재난, 사회적 재난에 서 자연재난, 사회적 재난으로 변경되어 중대본 운영에 차질이 없도 록 '사회재난 중대본 매뉴얼' 작성 작업에 착수하여 늦어도 법 시행 일까지는 마련하여 재난 대비 업무를 철저히 해야 했다.

그러나 재난기본법 개정일부터 4개월여가 지난 2013년 12월 31 일까지도 '사회재난 중대본 매뉴얼' 작성 업무에 착수조차 하지 않 았고 세월호 침몰사고 당일까지도 매뉴얼을 마련하지 못한 상태였 다.[199] 그 결과 사고 발생 당시에도 매뉴얼에 따른 컨트롤 타워의 역 할을 수행하지 못함으로써 중대본의 지휘 체계 혼란 문제가 심각하 게 발생했다.

중대본 구성원별 역할과 임무가 사전에 분장되어 교육·훈련되지 못함으로써 세월호 침몰사고 당일 중대본을 총괄·지휘해야 할 본부 장(안전행정부 장관)은 외부 행사에 참여하고 현장을 방문하느라 중대 본을 종일 비워 놓았고, 본부장을 대행한 차장(안행부 2차관)도 중대 본 본연의 임무보다는 언론 브리핑에만 치중했으며 상황보고서 담당자도 미리 정해 두지 않아 실무자 6~7명이 돌아가며 작성하는 등 각자의 임무와 역할을 소홀히 하여 세월호 침몰사고에 체계적으로 대응하지 못했다.[200]

사고 다음 날 대통령의 지시로 구성된 범정부 사고대책본부는 법으로 정하고 있는 중대본의 재난 총괄 기능을 오히려 무력화시켰다. 이처럼 실무 매뉴얼의 위기관리 종합 체계도에 재난 컨트롤 타워인 중대본의 임무와 역할이 누락되어 총괄적인 대응이 어려웠고, '재난 및 안전관리 기본법'의 개정 내용이 제대로 반영되지 않아 해경이 아닌 소방방재청이 인명구조와 현장 수습을 총괄한다는 등의 부정확한 내용이 2014년 6월 20일 감사 당일까지 개선·보완되지 않고 있었다.[201] 전체적인 컨트롤 타워 역할을 수행해야 할 중대본조차 기본적인 역할은 소홀히 한 채 언론 브리핑에만 치중하는 문제를 일으켰다.

중대본에 이미 중수본이 설치되어 가동 중인데 해수부에 중수본을 구성하라고 요청하거나 구조·수습 대책 수립에 필요한 세월호의 침몰 상태 및 승객들의 대피 상황 등을 제대로 파악하지 못했고, 구조 활동에 악영향을 끼칠 수 있는 "세월호 승객 전원 구조" 오보 등에 대한 모니터링을 등한시했으며 유관 기관과의 역할 분담·조정 등을 사고 접수 10시간 후에야 통보하는 등 재난 대응·수습을 총괄해야 하는 본연의 역할을 태만히 했고[202] 단지 오전 10시 40분부터 1시간 간격으로 진행된 총 7차례의 언론 브리핑에만 치중했다.[203]

사고 당일 중대본 본부장(안행부 장관)은 중대본 차장(안행부 제2차관)으로부터 세월호가 침몰 위험에 있다는 보고를 받았는데도 대규모 인명 피해 등에 대비한 구조·수습 대책을 강구하지 않았다. 원론적인 지시(관계 부처와 협조, 현장상황 파악 등)만 시달하고 당초 계획대로 경찰교육원 졸업식에 참석하는 등 사고 초기에 재난 상황을 제대로 파악하지 못했고, 중대본 본부장의 역할도 적극적으로 수행하지 않았다.

이후 중대본 본부장은 중대본으로 복귀해 사고 수습을 직접 지휘하는 대신 구조 활동을 수행 중인 서해지방해양경찰청(목포)에 가서 브리핑을 받았다. 사고 발생 후 약 8시간이 지난 17시 40분경에야 중대본에 복귀하는 등 중대본이 재난을 효율적으로 총괄·조정하도록 지휘하지 않았다.[204]

중대본은 구조 인원 및 구조된 승객들의 명단과 소재 등에 대한 최소한의 사실관계도 파악하지 않고 공식 발표를 진행함으로써 정부의 신뢰를 극도로 하락시켰다. 중대본은 제4차 브리핑을 하면서 해경이 구조 인원을 어떻게 집계하고 구조자가 어디에 몇 명이 집결되어 있는지 등의 기초적인 사실관계도 확인하지 않았다. 구조 인원 178명 외에 진도 행정선이 190명을 추가 구조했다는 해경의 내부 문서[205] 등을 근거로 총 368명이 구조되었다고 잘못 발표했다가 제5차 브리핑에서 구조된 인원은 4차 브리핑 발표 때보다 204명이 줄어든 164명이라고 정정했다. 이처럼 언론 브리핑을 부실하게 하여 중대본 운영에 대한 국민의 불신을 초래했다.[206] 그 결과 중대본은 4월 17일부터 법적 근거도 없는 범정부 사고대책본부에 중대본의 국가재난대응 총괄·조정 역할을 넘겨주게 되었다. 결국 사고 발생 이후 종합통제센터는 안전행정부에서 총리실로, 다음에는 해양수산부로 이관되는 등 극심한 혼란을 거듭했다.

──미흡한 돌발 리스크 대비

피해자 가족과 국민의 불신은 심각했다. "세월호 승객 전원 구조"라는 오보가 언론을 통해 발표되고 추가적인 구조 활동이 거의 이루어지지 못함으로써 '세월호 사고 조작설'과 같은 음모론이 광범위하게 유포되었다. 당시 정부와 현장 사고 책임 부서는 이러한 돌발상황을 해결하기 위한 첨단 장비와 자원을 동원하지도 못했고, 오히려 주요한 정보를 왜곡하거나 은폐함으로써 천안함 침몰사건과 마찬가지로 해상에서의 재난사고를 국가적 위기로 증폭시키는 부정적 역할을 수행했다.

이외에도 세월호 참사 당시 현장 CCTV의 삭제 의혹을 비롯해 사건 당일 대통령에게 보고한 시각 등과 관련해서는 검찰의 수사 결과 발표에도 불구하고 국가안보실의 세월호 보고서가 사라져서 아직까지 논란으로 남아 있다.[207]

중앙사고대책본부는 기본적인 매뉴얼조차 숙지하지 못하고, 전문성을 갖추지 못한 상태에서 현장상황에 맞지 않는 획일적인 명령 체계를 고수했다. 한편, 현장의 책임 조직들은 세월호와 유관 기관을 통해 접수한 중요한 사고 선박에 대한 정보를 상부에 제대로 보고하지 않았다. 오히려 현장에 자원봉사자로 참여한 민간 구조대와 해경 사이에 심각한 갈등이 표출되었고, 현장상황에 맞는 첨단 기술과 장비의 동원 역시 이루어지지 못했다.

──SNS 등 매스컴을 활용하지 못했다

현대사회에서는 스마트폰을 중심으로 한 SNS 체계의 혁신적 발전과 실시간 소통으로 말미암아 크고 작은 위기에 대해 정부 발표보다 훨씬 더 빠르고 정확한 정보가 전달될 수 있다. 때로는 정제되지 않은 정보가 '가짜 뉴스'의 형태로, 초고속으로 이해관계의 당사자나 국민들에게 왜곡되어 전달되기도 한다. 따라서 스마트 국가위기관리 시스템의 도입과 정착 과정에서 SNS를 통한 원활한 의사소통과 매스컴의 공공성 활용 문제는 매우 중요한 정책적 과제이다.

하지만 세월호 참사 발생 시 중대본과 해경 등이 자체적으로 언론 브리핑을 제각각 실시했고, 그 내용마저 서로 달라 일관성 있는 언론 대응을 하지 못했다. 이 과정에서 사고 당일 11시 4분경 일부 언론에서 "단원고 학생 전원 구조"라고 보도한 데 대해 중대본에서 사실관계를 확인해 이를 공식 해명하거나 정정 보도를 요청하지도 않았다. 해당 뉴스를 본 경기도 교육청에서 11시 9분과 11시 25분에 38개 언론사에 "학생 전원 구조" 문자 메시지를 발송했고, 언론에서 이를 재차 보도하여 오보가 확대·재생산되었다.[208]

중앙정부와 현장 대책팀은 '전원 구조되었다'는 전혀 확인되지 않은 사실을 수차례 발표했다. 현장 피해자 가족 및 국민들과 원활한 의사소통이 되지 못해 SNS상에서 '세월호 참사의 의도적 조작설과 총선을 위한 정치적 이용설' 등 유언비어가 걷잡을 수 없게 유포되어 사태가 더욱 악화되었다. 특히 위험에 처한 세월호 승객들이 SNS를 통해 긴급구조를 지속적으로 요청했음에도 불구하고, 현장 대책팀은 SNS 활용은커녕 사실 정보를 은폐·왜곡·조작하는 행태를 지속적으로 보였다.

대통령의 책임 없는 발언과 행동, 행정부와 사고현장의 책임 전가,

구조 활동 과정에서 계속되는 사실 정보의 왜곡이 심화되면서 다수 국민은 물론 시민사회단체의 강력한 반발과 투쟁이 확산되었다. 이 과정에서 보수 진영의 일부가 세월호 유가족을 비하하고, 또 다른 유언비어를 유포하면서 결국은 세월호 사고 역시 진보와 보수 진영의 이념적 갈등으로 확산되었다.

—현장 수칙 적용은 무시되었다

세월호 참사의 전 과정을 살펴보면 복합재난과 국가위기관리 대응에 있어서 정부가 제시하고 있는 다양한 사례별 기본적인 수칙이 전혀 이행되지 않았다. 우선 참사 발생 시 선장과 선원이 가장 먼저 현장을 빠져나가는 사태가 발생했고, 이 과정에서 탑승객을 대상으로 한 안전대피 방송의 부재와 활용 불가능한 구명조끼 등 기본적인 안전조치가 전혀 이루어지지 못했다. 또한 사고현장의 구조를 책임지고 있는 현장의 구조본부였던 서해지방해양경찰청과 목포해양경찰청조차 기본적인 대응 수칙을 전혀 따르지 않았고, 진도 연안 해상교통관제(VTS)센터의 직원들은 근무 중에 음주 등 부적절한 행위를 한 것이 검찰 조사 결과 밝혀지기도 했다.

더욱이 이들은 진도 VTS센터에서 오전 9시 7분부터 37분까지 세월호와 직접 교신하는 과정에서 세월호 선체가 한쪽으로 계속 넘어가면서 사고의 위험성이 매우 높다는 것을 인지하고 난 후에는 이러한 정보를 지역 구조본부인 목포해양경찰서와 출동 중인 함정과 헬기에 실시간으로 전파했어야 했다. 하지만 이들은 서해지방해양경찰청(상황실)에만 보고하고, 목포해양경찰서와 출동 중인 123정, 헬기

(B511) 등에는 전파하지 않아 적절한 구조 활동이 이루어지지 못하게 하는 결과를 초래했다.[209]

「해양수색구조 매뉴얼」 제4장 '해양사고별 조치요령'에 따르면 선박 침몰사고 시 선체 구조, 실종 인원, 사고 당시 승선원 위치, 퇴선 여부, 구명조끼 착용 여부 등을 확인하게 되어 있다. 따라서 사고 당일 오전 목포해양경찰서장을 대신해 상황실을 지휘했던 담당 과장은 오전 9시 27분경 최초로 현장에 도착한 511호 헬기와 현장 지휘함(OSC)으로 지정되어 현장에 도착한 123정에 대해 도착 즉시 침몰 정도와 승객 대피 상황부터 파악해 보고하도록 해야 했으나 그렇게 지시하지 않았다. 그 후 위의 사람은 123정이 도착한 지 13분이 지난 오전 9시 43분경 뒤늦게 배 안에 있는 승객이 배가 기울어 나오지 못하고 있다는 현장상황을 TRS 무전기로 보고받고서도 구조 세력에게 즉시 선내에 진입하거나 탈출 안내 방송을 하도록 지시하지도 않았다.[210]

그리고는 세월호 좌현이 완전히 침수된 오전 9시 56분경에서야 뒤늦게 TRS 무전기로 123정에게 우현으로 난간을 잡고 올라가서 승객들을 뛰어내리게 하라는 현장상황과 동떨어진 지시만 하는 등 현장 지휘를 태만히 했다. 또한 해양경찰청장과 서해지방해양경찰청장 역시 현장 지휘를 총괄하는 광역구조본부장의 역할을 수행해야 함에도 불구하고, 구조 세력 도착 전 세월호와의 교신을 통한 사전 구호조치 지시는 물론 상황 파악과 지휘가 부적절했다는 감사원의 지적 사항이 있었다.[211]

세월호 사고 당시 인명구조 활동을 현장에서 책임지고 있던 목포해양경찰서 123정의 정장 역시 세월호 침몰사고가 발생하기 두 달 전(2014. 2. 17.)에 서해지방해양경찰청에서 목포해양경찰서를 대상으로 실시한 침몰사고 대응 훈련에서 상황 진행 사항 보고·전파가 미흡해 해당 항목에서 낮은 점수(10점 만점에 3점)를 받아 각종 상황 발생 시 TRS(주파수 공용 무선통신망) 등을 이용해 상황 보고를 철저히 하라는 지적을 받았다. 그러나 정장은 선내 진입 시도 등의 조치는 물론 승객들이 탈출할 수 있도록 대공 스피커 등으로 탈출 안내 방송을 하지 않았다. 대신 세월호가 좌현으로 50도 기울었고, 구명정도 펼쳐져 있지 않으며, 갑판이나 해상으로 탈출한 승객들이 없어 승객들이 모두 배 안에 있다고 보고했다. 심지어 정장은 사고현장에 도착하자마자 단정을 이용해 세월호 선내에 근무복을 입고 있는 선원 7명(선장 포함, 필리핀 가수 등 2명 제외)을 구조하는 과정에서도 이들의 신분을 확인하지 않은 채 팽목항으로 후송했다.[212]

한편 당시 123정 소속 해경이 현장 체증을 위해 촬영한 동영상에 조타실에서 근무복을 입은 채 나온 1등 항해사와 2등 항해사가 각각 객실 승무원과 통신이 가능한 휴대용 전화기와 무전기(워키토키)를 지니고 있는 모습이 찍혀 있는 점 등으로 볼 때, 이때라도 선원들의 신분을 확인해 이들이 소지하고 있던 휴대용 전화기와 무전기로 객실 승무원과 통신을 시도했더라면 객실 승무원으로 하여금 선내 탈출 안내 방송을 하게 할 수 있었는데도 이 기회마저도 놓치게 되었다.[213]

이처럼 세월호 참사는 정부의 대응 매뉴얼은 물론이고 이 책에서 다루고 있는 '스마트 국가위기관리 시스템을 위한 10대 대응 수칙' 중에서 그 어느 항목에서도 만족스러운 대응을 하지 못해 결국은 국가적 위기로 비화되었다.

──의사결정이 분권화되지 못했다

세월호 참사는 진도 앞바다에서 발생했으므로 진도 연안 해상교통관제관제(VTS)센터와 목포 해경 등 지방자치단체 차원의 대형 복합재난에 대한 전문화되고 분권화된 대응이 필수적이었다. 그러나 현실성과 전문성이 부족한 중앙정부의 재난안전대책기구가 적절치 못한 초기 대응과 구조 활동을 지휘하여 국가적 위기로 비화되었다. 이러한 점에서 로컬 재난관리 거버넌스 구축을 위한 특단의 대책이 요구된다. 그 핵심에는 지방자치단체의 독자적 위상과 역할을 강화하는 입법과 예산의 의무적인 확보 등의 조처가 필요할 것이다. 또한 세월호 참사 발생 직후 "국가안보실은 재난의 컨트롤 타워가 아니다"라는 청와대의 입장 발표나 대통령의 즉각적인 조치와 행동에 문제점이 있었다.

──사전 활동과 사후 활동이 없었다

세월호 참사를 예방하기 위해서는 사고 발생 이전부터 다양한 해상사고에 대한 빅데이터와 센서 네트워크에 기반한 모니터링, 사고 발생 시 예측 시스템이 가동되어야 하고 이에 대한 사전 교육훈련이 필수적이다. 하지만 세월호 선박 내에서는 물론이고 진도 현장의 해경과 유관 기관에서도 역시 지나치게 형식적인 훈련에만 치중하여 사고 발생 시 여러 가지 혼란을 초래했다. 뿐만 아니라 사고 발생 이후에도 세월호 참사의 원인과 부적절한 대응의 책임을 실체적으로 규명하여 근본적인 재발 방지 대책을 마련하기보다는, 세월호 현장의 CCTV를 삭제하는 등 사건의 은폐와 축소에만 급급한 행태를 반복했다.

—통합적인 위기관리 대책이 없었다

이상의 내용을 종합하여 볼 때, 세월호 참사 역시 사고의 예방과 대비를 위한 사전 안전교육과 실전 훈련을 실시하지 않은 것이 골든타임에 모든 책임 기관이 부적절한 대응으로 일관하게 된 일차적 원인을 제공했다. 뿐만 아니라 골든타임의 부적절한 대응에서부터 종합적인 통제센터의 부재, 사고가 발생한 현장 책임 조직과 지방자치단체의 수동적이고 소극적인 역할의 문제 그리고 해상에서의 대형 재난에 대비한 첨단화된 기술과 인력의 동원 등의 문제에 있어서 총체적인 난맥상을 드러냈다.

스마트 국가위기관리 시스템의 차원에서 세월호 참사에 대한 종합적인 대응 수칙을 평가해 보면 〈표11〉과 같다.

표11 세월호 참사와 스마트 국가위기관리 종합 대응 10대 수행원칙 평가

국가위기관리 대응 10대 수행원칙	수행원칙의 세부 평가
❶ 골든타임 내 빅데이터를 활용한 적절한 초기 대응	- 최초 침몰 징후 발생 등 골든타임 동안 즉각적 구조 활동 전면 부재 - 선원과 승무원의 도주, 해경의 허위 보고와 초기 구조 활동 부재 - 세월호 사고의 <예방>과 <대비>를 위한 사전 안전교육과 실전 훈련 　전면 부재로 <골든타임> 시 모든 기관의 부적절한 대응
❷ 인력, 장비(인공지능 시스템 등)의 적합한 동원	- 현장상황에 맞는 첨단 장비는커녕 최소한의 구조장비도 동원되지 　못함 - 전문성을 갖춘 훈련된 인력의 부재와 현장에서의 부적절한 활동
❸ 스마트 국가위기관리 종합통제센터의 운영	- 스마트 국가위기관리 종합통제센터의 부재 - 초기 구조 활동을 위한 정보와 종합적인 빅데이터의 제공 부재 - 중앙재난안전대책본부의 전문성 부재와 지휘 체계의 혼란
❹ 돌발 리스크 대비	- 세월호 참사 원인 등에 대한 유언비어 유포 - 생존자 명단 오보와 구조 활동의 부재로 인한 국민적 분노 확산 - 돌발 리스크를 해결하기 위한 첨단 기술과 자원의 동원 부재
❺ 현장 책임 조직과 유관 기관의 전문적 과업 수행	- 중앙의 획일적 명령 체계와 현장의 비전문적인 구조 활동의 혼선 - 자원봉사로 참여한 민간 구조대와 해경 사이의 심각한 갈등 표출 - 현장상황에 맞는 빅데이터, 인공지능 전문가의 활용 부재
❻ 원활한 의사소통과 매스컴(SNS)의 공공성 활용	- 스마트폰을 통한 SNS상의 구조 요청조차 적극 활용하지 못함 - 정부의 폐쇄적 정보 공개로 SNS상에 '세월호 조작설' 등 유언비어 　유포 - 시민 참여형 소셜 네트워크를 통한 구조와 피해 확산 방지 노력 미흡
❼ 현장 수칙과 규정 적용의 유연화	- 사고 발생 시 중앙과 현장의 대응 수칙 이행 전면 부재 - 첨단화된 재난장비 동원과 관련 전문가의 참여 부재 - 피해 가족 및 중장기 복구 대책, 종합적 재발 방지 대책 마련 미흡
❽ 의사결정의 전문화와 분권화	- 중앙재난안전대책본부와 현장 간의 전문화되고 분권화된 의사결정 　부재 - 객관적인 빅데이터와 첨단화된 AI 기술 등에 따른 상황 판단 미흡 - 현장(지방자치단체) 중심의 협치 시스템이 효과적으로 작동되지 못함
❾ 국가위기 예방을 위한 사전·사후 활동	- 센서 네트워크 기반 모니터링과 예측 시스템 비가동 - 해상 재난 예방을 위한 사전·사후 3D 기반 가상체험 훈련 부재 - 사건의 은폐·축소에 급급하여 유사 위기의 재발 방지 대책 마련 미흡
❿ 통합적인 스마트 국가위기관리 대책	- 세월호 침몰사고 이후 전 과정에서의 스마트 시스템 비가동 - 중앙재난안전대책본부와 해양경찰청 등 정부 지휘 체계의 극심한 　혼선에 대한 근본적인 대책 마련 필요 - 스마트 국가위기관리 시스템 정착을 위해 법, 조직, 운영, 정보화, 　자원관리, 교육훈련 등 핵심 체계의 종합 대책 마련 필요 - 지방자치단체의 역할 강화를 통한 로컬 재난안전 거버넌스 강화 　방안 마련 필요

메르스 사태를
돌아본다[214]

메르스 사태는 어떻게 일어났는가?

2015년 중동지역에서 발생한 메르스MERS[215]는 주요 발병국인 사우디를 제외하고 우리나라에 세계적으로 가장 큰 피해를 입힌 급성 호흡기 감염병이다.[216] 2015년 5월 20일 국내 최초의 메르스 확진 환자가 발생했다. 이후 68일 만인 7월 28일 정부가 종식을 선언하기까지 약 2개월 동안 총 186명의 확진 환자가 발생했고, 그중 38명이 사망하여 치사율은 20.4%로 기록되었다. 메르스로 인해 총 16,693명이 시설 또는 자가 격리되었으며, 완치되어 퇴원한 환자는 145명이었다.

2015년 5월 18일 질병관리본부는 서울 강남구 보건소로부터 메르스 의심 환자 신고를 접수하고 나서 사례에 부합하는데도 진단검사를 거부했고, 신고 철회를 요청하는 바람에 최초 신고 접수 후 34시간이 경과한 5월 19일에서야 검체가 접수되어 초기 대응이 지연되었다.

2015년 5월 20일 국내에서 처음으로 메르스 환자가 발생하자 방역 당국에서는 대응 초기에 밀접 접촉자 범위를 임의로 설정하는 등 정부의 방역망을 좁게 설정했다. 따라서 메르스 확진 환자와 엘리베이터에 동승하여 밀접 접촉자로 관리되어야 할 같은 병동의 환자, 보호자 등이 관리 대상에서 누락되어 3차 감염자와 추가 격리 대상자가 발생하는 등 부적절한 초기 대응으로 전체 환자 186명 중 181명이 병원에서 감염되는 등 메르스가 확산되는 원인을 제공하게 되었다.

또한 보건복지부 등은 '감염병 위기관리 표준매뉴얼' 등에 따라 병원명과 감염 경로 등에 대한 정보 공개를 적극 검토했어야 하는데도, 이를 6월 7일까지 16일 동안 국민에게 공개하지 않아 메르스 확산 방지 기회를 잃게 되는 원인이 되었다.

이러한 상황은 2003년에 발생했던 사스가 전 세계적으로 8,096명의 감염자와 774명의 사망자를 내며 급속도로 확산되었지만, 국내적으로는 3명의 감염자만 발생했던 사례와 비교해 보면, 메르스 사태에 대한 대응이 얼마나 문제가 많았는지를 여실히 보여 주는 사례가 아닐 수 없다.

메르스 사태를 분석한다

메르스 사태 이전의 위기관리 시스템

메르스 사태는 외국에서 유사한 신종 감염병이 발생했던 전력이 있으므로 스마트 국가위기관리 시스템의 1단계 예방 조치와 2단계 대비 조치를 충분히 했다면 국가적 위기로 비화하는 사태는 충분히 방지할 수 있었다. 특히 국제적으로 메르스 발병이 확인된 2012년부터 3년 가까이 세계보건기구(WHO)는 메르스 대책 수립을 8차례나 권유했지만 박근혜 정부는 최소한의 대책도 마련하지 못했다.

WHO에서 2013년 7월부터 2015년 2월까지 8차례에 걸쳐 메르스 전염성 연구 및 병원 내 감염 방지 대책 마련 등을 지속적으로 권고했는데도 질병관리본부에서는 메르스의 전염력, 확산 양상, 해외 대응 사례 등에 대한 사전 연구를 소홀히 하여 메르스 환자와 접촉하여 격리되어야 할 대상의 범위를 좁게 설정함으로써 초동 대응에 실패하게 되었다.[217]

보건복지부는 2009년 WHO를 통해 신종 플루 발생 사실을 확인하고서도 홈페이지 등을 통해 국민 등에게 관련 사실을 적극적으로 홍보하지 않는 바람에 같은 해 5월 2일 첫 확진 환자가 발생한 이후 같은 해 9월 20일까지 확진 환자가 15,160명에 달하게 되는 등 해외 감염병의 사전 예방을 제대로 하지 못한 전례가 있었다.[218]

2012년 9월 23일 WHO를 통하여 해외 감염병에 대한 정보를 받았는데도 이에 대한 감염력과 위험성을 간과하여 국내에 감염자가 발생한 2015년 5월 21일 이후에야 보건복지부 홈페이지에 증상과 예방법 등을 소개했다.[219] 확진 환자 발생 이전부터 선진화된 감염병 예방 시스템 그리고 신종 감염병을 통한 국가위기의 위험 징후에 따른 모니터링 시스템을 통해 사전 예측과 평가 단계를 거치지 않았기 때문에 실제로 환자가 발생했을 때는 보건 당국이 초동 대응 과정에서부터 질병 확산 방지를 위한 추적조사 시스템 운영 과정에까지 많은 시행착오를 거듭해야 했다.

메르스와 같은 감염병의 위기관리는 일반적으로 초기 대응 단계, 적극 대응 단계, 후기 대응 및 복구 단계로 나누어 볼 수 있다.[220] 초기 대처를 위해서는 정부가 사전 예방 차원에서 빅데이터를 바탕으로 다양한 신종 감염병에 대한 종류와 발병 원인, 확산 경로를 미리 파악해야 한다. 여러 가지 발병 가능성에 대한 모니터링 시스템도 갖추어야 한다. 일반적으로 신종 감염병 예방을 위해서는 감염원과 전파 과정의 차단, 면역력의 강화, 예방되지 않은 환자의 격리·치료 및 악화 방지를 위한 환자 대책과 위생관리가 중요하다.[221]

특히 신종 감염병의 일반적 특징이라 할 수 있는 불가예측성과 무서운 파급력 등을 감안할 때, 초동 대응에 있어서 중요한 것은 확실한 과학성에 기초한 신중한 대응보다도 "조기 발견과 신속 대응을 중심으로 선제적 대응을 펼치는 사전 예방 원칙Precautionary Principle"[222]으로의 패러다임 전환이 필요하다. 하지만 메르스 사태 당시 초기 위기대응을 주도했던 질병관리본부는 인사, 행정, 예산에 대한 자율적인 권한이 없어 신속하게 의사결정이 어려운 약한 조직으로 사전 예방 원칙에 근거한 효과적인 방역 체계 구성에 취약했다.[223] 메르스의 사전 대비와 관련한 다른 문제점은 질병관리본부가 시달한 메르스 대응 지침 안내·홍보 등이 의료기관에 제대로 전달되지 않아 메르스의 진단과 신고가 지연되는 결과를 초래했다는 것이다.

이외에도 호흡기 감염병 치료를 위한 음압병상을 다인실에 설치하거나 감염내과 전문 인력 미확보로 메르스 환자 치료에 지장을 초래했고, 지역별 거점 병원을 선정하면서 감염병 전문 인력이 없는 병원을 선정하거나 지역별 거점 병원을 감염병 관리기관으로 선정하지 않음으로써 메르스 치료가 지연되는 결과를 초래했다.[224]

뿐만 아니라 〈표12〉 감염병 위기관리 표준매뉴얼에 따르면 위기 경보 단계 구분을 감염병의 위험성과 상관없이 확산 범위(발생 → 타지역 전파 → 전국적 확산)만을 기준으로 판단하여 메르스 방역 업무에 혼선을 초래했다. 따라서 이 매뉴얼의 위기 경보 단계를 구분함에 있어 위기가 발생하는 경우 그 위험 수준에 맞는 위기 경보가 발령될 수 있도록 보건복지부가 사전에 위기 경보 단계의 판단 기준을 가능한 한 구체적으로 규정할 필요가 있다.[225]

표12 **감염병 표준매뉴얼의 판단 기준과 필요 조치**

구분	판단 기준	필요 조치
관심 경보	- 해외의 신종 감염병 발생 - 국내의 원인 불명 감염 환자 발생	- 징후 활동 감시·대비계획 점검
주의 경보	- 해외 신종 감염병의 국내 유입 　(세계보건기구의 감염병 주의보 발령) - 국내에서 신종 재출현 감염병 발생	- 협조 체계 가동 - 중앙방역대책본부 　(질병관리본부)
경계 경보	- 해외 신종 감염병의 국내 유입 후 　타 지역으로 전파, 국내 신종 재출현 - 타 지역으로의 감염병 전파	- 대응 체계 가동 - 중앙방역대책본부 　(질병관리본부)
심각 경보	- 해외 신종 감염병의 전국적 확산 징후 - 국내 신종 재출현 감염병의 　전국적 확산 징후	- 대응역량 총동원 - 중앙사고수습본부 　(보건복지부)

*보건복지부, 감염병 표준매뉴얼, 2014.12

메르스 대응 지침[226]은 이외에도 검사 의뢰 및 운송 주체의 불명확성, 환경 검사 지침과 검사 채취 시 채취 장소, 자가 격리자의 폐기물 처리 내용, 의심 환자가 보건소에 검사 요청 시 수행 주체의 불명확성, 접촉자 관리 관련 지침의 미비, 검역소 '긴급 검역대응반' 설치·운영의 근거 미비 등의 문제점을 안고 있었다.[227]

특히 「감염병 위기대응 실무 매뉴얼」에 따르면 주의 단계 이상에서 검역소에 '긴급검역대응반'을 설치·운영하는 내용이 지침에는 미비했다. 따라서 실제 상황이 발생했을 때 국립 부산검역소 등에서는 메르스 발병 이후에도 위의 사실을 몰라 '긴급검역대응반'을 미설치했다. 또한 국립 인천공항검역소의 지역 거점 검사센터가 메르스 유전자 검사를 할 수 있도록 메르스 대응 지침을 개정하는 등의 조치를 하지 않고 있었다.[228]

스마트 국가위기관리 시스템의 도입과 정착을 위해서는 실제 복합재난과 국가위기가 발생하기 이전의 예방과 대비 단계에서 주무 책임 기관과 유관 기관이 표준매뉴얼 작성과 그에 따른 실전형 훈련을 체계적으로 실시하는 것이 매우 중요하다. 이 과정에서 빅데이터와 AI, 클라우딩 시스템을 통한 4차 산업혁명의 성과를 담은 자원, 인력, 3D 체험형 교육훈련 체계의 대비는 더욱 필수적이다.

이와 관련해서 보건복지부는 메르스 발생 시나리오를 작성해 감염병 대비 훈련을 '재난대응 안전한국훈련'과 '위기관리훈련'으로 나누어 실시하면서 메르스 질병 특성이 정확하게 반영되지 않은 상태로 훈련을 실시하여 실제 상황에 활용하기 곤란한 상황에 처했다. 또한 의료기관 평가를 위한 인증 기준 수립 시 병원 응급실을 제외하여 병원의 감염병 안전 수준이 제대로 평가되지 않는 결과를 초래했다. 질병관리본부 역시 신종 감염병 위기대응 훈련을 실시하면서 병원 내 감염 예방 보호장구 착용 방법에 대한 교육 자료를 배포하지 않아 교육 효과가 미미했다.

2013년 8월에 수립한 감염병 기본계획에 따르면 보건복지부는 지방자치단체와 병원 등 관계 기관의 시행계획이 충실하게 작성되었는지를 점검하고 평가해야 함에도 불구하고 2015년 10월 현재까지 그 적정성을 평가하기 위한 조치를 하지 않았다. 뿐만 아니라 정부와 지방자치단체 간 협조 체계 구축 및 운용에 관한 기준과 절차를 정하지 않았다. 2013년과 2014년 지방자치단체 대상 신종 감염병 모의훈련 등을 실시했으나 훈련 내용 검토 결과 시나리오 중심의 토론식 훈련[229]으로만 운영했다. 호주의 사례[230]와 같이 다양한 재난 대비 상황을 최종적으로 검증하고 현장 대응능력을 강화할 수 있는 종합훈련을 활용하지 않았다. 2014년에는 에볼라 대응으로 여유가 없다는 사유로 안전한국훈련조차 실시하지 않았다.[231]

재난관리 기관이 해당 훈련 시나리오를 작성할 때 메르스 등 개별 질병의 특성 반영 여부 등 전문성 제고 노력을 측정할 수 있는 평가지표를 포함하지 않아서 해당 훈련에 대한 관계 기관 참여율이 낮을 뿐만 아니라 효과 역시 미미했다. 메르스 훈련 시나리오도 메르스 감염자가 증상 발현 후 입국하는 상황에 대한 대응 방안으로만 구성되어 있었다. 기본계획에 따라 비정규직을 정규직으로 전환한 실적이 없으며 검역요원도 2015년까지 50명을 충원하기로 했으나 실제로는 정원이 총 7명 증가하는 데 그쳤다.

이상에서 살펴본 것처럼 감염병 기본계획에 따르면 추진 현황을 점검하고 평가하여 감염병 발생을 예방하고 감염병 발생 시 신속하게 대응할 수 있는 시스템을 마련하여 모니터링 체계를 구축하도록 되어 있었으나, 전반적으로 사전 예방과 대비가 매우 미흡했다.

메르스와 같은 신종 감염병의 경우는 사고 발생 이전 2단계인 예방과 대비 단계의 조처가 중요하다. 하지만 메르스 사태 역시 '빅데이터를 통해 국가위기를 예측했는가?'라는 1단계 예방의 측면에서 볼 때 WHO 등에 의한 메르스 발병에 대비한 정책 수립 권고에도 불구하고 국가위기의 성격에 대한 종합적인 예측 활동이 부재했다. 또한 빅데이터를 활용하여 메르스 사태와 유사한 국내외 사례에 대한 국가위기의 위험 정도와 확산 가능성을 예측하는 작업 역시 수행하지 않았고, 이미 타국에서 발생한 신종 감염병임에도 불구하고 발병 시 예측에 따른 돌발변수와 위기 단계별로 피해를 경감할 수 있는 종합적인 예방대책이 미흡했다.

또한 '사전 시뮬레이션 등을 통해 평가하고, 비상계획을 수립했는가?'라는 사전 2단계 대비의 측면에서도 빅데이터나 AI 등을 통한 메르스 발병 시 예상되는 국가위기의 위험 징후에 따른 모니터링이나 시뮬레이션 작업을 수행하지 못했다. 또한 감염병 위기 단계별로 구체적인 비상계획을 수립하지 못했고, 핵심 위험요소와 돌발상황, 의료 관련 전문가와 시민 참여 협치 네트워크 등에 대한 종합적인 비상대비계획의 수립과 사전 훈련이 부족했다. 메르스 사태와 사전 2단계 (예방·대비 단계) 대응 수칙 평가는 〈표13〉과 같다.

표13 메르스 사태와 사전 2단계 (예방-대비) 대응 수칙 평가

스마트 국가위기관리 시스템 – 사전 2단계	메르스 사태 시 사전 2단계 대응 평가
1단계 - 예방 국가위기를 예방하기 위해 빅데이터 등을 통해 사전 예측했는가?	1. WHO의 권고 등 해외 사례에 대한 빅데이터 등을 통한 사전 예방 대책 부재 2. 신종 감염병 위기 발생 시 종합 대응 수칙에 따른 사전 예측과 평가 미수행 3. 국가위기관리의 핵심 체계를 중심으로 한 사전 예방대책 미수립 4. 돌발변수와 위기 단계에 따른 피해 경감 예방대책 미수립 5. 첨단화된 의료 기술과 전문 인력을 통한 종합적인 예방대책 미수립
2단계 - 대비 국가위기를 대비하기 위해 시뮬레이션 등을 통해 사전 평가하고 비상계획을 수립했는가?	6. 빅데이터, AI 등 사전 시뮬레이션 등을 통해 신종 감염병의 위험성과 파장 등에 대한 종합 평가 부재와 비상계획 미수립 7. 감염병 위기 발생 단계별로 구체적인 비상계획 수립의 미흡 8. 중앙과 지역 감염병 의료 체계와 병원 등 시민 참여 협치 네트워크를 중심으로 한 비상대비 계획 수립의 미흡 9. 사전 '실전 비상훈련과 교육' 부재 10. 신종 감염병 발생 시 핵심 위험요소와 돌발상황 그리고 국가위기관리의 목표 등에 대한 종합적인 점검과 대비 미흡

메르스 사태 당시 위기관리 시스템의 문제점

—골든타임 안에 적절한 초기 대응이 없었다

최초의 메르스 의심 환자가 발생했을 당시 질병관리본부는 의심 환자가 메르스 의심 국가에 다녀오지 않았다는 이유로 검사를 거부했다. 그 이후로 최종 확진 판정까지의 과정에서 2차, 3차 감염자가 다수 발생했다. 결국 메르스 발병 초기부터 정부가 국가적 위기상황으로 인식하지 않고, 단순한 보건상의 재난 정도로 파악하여 골든타임의 대처 기회를 놓치고 말았다.

질병관리본부는 2015년 5월 18일에 서울 강남구 보건소로부터 메르스 의심 환자 신고를 접수하면서 사례에 부합하는데도 진단검사를 거부했고, 신고 철회를 요청하는 바람에 검사가 지연되어 최초 신고 접수 후 34시간이 경과한 5월 19일 20시경 검체가 접수(5월 20일 오전 6시 확진 판정)되어 초기 대응이 지연되었다. 또한 1번 환자가 입원했던 평택성모병원에 대한 역학조사를 실시하면서 철저한 격리 원칙이 지켜지지 못했다. 추가 환자 발생 여부를 확인해야 했는데도 부실한 대응으로 평택성모병원에 입원했던 6번, 14번 환자 등이 서울 삼성병원 등으로 옮겨 가게 되어 메르스가 대규모로 확산되었다.[232]

2015년 5월 20일 국내에서 최초로 메르스 환자가 발생하자 방역 당국에서 대응 초기에 역학조사를 실시하고 접촉자를 파악·관리하면서 방역 현장에서 역학조사관들이 밀접 접촉자 범위를 임의로 설정하는 등 밀접 접촉자 범위에 혼선이 초래되었다. 그 과정에서 실제로 정부의 방역망이 좁게 설정됨으로써 "메르스 확진 환자와 엘리베이터에 동승하여 밀접 접촉자로 관리되어야 할 같은 병동의 환자, 보호자 등이 관리 대상에서 누락되었다. 결국 3차 감염자와 추가 격리 대상자가 발생하는 등 부적절한 초기 대응으로 전체 환자 186명 중 181명이 병원에서 감염되어 메르스 확산의 원인을 제공하게 되었다."[233]

질병관리본부는 보건소로부터 1번 환자에 대한 메르스 의심 환자 신고를 받고도 검사를 지체하고 평택성모병원 등에 대한 초동 역학 조사를 부실하게 해서 메르스 확산 차단 기회를 상실했다. 1번 환자 역학조사 후에는 같은 병원 입원 환자·보호자로부터 메르스 의심 증상 신고를 받고도 확인 조치 없이 그대로 두어 메르스 확진 환자를 조기에 발견할 기회도 잃게 되었다.[234]

메르스의 경우 전파력이 낮아 지역사회 전파 가능성은 높지 않지만 치사율이 높고 항바이러스와 예방백신이 없어 감염 시 사망할 위험성이 크기 때문에 유입 초기에 신속하고 철저한 차단과 봉쇄가 필요했다. 그러나 보건복지부는 첫 메르스 확진 환자가 발생한 지 10여 일 후인 6월 1일 사망자가 발생하고 이후 5개 도시 소재 16개 병원에서 186명의 환자(36명 사망) 및 16,693명(누적 인원)의 격리 환자가 발생했음에도 지역사회 전파 가능성이 없다는 사유 등으로 감염병 표준매뉴얼에 따라 위기 경보 단계를 계속 '주의'로 유지했다.[235]

그 결과 메르스가 국내에 유입된 초기에 중앙재난안전대책본부(본부장: 국무총리 또는 국민안전처 장관) 등과 같은 범정부적 대책 기구가 구성되지 않았다. 이로 인해 학교 휴업 등과 관련하여 교육부와 보건복지부 간의 협의가 제대로 이루어지지 않아 대외적으로 정반대의 입장을 표명하는 등 메르스 사태에 대한 정부 대응에 혼선이 발생하게 되었고 이로 인해 국민의 불신이 증폭되었다.

이처럼 메르스 사태 발생 후 정부가 범정부적 대책 기구를 조속히 구성하지 않고 안이한 대응을 하게 된 원인은 메르스 같은 신종 감염병의 위험성과 파급성에 대한 정확한 데이터에 기초한 판단이 부재했고, 동시에 메르스 사태가 당장의 국가경제에 미치는 영향에 대한 인식이 안이했기 때문이다.

당시 메르스 사태로 인한 경제적 피해 규모에 대해 정부가 "2015년의 경제 성장률이 0.2~0.3%로 하락할 것이라고 예측했으며, 이는 국내총생산 규모로 환산했을 때 3조~4조 5천억 원 가량의 경제 손실을 발생시킨 것이다"라고 밝힌 것에서도 드러난다. 뿐만 아니라 메르스로 인한 경제적 피해에 대한 서울시의 자료에 따르면 전년 대비 대중교통 이용객 12% 감소, 백화점 이용률 11.7% 하락, 대형 마트 방문 횟수 14% 감소라는 수치를 보였다. 특히 한국관광공사는 전년 대비 외국인 관광객이 61% 감소했다고 밝혔다.[236] 메르스로 인한 경제적 여파를 막고 국제적 신용도를 유지하기 위해 당시 박근혜 정부는 국가위기의 심각성을 축소 발표했고 이는 초동 대처의 실패로 이어졌다.

──인력과 인공지능 시스템 등의 부적절한 동원

메르스 사태 발생 후 정부 보건 당국은 확진 환자 확산에 따른 인력과 장비를 체계적으로 동원하지 못했고, 감염병 고위험자 정보 및 추적 시스템 등 첨단화된 시스템 역시 가동하지 못했다. 이렇게 된 것은 메르스 사태 발생 이전부터 WHO를 비롯한 국제기구와 선진국의 감염병 치료 체계에 대한 벤치마킹을 통해 감염병 발생 시에 신속히 활용해야 할 인력과 장비, 특히 첨단화된 의료 시스템을 가동할 만반의 대비를 하고 있지 않았기 때문이다.

—통합적인 위기관리센터의 운영 부재

국가재난 차원에서 신종 감염병에 범정부적으로 대응할 수 있는 '스마트 국가위기관리 차원의 종합통제센터의 설치와 운영'이 이루어지지 않았다. 이 과정에서 고도의 전문성을 갖춘 의료 전문가에 의해서 초기 발병 단계에서부터 확산 단계, 최종 퇴치 단계에 이르기까지 ICBMS로 대변되는 4차 산업혁명의 성과를 최대한 결합시키는 '스마트' 국가위기관리 시스템이 가동되지 않았다.

메르스 발병 초기 정부의 미온적 대응으로 말미암아 확진 환자 발생 20일이 지난 후에야 보건복지부가 종합 컨트롤 타워로 설정되었다. 사태가 악화되자 국무총리 권한대행이 범정부 대책회의를 주관하는 것으로 바뀌었다. 이와 관련해서 국회의 중동호흡기증후군 대책 특별위원회의 활동 결과 보고서[237]는 정부 내의 대응 조직이 보건복지부의 중앙 메르스 관리 대책본부와 민관합동대책반, 국민안전처의 범정부 메르스 대책 지원본부와 즉각대응팀 등으로 산발적이고 개별적으로 구성되어 컨트롤 타워 간 기능 중복, 부실한 운영, 업무 혼선 등이 발생한 점을 문제로 지적하고 있다.[238]

신종 감염병의 경우, 외국 사례는 물론 국내의 다양한 사례에서 경험적으로 나타난 것처럼 단순한 보건 문제의 차원이 아니므로 해외로부터의 감염 확산을 막고 국내에서의 감염 확산을 철저히 통제하기 위해서는 보건 당국과 외교부, 국토교통부, 해양수산부, 농림식품부 등의 체계적인 협업이 매우 중요하다. 이와 더불어서 감염 경로 추적 및 격리 대상자의 파악과 통제를 위해서는 법무부와 보건복지부, 행정자치부 그리고 지방정부와의 신속하고 전격적인 처리가 필요하다. 감염병 확산 방지를 위해서는 휴교령 등 교육부와의 협력적 관계 역시 중요하지만 이 또한 이루어지지 않았다.

이러한 상황을 종합해 볼 때 정부는 '안전 보장이 국가와 대통령의 헌법상의 의무'이며, 국가위기관리 지침에 명시된 것처럼 감염병이 국가 안보의 중대한 위협이라는 것을 인식하고 범정부적 차원에서 초동 대처에서부터 최종 대응에 이르기까지 종합적인 국가위기관리 시스템을 확립해야 한다. 메르스 사태의 경우, 지방정부에서 확진 환자가 대량 발생하여 지역 주민들이 공포감에 빠지고 있는 상황에서는 광역 또는 기초 지방자치단체의 현장감 있는 대응이 중요하다. 그럼에도 불구하고, 메르스 환자와 입원 병원 명단에 대한 공개 여부 등을 둘러싸고 중앙대책본부와 지방자치단체가 서로 정보를 공유하지 않은 채 상이한 대응을 해서 혼란 상황을 가중시켰다.

보건복지부 등은 '감염병 위기관리 표준매뉴얼'에 따라 병원명과 감염 경로 등에 대한 정보 공개를 적극 검토했어야 하는데도 6월 7일까지 16일 동안 국민에게 정보를 공개하지 않은 것이 메르스 확산 차단 기회를 놓치는 원인이 되었다.[239]

──여전히 미흡했던 돌발 리스크 대비

메르스 사태 발생 이후 최대의 돌발상황은 정부가 메르스 환자와 병원에 대한 정보를 공개하지 않음으로써 국민의 불안이 심화되고, 오히려 메르스가 심각한 속도로 확산되었다는 점이다. 이러한 상황임에도 보건복지부를 비롯한 정부 보건 당국은 비밀주의적 행정을 지속적으로 고수하여 정보 공개를 희망하는 지방자치단체와의 갈등을 야기했다. 이 과정에서 중앙정부와 지방자치단체 간의 협력 시스템의 가동은 물론이고 예측 불가능한 속도로 확산되는 메르스의 차단을 위해 현장상황에 맞는 첨단 기술과 자원의 동원 역시 만족스럽게 이루어지지 못했다.

──현장 조직과 유관 기관의 과업 수행을 돕지 못했다

책임 부서인 보건복지부와 질병관리본부는 다양한 지역 현장에서 발생하는 사태에 대해 현장 책임 조직 및 유관 기관의 전문적 과업 수행을 도와주기보다는 획일적 지시를 통해 오히려 과업 수행을 어렵게 만들었다. 또한 지역의 병원과 각계 의료 전문가의 전문적인 협치 지원 시스템 역시 체계적으로 가동되지 못했고, 현장상황에 맞는 빅데이터와 인공지능 전문가의 활용 역시 미흡했다.

──의사소통과 매스컴 활용의 실패

2014년 12월 보건복지부가 마련한 「감염병 표준매뉴얼」에 따르면 위기 단계별로 언론홍보 위기관리 커뮤니케이션을 이행하여 대국민 정보 공유와 소통 강화를 하도록 되어 있으며, 주의 단계에서도 신속한 정보 제공을 통해 불필요한 불안감을 해소하도록 되어 있다. WHO에서도 "신뢰, 빠른 공표, 투명성, 국민과의 소통 계획"을 천명하여 감염병과 관련한 투명하고 신속한 정보 공개 원칙을 제시한 바 있다.

하지만 정부는 메르스 발생 병원명 등에 대한 정보의 공개 지연으로 메르스 확산 방지에 실패했으며, 메르스 2차 확산 시기에도 비공개 입장을 견지하다 뒤늦게 공개하기도 했다. 그 결과 5월 18일 6번 환자가 발생했다. 방역망이 뚫린 시점부터 보건복지부에서 선제적으로 병원명 등의 정보 공개와 의료기관 간의 정보 공유를 신속히 검토해 조치했다면 메르스의 대규모 확산 사태를 막을 수 있었을 것이다. 더욱이 6월 3일 확인된 14번 환자의 접촉자 명단을 6월 9일에야 건강보험심사평가원에 제공하고 뒤늦게 활용함으로써 76번 환자로 인해 11명의 추가 감염 사례도 발생하는 등 6월 3일 이후에도 정보 공개 업무를 제대로 수행하지 않았다.[240]

이처럼 '스마트 국가위기관리 체제의 정착을 위한 종합 대응 10대 수행원칙' 중에서 7대 원칙인 '원활한 의사소통과 매스컴(SNS)의 공공성 활용 원칙'이 지켜지지 않았다. 국회 중동호흡기증후군 대책 특별위원회(2015)는 "초기 확산 단계에서 정부가 의료기관과 감염병 정보를 공개하지 않아 국민들의 불안감을 확산하고 부정확한 정보의 범람으로 인해 사회 혼란과 정부 불신을 야기하여 메르스 확산에도 영향을 미쳤다"고 지적했다.

특히 메르스 사태에 대한 초기 대응 과정에서 확진 환자와 병원 공개 문제가 중앙정부의 비공개 결정과 지방정부의 정보 공개 강행으로 말미암아 언론과 시민사회단체 사이에서 본질과는 전혀 다른 이념적 갈등으로 확산되었다. 이처럼 국가적 위기상황에서 정보의 부재와 국민과의 소통 실패가 정부 불신과 사회 혼란을 불러일으켰다. 이러한 정부의 부적절한 대처는 SNS를 통해 부정확한 정보가 퍼지는 원인이 되었다.

메르스 사태의 발생과 대응 및 복구 등 전 과정에서 국가위기관리 대응 지침에 따른 종합적 대응이 전혀 이루어지지 않았다. 신종 감염병의 경우, 발병의 원인에서부터 예측 불가능한 확산 경로와 파급성 때문에 대응 과정에서 고도의 전문성과 확산 방지를 위한 첨단화된 추적 시스템의 개발이 필요하다. 또한 환자가 발생한 지역 현장에는 지방정부 차원의 전문성 있는 위기관리 대응 매뉴얼이 마련되어 있어야 한다. 그럼에도 불구하고 중앙정부 중심의 위계적 형태로 대응 조치가 진행되어 보건안전상의 재난이 국가적 위기로 확산되는 우를 범하게 된 것이다. 이러한 점은 미국 등의 선진화된 신종 감염병 예방 체계에 대한 벤치마킹이 필수적으로 요구되는 부분이다.

당시의 메르스 지침에 따르면 의심 환자와 확진 환자의 밀접 접촉자가 증상 발현을 관할 보건소에 신고하면 보건소는 국가 지정 입원 치료 병상으로 이송하여 검체 채취를 한 후 검사를 의뢰하도록 규정하고 있다. 따라서 여행지 또는 실거주지의 보건소에서 검체 채취 후 검사 의뢰를 하도록 하는 내용이 미비하여 여행지 또는 실거주지 소재 보건소가 주소지 관할 보건소로 의심 환자를 떠넘기거나 방치할 우려가 있다.[241]

메르스 지침[242]에는 메르스 의심 환자 발생 병원 또는 치료 병원의 관할 보건소가 메르스 검체를 질병관리본부 등으로 이송하도록 규정하고 있다. 따라서 평택시, 서울특별시 강남구, 대전광역시 서구 등 초기 메르스 발생 병원 관할 보건소에 검체 채취와 이송 업무가 폭주해 대응에 한계가 있었다. 이로 인해 일부 지방자치단체들 간의 검체

체취와 이송 관할(환자 주소지 관할 보건소) 다툼으로 검체 이송이 지연되거나 한꺼번에 이송되기도 하는 사례가 발생했다.

따라서 검체 이송 능력 초과 시 또는 위기 단계별로 광역 지방자치단체 보건 당국 및 소방본부에 협조 요청을 하거나, 업체 위탁 실시 등으로 관련 내용을 보완할 필요가 있다.

──여전히 계속된 의사결정의 전문화 실패

메르스 검사 의뢰와 운송 주체 문제를 비롯해 환경 검사 지침과 검체 채취 장소 문제, 자가 격리자의 폐기물 처리 문제, 의심 환자가 보건소에 검사 요청 시 수행 주체의 불명확성 문제, 접촉자 관리 관련 구체적인 지침 마련 문제, 검역소의 '긴급 검역대응반' 설치·운영의 근거 마련 문제가 발생했다.

예를 들어 메르스 사태 당시 질병관리본부는 2015년 5월 20일 주의 단계 발령 시 보건환경연구원에 메르스 진단 시약을 배포하거나 진단검사를 실시하도록 요청하지 않았고, 5월 25일에는 오히려 경계 단계에서 보건환경연구원이 메르스 진단검사를 실시하는 것으로 위 지침을 개정했다. 그러나 5월 30일 보경환경연구원에서 수행한 "메르스 진단검사는 메르스 환자를 확진할 수 있는 확진검사가 아닌 선별검사로서 선별검사 결과 양성이 확인되더라도 즉시 메르스 환자로 확진할 수 없고 환자로부터 검체를 다시 채취하여 본부에 의뢰하고 메르스 확진검사를 실시한 후 양성으로 확인되는 경우에만 확진하는 방식으로 진단 체계를 운영한 결과, 최초 검사 결과 양성이 확인된 날로부터 며칠이 지난 후에야 뒤늦게 확진 판정이 나게 되었다."[243] 그 결과 5월 30일부터 6월 7일 사이에 보건환경연구원의 선별검사에서 양성 결과가 확인된 23명 중 18명이 최소 1일에서 8일까지 확진이 늦어졌고 그로 인해 격리 대상자가 늘어나고 확진 환자가 추가로 발생하는 등의 결과가 초래되었다.[244]

━위기 대응을 위한 사전 활동과 사후 활동도 없었다

실제 메르스 사태 발생 시 보건복지부 차원에서 담당하기에는 중앙 정부 차원에서 협조해야 할 기관이 광역 및 기초 지방자치단체를 비롯해 해양수산부, 외교통상부, 교육부 등 다양한 기관들을 통합적으로 관리하면서 수평적 협력관계를 유지하지 않았다. 신종 감염병을 비롯한 다양한 국가적 위기상황에 대한 세부적 매뉴얼은 다양한 위험상황을 대비한 해외 선진 국가의 매뉴얼처럼 구체적이지 않았다.

특히 정부는 대통령에서 주무 부처 장관에 이르기까지 메르스와 같은 신종 감염병의 위험성과 파급력을 과소평가함으로써 범정부적인 대처를 하지 못하고, 해당 부처 차원의 대응을 하거나 지속적으로 지휘 체계의 혼선을 야기하며 국가적 위기로 확산시키는 문제점을 야기했다.

한국에서 사스보다 상대적으로 전염성이 약한 메르스에 의한 피해가 크게 발생한 것은 컨트롤 타워가 드러낸 난맥상에서 비롯되었고, 이는 비군사적 위협으로부터 국민의 안전을 보장하는 것은 국가 안보 영역의 밖이라는 안보 인식이 반영되어 형성된 제도가 효과적으로 작동하지 못한 결과라고 할 수 있다. "박근혜 정부에서 청와대는 2014년 세월호 사건 직후에 '국가안보실은 재난 컨트롤 타워가 아니다'라고 강조했고, 메르스 사태에 대해서도 청와대는 컨트롤 타워 역할을 맡지 않으려는 태도로 일관했었다. 이는 정부의 안보 인식이 군사안보를 중심으로 하는 국가안보에 한정되었던 것에 기인했다고 할 수 있다."[245]

──끝내 실현되지 못한 통합적 위기관리 시스템

국무조정실에서는 메르스 사태 당시 나타난 문제점을 토대로 '국가 방역 체계 개편 방안'을 확정해 5개 분야에 걸친 총 43개의 중점 추진 과제를 발표했다. 이는 (1) 신종 감염병 대응 매뉴얼 개발 및 훈련 (2) 감염병 진단 및 실험 인프라 확충 (3) 감염병 관리 종합정보 시스템 구축·운영 (4) 국가 지정 격리병상 확대 (5) 감염관리 의무 평가 및 보상 체계 강화 (6) 4개 공항에 부속 진단 검사실 설치이다. 이러한 국가 방역 체계 개편 방안은 스마트 국가위기관리 시스템 차원의 10대 대응 수칙 차원에서 메르스와 같은 국가위기 예방을 위한 사전·사후 활동(9항)과 통합적 국가위기관리 대책(10항)의 핵심적인 내용으로 철저히 준비되어야 할 사항이다.

이외에도 감염병 위기관리 표준매뉴얼에서 위기 경보 단계를 위험성과 상관없이 확산 범위만을 기준으로 판단하게 되어 있어 지역사회 전파 가능성이 없다는 사유로 경보 단계를 조정하지 않아 방역에 혼선을 초래했다. 또한 보건복지부에서 감염병 관리에 대한 기본 계획을 수립한 후에 세부 계획 수립 지침과 점검 방안 등을 마련해 두지 않았기 때문에 지자체의 시행계획이 부실했으며 주요 과제 이행이 부진했다.

이상과 같은 변상호·김태윤의 재난관리 10대 수칙과 스마트 국가 위기관리 핵심 체계를 중심으로 정부의 메르스 감염병 위기대응의 문제점을 살펴보면 ① 빅데이터에 기초한 감염병 감시와 대비 체계의 미흡 ② 감염병 초기 긴급대응 체계와 종합적 통제센터의 부재 ③ 대국민 의사소통과 유관 기관 정보 공유 및 협의 체계의 문제점 ④ 4차 산업혁명의 성과에 기반한 첨단화된 감염병 치유와 확산 방지 시스템의 활용 부재 등을 들 수 있다. [246]

그리고 신종 감염병과 같은 국가위기 발생 시 스마트 국가위기관리 체제의 정착을 위한 개선 방안으로는 ① 통합적 국가위기관리 시스템의 전반적 재정비 ② 감염병 초기 대응 능력 향상을 위해 미국의 긴급위기대응센터(EOC)[247]의 사고관리 체계(IMS)[248]의 도입과 질병통제예방센터(CDC)[249]의 감염병 위기관리 매뉴얼 등의 벤치마킹 ③ 신종 감염병에 대한 전문 인력과 첨단 기술 및 예산 확보 ④ 감염병 모니터링과 국제 협력 강화 ⑤ 위기대응 매뉴얼 경보 단계 운영 개선 ⑥ 신종 감염병 예방과 사후 조처와 관련한 신기술 개발과 교육 강화 등을 들 수 있다.[250]

정부가 발행한 메르스 백서[251]에 따르더라도, 국가 감염병 대응 역량 강화를 위한 과제로 (1) 질병관리본부의 역량 강화 (2) 지방자치단체의 감염병 관리 조직 확보와 역량 강화 (3) 의료기관의 감염병 대응 역량 강화와 정보 관리 체계 구축 (4) 중앙과 지방자치단체, 의료기관 간의 감염병 관리 네트워크 강화 (5) 감염병 감시 체계와 정보 시스템 강화 등을 적시하고 있다. 이와 관련해 변성수·신우리·조성[252]은 정부 간 정보의 공유와 협업이 제대로 이루어지지 않아 감염병 관리의 성과가 저조함을 지적하고, 이에 대한 개선 방안으로 신속·원활한 정보 체계의 구축, 빅데이터 관리를 통한 표준화 매뉴얼 제작 및 피드백에 의해 관리되는 리더십을 제안했다.

이상에서 살펴본 것처럼 메르스 사태가 국가위기관리 사례연구에 주는 가장 큰 함의는 신종 감염병이 제대로 대처되지 않는다면 국가안보를 위협하는 요인이 될 수 있다는 것이다. 국민의 안보가 국가안보의 핵심이므로 국민 생명과 직결된 복합재난에 대응하는 스마트 국가위기관리 시스템의 정착이 얼마나 중요한가를 인식하는 계기로 삼을 수 있다.

스마트 국가위기관리 시스템에 따른 메르스 사태에 대한 종합 대응 수칙을 평가해 보면 다음의 〈표14〉와 같다.

표14 메르스 사태와 스마트 국가위기관리 종합 대응 10대 수행원칙 평가

국가위기관리 대응 10대 수행원칙	국가위기관리 수행원칙의 세부 평가
❶ 골든타임 내 빅데이터를 활용한 적절한 초기 대응	- 메르스 1차 의심 환자에 대한 질병관리본부의 안이한 대응으로 2, 3차 감염자 다수 발생 - WHO의 메르스 대책 권유에도 불구하고 빅데이터를 통한 대응 부재 - 메르스 사태 발생 이전의 <예방>과 <대비> 단계의 준비 소홀로 <골든타임> 내 적절한 대응 미흡
❷ 인력, 장비(인공지능 시스템 등)의 적합한 동원	- 메르스 확진자 확산에 따른 인력과 장비가 체계적으로 동원되지 못함 - 감염병 고위험자 정보 및 추적조사 시스템 등 첨단화된 시스템 비가동
❸ 스마트 국가위기관리 종합통제센터의 운영	- 신종 감염병에 대한 안이한 인식으로 인한 국가위기관리 종합센터의 설치 부재 - 확진 환자 발생 20일 후에야 보건복지부를 종합 컨트롤 타워로 지정 - 중앙정부와 지방자치단체 간의 수평적 협조 체계 미흡으로 큰 혼란 발생
❹ 돌발 리스크 대비	- 비밀주의적 행정으로 메르스 환자와 병원 비공개로 유언비어 유포 유발 - 돌발 리스크를 해결하기 위한 첨단 기술과 자원의 동원 미흡
❺ 현장 책임 조직과 유관 기관의 전문적 과업 수행	- 중앙정부의 획일적 지시로 인한 유관 기관의 전문적 과업 수행의 어려움 - 지역의 병원과 각계 의료 전문가의 전문적인 지원 시스템 부족 - 현장상황에 맞는 빅데이터, 인공지능 전문가의 활용 미흡
❻ 원활한 의사소통과 매스컴(SNS)의 공공성 활용	- 메르스 환자와 병원의 공개 여부를 둘러싼 중앙정부와 지방정부의 갈등 그리고 정부의 심각한 늑장·허위 정보 공개로 수평적 의사소통조차 부재 - 정부의 폐쇄적 정보 공개로 인한 '메르스 환자 거주설' 등 유언비어의 유포 - 시민 참여형 소셜 네트워크를 통한 피해 확산 방지 노력의 미흡
❼ 현장 수칙과 규정 적용의 유연화	- 신종 감염병 확산에 대한 구체적 매뉴얼의 부재로 큰 혼란 발생 - 첨단화된 의료장비와 인력의 활용 미흡 - 중앙과 지역 차원의 피해 경감 및 종합적 재발 방지 대책의 공유 부재
❽ 의사결정의 전문화와 분권화	- 객관적인 빅데이터나 첨단화된 AI 기술 등에 따른 상황 판단 미흡 - 사고 발생 직후 "청와대 국가안보실은 컨트롤 타워가 아니다"라고 발표하는 등 국가적 위기 시의 컨트롤 타워 부재 - 첨단화된 장비와 자원이 동원되어야 함에도 불구하고 전통적인 의료 체계로 안이한 대응
❾ 국가위기 예방을 위한 사전·사후 활동	- 센서 네트워크 기반 모니터링과 예측 시스템 비가동 - 해상 재난 예방을 위한 사전·사후 3D 기반 가상체험 훈련 부재 - 사건의 은폐·축소에 급급하여 유사 위기의 재발 방지 대책 마련 미흡
❿ 통합적인 스마트 국가위기관리 대책	- 역대 신종 감염병에 대한 종합 대응(예방→대비→대응→복구) 전 과정에서 스마트 시스템의 정상적 가동 여부에 대한 종합 평가 필요 - 선진적 해외 의료 체계의 벤치마킹을 통한 법, 조직, 운영, 정보화, 자원관리, 교육훈련 등 핵심 체계의 종합 대책 마련 - 4차 산업혁명의 성과와 선진적 의료 체계 강화를 위한 종합적 국가발전 전략의 수립

위기는 우리에게
무엇을 가르쳐 주는가?

스마트 국가위기관리 시스템의 도입과 정착에 관련해 천안함 침몰사건, 세월호 참사, 메르스 사태라는 3대 사례가 제공하는 정책적 시사점은 다음과 같다. 우선 기존의 전통적인 재난·재해 수칙으로 대응하기에는 복합재난의 성격이 너무 강하다. 따라서 새로운 재난대응 수칙을 통해 더욱 스마트 시스템적인 대응이 필요하다는 것을 확인할 수 있었다. 특히 초기에는 단순재난의 성격으로 발생한 사건들이 부적절한 초기 대응 과정에서 국가적 위기로 확산되었다. 이에 대한 중장기적인 대응책 마련을 위해서는 '스마트 국가위기관리 시스템의 도입과 정착'이 필수적이며, 이를 위한 사전·사후 대응 수칙의 마련이 요긴함을 확인할 수 있었다.

한편 스마트 국가위기관리 시스템의 도입과 정착을 위해서는 앞서 언급한 새로운 사전·사후 대응 수칙의 도출뿐만 아니라 국가위기관리 시스템의 스마트화가 필요하다. 다시 말해서 4차 산업혁명의 성과를 담은 첨단화된 스마트 국가위기관리 시스템이 법과 조직, 운영, 정보화, 자원관리와 교육훈련 등에 있어서 전체적으로 업그레이드되어야 한다. 이러한 점에서 역대 국가위기 사례에 대한 대응 과정을 분석하면서 스마트 국가위기관리 체제의 정착을 위한 6개 핵심 체계를 중심으로 종합적으로 비교 평가해 보면 다음과 같은 시사점을 발견할 수 있다.

첫째, 법령적인 측면에서 다종다양한 재난상황에 맞는 현장 중심의 국가위기관리 체계를 위한 입법 현실이 미비했다. 특히 신종 감염병과 같은 국가적 위기에 투입할 ICBMS와 같은 4차 산업혁명의 성과를 반영할 수 있는 입법, 예산 등이 거의 부재하다는 점이다. 천안함 침몰사건의 경우, 국가안보 관련 종합 대응 시 스마트 국가위기 관련 입법이 부재하다는 문제점을 드러내고 있다.

세월호 참사의 경우는 사전 무분별한 규제 완화와 사고 발생 시 관련 법령의 미비 문제와 해상 대형 참사 시 관련 입법의 부재 문제가 유사하게 발생하고 있다. 메르스의 경우도 신종 감염병의 성격상 관련 법령이 미흡하고, 특히 4차 산업혁명의 성과를 반영한 첨단화된 기술과 인력을 활용할 수 있는 입법이 부재하다는 공통된 문제점을 드러내고 있다.

둘째, 조직적 차원에서 국가위기를 종합 통제할 수 있는 컨트롤 타워가 체계적으로 작동하지 않았다는 점이다. 과도한 협의체의 난립 등으로 인해 해당 국가위기의 성격에 맞는 첨단화되고 전문화·분권화된 전담 조직이 거의 부재했다. 천안함 침몰사건의 경우는 한미 합동군사훈련이 진행되는 기간 동안에 일어났다. 즉 안보상의 위험이 가장 높고 또한 유사 도발 가능성에 대한 정보까지 입수한 상황에서 발생했다. '북한의 도발에 의한 해상 침몰사건'임에도 불구하고 청와대의 NSC는 종합적인 국가위기관리의 컨트롤 센터로서의 역할을 거의 수행하지 못했다. 현장 군 대응조직과 상부 안보기관 간의 군사정보 전달의 지체, 누락, 은폐 때문에 유기적 협조 체계도 전혀 이루어지지 못했다. 또한 해상에서의 군사적 공격에 따른 침몰과 구조라는 상황에 대응할 수 있는 스마트 국방안보 체계에 기초한 전문화된 특수군의 활동조차 부재했다.

세월호 참사 역시 중앙정부의 전문성 없는 컨트롤 타워가 수시로 변경되었고, 현장과의 통합적인 구조 활동도 없었다. 뿐만 아니라 천안함 침몰사건처럼 해상 복합재난에 걸맞은 첨단화된 사고 예방과 구조 활동에 적합한 정비와 인력을 전혀 갖추지 못한 채 오히려 민간의 구조 활동조차 불편해하거나 방해하는 상황이 발생했다. 신속한 정보 공유 및 수색과 구조 활동을 위한 첨단 장비조차 전혀 구비되지 않았다.

메르스 사태의 경우도 질병관리본부와 보건복지부 차원의 한계적인 대응으로 종합적이고 체계적인 컨트롤 타워가 부재했다. 특히 신종 감염병의 성격상 골든타임 내의 적절한 초기 대응은 물론 확진 환자의 치료와 감염 확산 방지를 위한 첨단화된 감염병 대응 체계가 가동되었어야 함에도 불구하고 스마트 국가위기관리 관련 전담 조직은 거의 작동되지 못했다.

셋째, 전문화되고 분권화된 위기관리 기관의 부재로 현장상황에 맞는 효율적인 운영이 이루어지지 못했다. 전통적 재난대응 방식인 중앙집권적 명령 일변도의 위계적 대응으로 일관하여 국가적 위기가 오히려 심화되었다. 천안함 침몰사건의 경우도 2개월 동안 침몰의 원인조차 규명하지 못하고, 사고현장의 상황에 대한 안보적 보고에서조차 중대한 누락과 지체가 빈번하게 일어났다. 뿐만 아니라 최종 원인이 해상에서의 군사 공격에 의한 침몰로 판단된 만큼 해상에서의 군사적 충돌에 대비한 첨단화된 군 장비와 인력이 배치되었어야 함에도 불구하고 스마트 국방안보 체계에 따른 대응과 운영은 찾아보기 어려웠다.

세월호 참사의 경우도 사고 발생 직후부터 중앙의 대책본부는 물론 현장의 구조본부 역시 재난대응에 대한 최소한의 기본 수칙조차 완전히 무시하거나 숙지하지 못하고 있었다. 사고 당시 선내에 대기하라는 안내 방송으로 승객들의 자발적인 대피조차 불가능하게 만들었고 민간 차원의 구조 활동조차 제동을 걸었다 이 과정에서 해상재난에 대비한 첨단화된 장비와 인력이 동원되지 못했다.

메르스 사태의 경우도 예외는 아니다. 정부가 재난의 심각성을 인식하지 못하고 최대한 국민경제를 불안하게 하지 않는다는 차원에서 비밀주의적으로 대처하다가 결국은 국가적 위기로 비화하여 전 국민이 공포에 빠지는 최악의 상황으로 치달았다. 이 과정에서 골든타임 내의 적절한 확진 환자 격리 조치와 감염 확산 예방 조치가 이루어지지 않아 전문성에 기초한 분권화된 운영의 부족이 드러났다. 게다가 신종 감염병 예방과 확산 방지에 있어 절대적으로 필요한 ICBMS와 같은 4차 산업혁명의 성과가 반영된 예산도 부족했다.

넷째, 3대 사례의 경우 모두 정보화 차원에서 빅데이터에 기초한 통합적인 정보의 공유 및 ICBMS에 따른 첨단화된 기술과 인력의 동원이 전혀 이루어지지 않았다. 자원관리의 측면에서도 전통적인 복합재난에 필요한 최소한의 장비가 동원되었을 뿐이고 복합재난과 국가위기 발생 시 현장상황에 적합한 자원은 전혀 활용되지 않았다.

교육훈련 체계에 있어서도 세월호의 경우는 기본적인 사전 안전훈련조차 실시하지 않았고, 사고 발생 시에는 선장과 선원이 승객들을 버리고 가장 먼저 도주하는 있을 수 없는 범죄 행위를 저질렀다. 다종다양한 복합재난이 국가적 위기로 발생할 경우에 대비한 사전 안전훈련, 골든타임에 적합한 초기 대응훈련, 돌발상황에 대비한 다양한 시뮬레이션과 그에 따른 실질적 훈련, 신종 감염병 등의 국가위기 발생 시 반드시 필요한 사전·사후 교육훈련 체계, 특히 4차 산업혁명의 성과가 반영된 첨단화된 실질 교육이 부재했다.

다섯째, 신종 감염병과 같은 보건안전 위기를 국가적 위기로 인식하고, 이에 대한 대응 역시 범정부적 차원에서 대응하는 새로운 스마트 국가위기관리 시스템의 정착 필요성에 대한 인식의 대전환이 필요하다. 실제로 메르스 사태 발생 당시 보건복지부 차원에서 담당하기에는 중앙정부 차원에서 협조해야 할 기관이 광역 및 기초 지방정부를 비롯하여 해양수산부, 외교통상부, 교육부 등 다양한 기관들을 통합적으로 관리하면서 수평적 협력 관계를 유지해야 하는 만큼, 이를 계기로 신종 감염병을 비롯한 다양한 국가적 위기상황에 대한 세부적 매뉴얼을 해외 선진 국가처럼 다양한 위험상황 사례에 대한 구체적인 매뉴얼을 사전에 정비해야 할 것이다.

이상의 내용을 종합해서 '역대 국가위기 사례연구를 통해 본 스마트 국가위기관리 시스템의 정착과 관련한 시사점'을 정리하면 다음의 〈표15〉와 같다.

표15 역대 사례를 통한 스마트 국가위기관리 시스템의 정착과 관련한 시사점

스마트 국가위기관리 6대 핵심 체계	천안함 침몰사건	세월호 참사	메르스 사태
1. 법령 ① 기본법과 관계 법령 ② 스마트 국가위기관리에 필요한 입법	- 국가안보 관련 종합 대응 시 법령과 제도상 불일치 - 스마트 국가위기 관련 입법 부재	- 사전 무분별한 규제 완화와 사고 발생 시 관련 법령의 미비 - 해상 대형 참사 시 관련 입법의 부재	- 신종 감염병의 성격상 관련 법령의 미흡 - 첨단화된 시설을 활용할 수 있는 입법 부재
2. 조직 ① 컨트롤 타워 확립과 통합적 조직 ② 스마트 국가위기관리 전담 조직 운영	- 청와대 NSC의 컨트롤 타워 부재와, 현장과 상부 조직의 통합성 부재 - 스마트 국가안보 체계 관련 전담 조직 부재	- 중앙정부의 전문성 없는 컨트롤 타워의 수시 변경 및 현장과의 통합적 활동 부재 - 스마트 국가위기 관련 전담 조직 부재	- 보건안전 관련 재난으로 규정하여 명확한 컨트롤 타워 부재 - 스마트 국가위기 관련 전담 조직의 미비
3. 운영 ① 효율적 운영을 위한 전문성과 분권화 ② 스마트 국가위기관리 운영에 필요한 예산 확보	- 전문성에 기초한 효과적 국가안보 대응 체계 부재 - 스마트 국가안보 체계 관련 예산 부족	- 중앙과 현장의 전문성에 기초한 대응 전무 - 해상재난 대비 장비와 예산 부족	- 보건안전 전문성에 기초한 분권화된 운영 부족 - 신종 감염병 예방과 확산 방지 예산 부족
4. 정보화 ① 통합적 국가위기관리 정보화 체계의 정비 ② ICBMS 등 4차 산업 혁명의 성과 반영	- 최소한의 정보 공유 미비와 빈번한 정보 조작 - 첨단화된 군사정보 공유 체계 미확립 - '새떼'를 북한의 반잠수정으로 알고 군사적 공격을 할 정도의 총체적 정보 체계부실	- 해상종합통제센터와 중앙정부 그리고 현장 간의 통합적 정보 부재 - ICBMS와 같은 첨단화된 해상재난안전 시스템의 활용 전면 부재	- 국내외 관련 기관 간의 정보 공유 부재 - 첨단화된 예측과 추적 시스템 관련 빅데이터의 공유 부재

스마트 국가위기관리 6대 핵심 체계	천안함 침몰사건	세월호 참사	메르스 사태
5. 자원관리 ① 통합적인 자원관리 ② ICBMS와 같은 4차 산업혁명과 연계 한 첨단 자원관리	- 통합적 자원관리 부재 - 민간 군수산업 및 ICBMS와 같은 4차 산업 관련 전문화된 인적·물적 자원관 리 부재	- 민간 차원의 구조 지 원 활동조차 수용할 수 없는 통합적 자원 관리 부재 - 해상 복합재난에 대 비한 다양한 첨단 시 스템 자원 부재	- 중앙정부와 지방정 부 그리고 병원 등 의 통합적 자원관리 부재 - 신종 감염병 관련 첨 단 자원관리 부재
6. 교육훈련 체계 ① 독립된 전문 교육 훈련 ② 4차 산업혁명 연계 스마트 국가위기관 리 교육훈련 체계	- 해상에서의 국가위 기 시 교전수칙에 따른 대응훈련과 전 문 요원의 교육훈련 체계 미비	- 독립된 전문 교육, 기본적인 재난대피 훈련과 매뉴얼조차 없는 심각한 상황 - 3D 체험 등 현장 훈 련 부재	- 독립된 전문 교육훈 련 부재 - 신종 감염병 관련 종 합적인 교육 필요

제4장

위기관리 시스템을
혁명하라

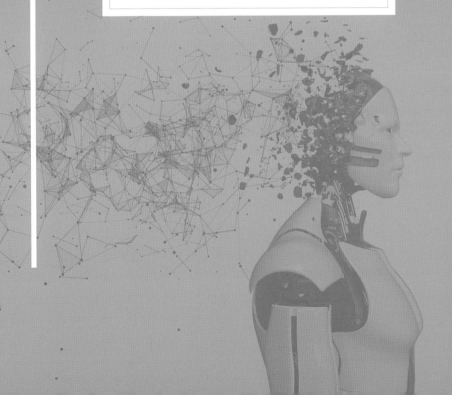

위기관리 시스템은
어떻게 발전했는가?[253]

스마트 국가위기관리 시스템의 도입과 발전 과정에서 가장 중요한 기구라 할 수 있는 청와대 국가안전보장회의(NSC)[254]의 위상과 역할이 지금처럼 비중 높게 강조된 시기는 김대중 정부 출범 이후부터였다. 국가안전보장회의는 박정희 정권 초기인 1963년에 설치되었으나 정권 후반기에는 중앙정보부의 비중 확대로 인해 유명무실해졌고, 전두환 정부에서 김영삼 정부에 이르는 기간에도 이 회의의 역할은 형식적인 데 그쳤다.

하지만 김대중 정부 출범 이후인 1998년 국가안전보장회의는 헌법상 외교·국방·통일 정책을 총체적이고 통합적으로 운영하기 위한 '최고 국가안보 관련 의결기구'로서 그 위상과 역할이 강화되었다. 그 일환으로 청와대 조직과는 별개로 NSC 상임위원회와 사무처가 신설되면서 상시적인 중요한 국가안보 관련 의사결정기구로 자리 잡게 되었다.

그 후 노무현 정부는 김대중 정부하의 NSC를 확대·개편하여 전략 기획실, 정책조정실, 정보관리실, 위기관리센터 등 실무 부서를 신설했다. 이로써 NSC는 국가위기관리 체계의 종합적 기획조정 역할을 하는 핵심적 기구로 발전되었다. 다른 한편으로는 4차 산업혁명의 성과를 접맥시킬 수 있는 '스마트'적 요소가 도입될 여지가 생긴 것은 노무현 정부 때부터라고 할 수 있다. 스마트 국가위기관리 시스템으로의 전환이 이루어지기 위해서는 전통적인 대북안보 차원을 넘어서 환경과 국민건강 등을 중요한 국민안전 개념으로 인식해야 하기 때문이다. 이러한 포괄적 안보 개념이 종합적인 국가위기관리 시스템으로의 전환을 가져오기 때문이다.

그런 점에서 '포괄적인 국가안보' 개념과 이에 기초한 국가위기 대응전략에서는 국가안보의 3가지 목표로 한반도의 평화와 안정, 남북한과 동북아의 공동번영, 국민생활의 안전을 제시했다.[255] 여기서 특징적인 내용은 전통적인 대북안보 차원을 넘어서 국민생활의 안전을 3가지 국가안보의 하나로 포함시켰다는 점이다. 이러한 '포괄 안보' 개념은 국가안전보장회의(NSC)의 역할까지 확대·강화시켜 전통적인 대북·안보·외교는 물론 경제, 환경, 재난 문제까지 관리하는 국가위기관리 중심 기구로 확장시켰다는 점에서 의미가 있다. 특히 NSC 사무처 산하에 위기관리센터를 설립해 재난대응과 위기관리의 컨트롤타워의 역할을 부여함으로써 그동안 산발적으로 운용해 오던 국가위기관리 체계를 통합적이고 체계적으로 관리하고자 법·제도적 개정을 한 것이다.

재난대응 체계도 재난 발생 시 NSC가 정부 부처의 대책과 군·경 동원 등을 총괄 지휘하게 되며, 경제위기나 최근 빈번하게 발생하고 있는 신종 감염병이나 미세먼지와 같은 대형 환경사고도 국가위기관리 차원에서 대응하도록 했다.[256] 이와 함께 국무총리를 위원장으로 하는 국가위기관리위원회와 행정자치부 장관을 본부장으로 하는 중앙재난안전대책본부로 일원화하여 재난에 대응하기 위한 최고 의사결정기구이자 비상대책기구를 구성했다.[257]

스마트 국가위기관리 시스템의 정착 과정에서 의미가 있는 것은 '스마트'적 요소, 다시 말해서 ICBMS와 같은 4차 산업혁명의 성과에 기반한 국가위기관리 시스템이 정착되지는 못했지만 국가위기에 대응하는 새로운 통합 체계를 구축하기 위해 국가위기 시 컨트롤 센터의 역할을 수행할 수 있는 청와대 NSC 산하에 위기관리센터가 설립됨으로써 제도적 개선이 이루어졌다는 점이다.

또한 재해·재난관리 체계를 통합하기 위한 법령인 「재난 및 안전관리 기본법」을 제정함과 동시에 「국가위기관리 지침」과 「위기관리 표준매뉴얼」을 제정·시행하는 등 국가의 위기관리 규범을 정비하여 감염병 확산과 같은 새로운 위험요인에 효율적으로 대처하기 위한 제도를 마련했다.

'포괄안보 개념에 입각한 통합적인 국가위기관리 시스템'은 2013년 3월 16일 국내에 사스 경보가 발령되자 고건 총리를 중심으로 하는 사스 방역대책 본부를 가동시켜 사스의 국내 유입을 방지하는 종합적인 재난대응 체계로 작동했다. 당시 고건 총리는 "복지부 주도의 사스 방역대책본부로는 대규모 방역이 힘들기 때문에 상위 부처인 국무조정실 실장이 나서서 관련 부처를 총동원해야 했다"면서 국내 감염 추정 환자가 발생하자 긴급 관계부처 장관회의를 개최하여 위기관리를 진두지휘했고 대국민담화를 통해 당시 상황과 대책을 상세하게 밝혀 국민적 불안감을 해소하고 신뢰를 주었다.[258]

사스 발생 당시 청와대 참모들은 위기대처 매뉴얼을 정리하고 국무조정실 산하에 범정부 차원의 정부종합상황실을 마련해 사스 사태에 대응하기 위한 통합적인 위기관리센터의 중심 역할을 수행하게 했다. 최종적으로는 WHO로부터 사스 예방 모범국가라는 평가를 받으며 사태를 종결했다.

노무현 정부의 사스에 대한 포괄적 국민안보 차원의 대응에 대한 고찰은 메르스 참사에 대한 사례연구에서 살펴본 바와 같다. 이러한 경험은 노무현 정부로 하여금 범정부적 차원의 감염병 관리를 위한 전문 조직 체계 강화의 필요성을 크게 인식하게 하는 계기가 되었다. 이에 따라 2004년 기존 국립보건원을 질병관리본부로 확대·개편했으며, 질병관리본부는 국가 감염병 연구 및 관리의 중심 기관으로 발전했다.

김대중·노무현 정부로 이어지는 중도개혁 정부의 10년 집권 이후 새롭게 출범한 이명박 정부는 청와대 안에서 NSC 사무처를 없애고 외교안보수석이 총괄하는 단일 구조를 만들었다. 조직의 간소화를 강조했던 정권의 특징 탓이다. 당시 국가안보의 컨트롤 타워 역할은 청와대 내 대외전략비서실이 수행했다. 하지만 지나친 조직의 간소화로 인해 천안함 침몰사건과 연평도 포격 도발 당시 체계적인 대응을 하지 못하는 한계를 드러냈으며, 결국 이명박 정부는 국가위기관리센터를 위기관리실로 격상시키고 수석비서관급 실장을 새로 임명했다. 이는 'NSC 위기관리센터→NSC 사무처장→대통령'으로 이어지는 노무현 정부의 위기관리 시스템이 2년 10개월 만에 사실상 복원된 셈이었다.

한편 2013년 출범한 박근혜 정부는 전임 이명박 정부에서 폐지했던 NSC 사무처를 부활시켰다. 축소되었던 국가위기관리 담당 기구로 기존 국가위기관리실을 외교안보수석실과 통합하여 장관급의 국가안보실로 신설하여 그 산하에 위기관리센터 상황실로 개편했다. 국가안보실에서는 위기관리비서관실, 정보융합비서관실, 국제협력비서관실 등을 운영했다. 그러나 국가안보의 컨트롤 타워로서 국가안보실은 대북위협, 외교안보, 국제협력 그리고 테러 등의 전통적인 국가안보 영역만을 다룰 뿐, 국제적으로 선진 국가에서 이미 사용되고 있는 '확대된 국가안보 개념으로서의 국민안전과 국민안보 문제'는 또다시 안전행정부와 중앙재난안전대책본부에서 담당하게 되는 후퇴 과정을 밟게 된다.

2013년 1월 대통령직 인수위원회는 '국민안전을 최우선하는 안전관리 총괄 부처'의 기능을 행정안전부에서 이름만 뒤바뀐 안전행정부에 새롭게 부여했다. 그리고 「재난 및 안전관리 기본법」을 개정하여 중앙재난안전대책본부 중심의 통합적 재난대응 시스템을 구축했다. 하지만 2014년 4월 16일 세월호 참사 발생으로 박근혜 정부에서 추진했던 각종 복합재난안전 관련 법과 제도의 개편·강화 노력은 실패로 돌아갔다.

세월호 참사 당시 정부의 복합재난 및 국가위기관리 시스템이 전혀 작동되지 않자 박근혜 정부는 또다시 법과 제도의 개정으로 위기를 미봉적으로 타개하려는 시도를 반복하기에 이른다. 구체적인 예로 행정안전부에서 안전행정부로 이름만 뒤바뀐 정부 부처를 이제는 행정자치부로 변경함과 동시에 중앙행정기관으로서 국무총리 소속의 국가안전처를 신설한 것이다. 국가안전처는 안전행정부의 재난안전 총괄·조정 기능, 해양경찰청의 해양 경비·안전·오염 방제 기능, 해양수산부의 해양교통관제 기능, 소방방재청의 방재 기능을 통합해 장관급 부처로 출범했다. 또한 재난 및 안전관리 기본법을 또다시 개정하여 소방방재청과 안전행정부가 각각 담당하던 자연재난 대응과 사회재난 대응의 기능을 통합해 국가안전처로 일원화했다.

복합재난과 국가위기에 대한 박근혜 정부의 이러한 법·제도 중심의 접근은 실제로 세월호 참사가 발생했을 때 "청와대는 컨트롤 타워가 아니다"라는 입장을 취하게 했다. 이는 또한 세월호 참사 현장을 지휘해야 할 국가안전처가 전문성을 갖추지 못한 채 통합적인 국가위기관리센터로서의 역할을 전혀 하지 못하게 된 원인이 되었다. 청와대 NSC는 물론 총리실과 국가안전처가 ICBMS와 같은 첨단화된 4차 산업혁명의 성과를 담은 스마트 국가위기관리 시스템을 유지하고 운영해야 함에도 불구하고 전혀 그런 준비를 하지 못한 것이다. 뿐만 아니라 여전히 외교·안보 영역은 국가안보실장이 컨트롤 타워 역할을 수행하도록 하여 재난을 국가안보와는 별개의 영역으로 이원화했다. 이로써 향후 발생한 메르스 사태와 같은 복합재난의 경우는 초기에 '복지부 차원의 재난' 정도로 접근하여 나중에는 국가적 위기로 확산되는 심각한 문제점을 양산하게 되었다.

이처럼 '노무현 정부의 국가안보 개념 및 통합적 국가위기관리 시스템'과 '박근혜 정부의 국가안보 시스템'은 본질적으로 커다란 차이가 있었으며, 특히 운용 과정에서 사스와 메르스와 같은 신종 감염병 위기관리 대처에 있어서 현저한 차이를 보이게 된다. 스마트 국가위기관리 시스템의 정착에서 있어서 가장 중요한 것은 법과 제도보다도 통합적이고 실질적인 운영 시스템과 전문가의 전면 배치, ICBMS와 같은 4차 산업 분야의 육성과 관련된 적극적인 예산 등 내용적인 측면이 관건임을 분명히 확인할 수 있다.

새로운 위기관리 시스템의
6가지 체계[259]

이제부터 앞서 연구방법론에서 제시한 것처럼 스마트 국가위기관리 시스템의 핵심적 체계는 어떻게 구성되어 있으며, 이러한 각각의 체계가 상호 간에 어떻게 작용하면서 이론과 현실에 반영되는지를 조망하고자 한다. 특히 본 연구의 일차적 목적이 스마트 국가위기관리 시스템의 도입과 정착 방안에 관한 것이고, 특히 4차 산업혁명의 함의를 도출하는 것이 목적인 만큼 '스마트' 국가위기관리 시스템의 법과 조직, 운영, 정보화, 자원관리 및 교육훈련 체계의 문제점과 개선 방안을 찾는 데 초점을 맞추고자 한다.

다시 말해서 일반적인 국가위기관리 체계를 분석하는 것이 아니라 스마트 국가위기관리 시스템의 정착을 위해서 기존의 국가위기관리 핵심 체계가 어떻게 변화·발전되어야 하는지를 집중적으로 조망하고자 한다.

법령 체계를 혁명하라

우리나라의 국가위기관리 관련 주요 법제 현황을 살펴보면 우선 국가통수권자의 통수권 행사에 관한 사항을 규정한 대통령 긴급명령(헌법 제 96조), 계엄령(법률 10791호, 3. 3. 23), 국가안전보장회의(헌법 제 91조) 등이 있다. 그리고 적의 침투 또는 국지도발에 대비하기 위한 통합방위법(법률 제5264호), 향토예비군 설치법(법률 제10650호) 등이 있고, 각종 재해 및 재난에 대비하기 위해 재난안전관리기본법(법률 제11713호), 자연재해대책법(법률 제11495호), 소방기본법(법률 제11690호) 등이 제정되어 있다.

이외에도 국가위기관리를 위한 통수기구의 기본 지침으로 국가위기관리 기본 지침(대통령령 제 285호) 등이 있으며 위기 유형별 또는 사안별 법령은 100여 개를 훨씬 넘어 이에 대한 체계적인 정비가 불가피해 보인다. 이상과 같은 100여 개의 재난·재해 및 국가위기 관련 법령이 국가위기 사태 발생 시 제대로 작동되었는지, 현실과 부합한 규정들인지, 관련 법규상의 충돌은 없는지에 대한 추가 분석이 반드시 수반되어야 할 것이다.[260]

'스마트 국가위기관리 시스템의 정착을 위한 법적 개선' 차원에서 지금까지의 국가위기관리 관련 법령 체계의 문제점은 대체로 다음과 같은 공통된 지적을 받아 왔다.[261]

먼저, 국가위기관리 기본법의 부재로 다양한 유형의 복합재난에 대한 대응 과정에서의 문제점이 지속적으로 파생되고 있다는 점이다. 국가위기와 관련한 연계성이 부족한 개별법 등으로 인해 운영상의 혼란은 물론 예산의 중복 투자 등 통합적 시너지 효과가 부족하다. 또한 다양한 국가위기가 발생할 때마다 즉흥적이고 미봉적인 대응과 그에 따른 새로운 법·제도적 규정을 신설하거나 개정함에 따라 기존의 법 체계와의 혼란은 물론 다양한 시행착오가 반복되고 있다.

마지막으로, 기존의 국가위기 관련 개념 규정이 너무 애매하고 다른 한편으로 관련법 상호 간 복잡한 갈등구조를 형성해 메르스 사태와 같은 신종 복합위기 상황에 대응할 경우 법령 간의 마찰이 빚어져 실효성이 미미하다.

따라서 국가위기에 대한 대응을 하는 데 있어 단순재난과 대형 복합재난 그리고 국가위기에 대한 개념 규정과 법적·행정적 수칙이 상당히 애매하기 때문에 근본적인 개선책이 마련되어야 한다. 스마트 국가위기관리 시스템의 법적 제도화를 위해서는 다음과 같은 개선책이 필요하다.

첫째, 스마트 국가위기관리 체제 정착을 위한 기본법(모법)을 제정해야 하고, 이 과정에서 '포괄적 국가위기'의 개념과 성격, 대응 과정에서 필요한 첨단화된 기술과 자원의 확보를 제도적으로 보장하는 입법이 확고히 실현되어야 한다. 스마트 국가위기관리 시스템의 정착을 위한 기본법에는 다음과 같은 필수적인 사항들이 반영되어야 할 것이다.

① 스마트 국가위기관리의 목적과 정의 ② 4차 산업혁명에 기초한 혁신적 국가발전 전략의 새로운 수립과 스마트 국가위기관리 정책의 기조와 방향 ③ 스마트 국가위기 관련 하위 법령 체계의 구체적인 내용과 요건에 대한 지침 ④ 국가위기 발생 시 위기 단계별 첨단

산업의 동원 운영 지침과 절차 ⑤ 스마트 국가위기관리 정보화 네트워크의 설치와 운용 ⑥ 4차 산업혁명의 성과를 반영한 자원관리체제 구축에 관한 원칙과 지침 ⑦ 국가위기관리 담당 공직자와 시민을 대상으로 한 3D 체험에 기초한 첨단화된 현실적 교육훈련 지침 ⑧ 스마트 국가위기관리 시스템 관련 연구개발 및 관련 산업 지원 방침 ⑨ 스마트 국가위기관리 관련 법·제도(예산 편성 의무화)의 준수 원칙 및 위반 시 처벌 규정 등이다.[262]

둘째, 스마트 국가위기관리 시스템 관련 기본법을 토대로 이와 관련된 하위 법률과 대통령령을 종합적으로 변화된 현실에 맞게 평가하여 혁신적인 정비가 이루어져야 한다. 특히 전통적인 국가안보 영역인 청와대, 통일부, 국방부, 외교부 차원만이 아니라 세월호 참사와 메르스 사태와 같은 새로운 복합재난에 대한 국가위기관리 차원에서의 대응을 위해 첨단화된 4차 산업혁명을 관장하고 있는 산업자원부, 과학기술부는 물론 국정원, 경찰 등의 관련 입법도 정비되어야 한다. 특히 향후 스마트 국가위기관리 시스템의 정착 과정에서 가장 중요한 역할을 하게 될 지방자치단체의 스마트 국가위기관리 시스템의 혁신적 위상 강화를 위한 법·제도적인 입법과 개정 노력 또한 매우 중요하다.

셋째, 대형 복합재난 및 국가위기관리와 대응 지원을 위한 종합적인 법·제도와 대응 매뉴얼이 대폭 개선되어야 한다. 그 방향 또한 이 책에서 새롭게 도출하고 검증한 것처럼 현실에 맞는 '스마트 국가위기관리 시스템을 위한 10대 수칙'처럼 복합재난과 국가위기 발생 이전의 예방 단계부터 발생 이후의 대응과 복구 단계에 이르기까지 체계적인 정비가 이루어져야 할 것이다. 김태훈·윤준희[263]는 이와 관련 대형 복합재난 관리와 대응 지원을 위한 법제도와 매뉴얼 개선 방안을 다음과 같이 제안한다.

"우선 기본법상에 대형 복합재난에 대한 정의를 추가해 복합재난 대응 및 관련 부처 연계 협력을 위한 법적 근거를 강화해야 한다. 재난 및 안전관리 기본법 제3조(정의)에 대형 복합재난에 대한 정의(예시: 대형 복합재난이란 자연재난과 사회재난이 연쇄적 또는 동시다발적으로 발생하는 재난으로, 인명, 재난, 기반시설 마비 등 피해가 극심하여 범부처의 통합적 대응이 필요한 재난임(특징: 동시성, 연속성, 확산성, 복합화, 대형화))를 추가하고, 제34조의 5(재난 분야 위기관리 매뉴얼 작성 운용)에서 대형 복합재난에 대응 매뉴얼 문구를 추가함으로써 본격적인 대형 복합재난 대응 체계 구축을 위한 기반을 마련해야 한다."[264]

이러한 시도는 단순히 대형 복합재난에 대한 관리와 대응의 개선 차원이 아닌, 복합재난이 국가위기 사태로 확산되지 않도록 단순재난과 복합재난, 국가위기에 대한 더 구체적인 개념 규정과 매뉴얼 작성 그리고 이에 대한 법적인 정비가 종합적으로 이루어지는 것이어야 할 것이다.

넷째, 다양한 복합위기에 대한 사전 예측과 평가 과정에서부터 국가위기로 비화했을 경우 골든타임의 대응은 물론 종합적인 국가위기에 대한 대응에 있어서 ICBMS와 같은 4차 산업혁명의 성과가 반영된 스마트 국가위기관리 시스템 관련 입법이 거의 부재하다는 점이다. 그 결과 예산의 확보는 물론 운영상의 심각한 한계를 가지고 있기 때문에 이에 대한 법적·제도적 의무화 역시 필요하다.

조직 체계를 혁명하라

국가위기관리를 담당할 조직 체계는 전국 도처에 분포되어 있을 뿐만 아니라 해외까지 네트워크로 광범위하게 연결되어 있음을 고려해야 한다. 위기 발생 이전에는 각자의 역할을 수행하지만 국가가 위기의 징후 또는 발생으로 인해 위기관리체제 가동을 선포하는 즉시 유기적인 하나의 조직으로 작동될 수 있도록 평상시에 준비되어 있어야 한다. 더욱이 현대사회의 국가위기는 '국제성'과 '복합성' 그리고 '불가예측성'을 띠고 있기 때문에 과거와 같은 전통적인 조직 운영 방식으로는 현재의 복합재난에 대응하기 어렵다. 초기의 단순한 재난이 국가적 위기로 확산될 수 있음은 앞의 사례들에서 여실히 확인할 수 있다.

천안함 침몰사건의 경우도 사전 정보에 따른 북한의 잠수정 공격의 가능성이 충분히 예측되는 상황에서 첨단화된 스마트 국방장비와 인력을 동원하여 서해상에서의 군사적 공격에 대비했어야 했다. 그렇게 했다면 한미 연합훈련 기간 동안에 그렇듯 비체계적이고 혼란스러운 군사적 대응을 하지는 않았을 것이고, 이후 심각한 국가적 위기로 비화하지도 않았을 것이다.

세월호 참사 역시 사전에 사고 선박에 대한 안전점검과 대피훈련을 표준매뉴얼에 따라 적절히 수행했거나 사고 발생 초기에 첨단 정보 체계를 통해 사고 선박에 대한 초동 대응을 했다면 심각한 인명 피해는 충분히 막을 수 있었을 것이다. 하지만 세월호 사고 당시 중앙정부의 재난안전대책기구는 물론 지역 현장의 해상 사고를 책임지는 일선 조직의 무책임하고 비 체계적인 조직 운영은 오히려 승객들에게 자율적인 대피를 맡긴 경우보다 훨씬 더 심각한 사태를 초래했다. 메르스 사태도 확진 환자 발생 초기에 전문적인 조직이 체계적으로 대응했다면 사스의 경우처럼 단순한 보건안전상의 재난에 그쳤을 것이다.

따라서 스마트 국가위기관리 시스템의 효과적 작동을 위해서는 관련 조직의 실체를 정확히 파악하고, 이들 조직 간의 통합적이면서도 분권화된, 다시 말해서 협치적 재난관리 조직 체계를 면밀히 살펴볼 필요가 있다. 특히 현대사회의 첨단화된 복합재난의 성격을 감안할 때 다양한 국가위기관리 조직에 있어서 빅데이터와 클라우딩 시스템 등 통합적인 정보화 체계를 가동할 수 있는 전문적인 조직이 필요하다. 이를 위해서는 중앙정부에서부터 지방자치단체와 다양한 국가위기 관련 책임 조직에까지 법·제도적으로 철저히 반영되었는지를 꼼꼼히 분석하지 않으면 안 된다.

이를 위해 세월호 참사와 메르스 사태 당시의 국가위기관리 관련 주요 조직 현황[265]을 살펴보면 다음과 같다.[266]

(1) 국가안전보장회의법상의 국가안전보장회의로서 대통령이 의장이고, 국무총리와 외교부 장관, 통일부 장관, 국방부 장관 외 다수가 위원으로 참여하는 대통령 자문기구이다.

(2) 통합방위법상의 통합방위협의회로서 국무총리가 의장이고, 각 부처 장관과 국정원장, 통합방위본부장 등이 위원으로 참여한다.

(3) 재난 및 안전관리 기본법상의 중앙안전관리위원회로서 국무총리가 의장이고, 중앙행정기관 및 단체장이 위원으로 참여하면서 재난 및 안전관리 정책 심의와 조정을 기본 임무로 한다.

(4) 대테러 활동 지침상의 테러 대책회의로 국무총리가 의장이고, 테러 대책 조정, 통제, 협조를 기본 임무로 한다.

한편 국가통수권자의 판단과 결심을 지원 및 보좌하는 조직으로는 상황 유지와 참모 판단을 담당하는 국가안보실이 있으며 중요 사안에 대한 결심 전 자문을 제공하는 국가안전보장회의, 결심한 방책(정책)을 심의 의결하기 위한 국무회의 등이 있다.[267] 일상적인 참모 회의에는 안보관계장관회의와 외교안보정책조정회의(실무 회의) 등이 있다.

다음 국무총리 주관의 조직을 살펴보면 통합방위에 관한 사태 선포와 해제 등을 심의하는 중앙통합방위협의회, 민방위 사안에 대한 중요 정책을 심의하는 중앙민방위협의회, 안전관리 정책을 심의, 총괄, 조정하는 중앙안전관리협의회, 국가 차원의 대테러 정책을 심의, 결정하는 테러 대책회의 등이 있다.

이상과 같은 주요 국가위기관리 협의기구 역시 스마트 국가위기관리 시스템을 '도입'하고 '정착'시키기 위해서는 다음과 같은 더 구체적인 위상과 역할에 대한 재평가 작업이 반드시 이루어져야 할 것이다. 대통령과 총리의 역할 분담이 적절한지, 관련 협의체 간의 법·제도적 운영 상황이 원활한지, 다양한 위기에 따른 위상과 임무가 차별화되게 규정되었는지의 여부 등을 규명할 필요가 있다. 또한 복합 재난과 국가위기 발생 시 중앙과 지역 차원의 다양한 조직 내부에 첨단화된 장비와 인력이 투입될 수 있는 조직적 상황인지의 여부와 새로운 국가위기에 대한 지방정부의 주도적이고 자율적인 역할 부여 상황 그리고 스마트 국가위기관리 시스템에 있어 시민들의 소셜 네트워크 서비스를 통한 거버넌스적 협치 여부에 대해서 법·제도적으로는 물론 실질적인 운용이 되고 있는지에 대한 면밀한 검토가 필요하다.

스마트 국가위기관리 시스템 차원에서 당시 국가위기관리 조직 체계의 문제점은 대체적으로 다음과 같다.[268]

첫째, 청와대의 NSC와 총리실의 재난안전 종합대책기구 그리고 다양한 복합재난에 대한 해당 부처의 역할 등에 있어서 국가위기관리 시스템의 컨트롤 타워 기능이 중복되어 있고, 다른 한편으로는 비체계적으로 분산되어 있어 위기 발생 시 본연의 역할을 수행하기가 구조적으로 어렵다. 특히 천안함 침몰사건, 세월호 참사, 메르스 사태와 같이 초기의 재난이 복합재난화하고, 미숙한 대응으로 인해 국가위기로 발전하는 경우에 통합적이고 전문적이면서도 분권화된 대응을 해야 하는 '스마트 국가위기관리 시스템' 차원에서 본다면 국가위기의 성격에 따른 종합적인 컨트롤 타워의 기능과 역할이 매우 불분명했다는 것이다.

둘째, 국가위기관리 업무를 관장할 책임 부처와 직할청 그리고 지자체 등에 위기관리 업무를 전문적으로 총괄할 조직이 상시적으로 설치되어 있지 않았다는 점이다. 다양한 복합재난과 국가위기에 대한 세부적인 매뉴얼은 존재하지만, 더 구체적인 차원에서 국가위기의 성격에 따른 책임 기관과 전문적인 수행 센터 그리고 이를 현장에서 집행할 수 있는 현장 전담 조직이 체계적으로 구축되어 있지 않기 때문에 국가위기가 발생할 때마다 담당 직원도 수시로 바뀔 뿐만 아니라 현장 위기관리 업무를 전담할 총괄 조직의 부재로 많은 혼란이 반복되고 있다. 천안함 침몰사건, 세월호 참사, 메르스 사태가 이러한 문제점을 여실히 보여 주었다. 뿐만 아니라 각 부처별로 위기관리를 위한 세부 기능들이 다소 혼란스럽게 부여되어 있어 전문성에 기초한 체계적인 지휘 체계가 확립되어 있지 않아 위기 발생 시 통합적 효과를 기대하기 어렵다.

셋째, 직할청(소방방재청 등), 지방자치단체(시, 도 단위 광역 자치단체와 시, 군 단위 기초 자치단체) 등의 위기관리 체제가 체계상으로는 중앙정부와 긴밀하게 연계된 조직기구를 정비하고 있지 못하다. 특히 국가위기관리 체계에 있어 지방자치단체의 위상과 역할을 대폭 강화하는 방향으로 조직 체계의 혁신적 변화가 수반되어야 할 것이다. 특히 최근의 복합재난의 대부분은 지역 현장에서 발생하고 있기 때문에, 골든타임에 초동 대응을 적절히 할 수 있는 책임 있는 역할은 지방자치단체와 관련 직할청이 맡는다고 할 수 있다. 스마트 국가위기관리 시스템의 정착을 위해서는 중앙정부보다 지방자치단체와 소방방재청 등의 조직과 위상이 대폭 강화되어야 할 것이다.[269]

구제역이나 메르스와 같은 감염병 그리고 세월호 참사 등 국가적 재난상황에 대해서 초기에 적극 대응을 해야 하는 지방자치단체의 경우도 재난 대비 업무를 전담하는 조직이 극히 미약한 수준으로 편성되어 있고 국가 차원의 위기관리 업무들은 관련 부서에 피상적으로 분할·분담되어 있기 때문에 종합적인 국가위기관리 대응 체계에 있어 매우 취약한 한계를 가지고 있다. 다양한 복합재난에 초동 대처를 해야 하는 일차적 책임 기관이 대부분 지방자치단체인 상황에서 전문적인 인력과 첨단화된 자원 그리고 법적인 책임과 역할, 나아가 지역 현장에서 국가위기에 적절한 대응을 할 수 있는 예산의 부족이라는 한계는 스마트 국가위기관리 시스템에 대한 기대를 실현하기 어렵게 만든다.[270] 따라서 스마트 국가위기관리 시스템의 정착과 관련한 기존 국가위기관리 조직 체계의 발전방향은 다음과 같다.[271]

첫째, 스마트 국가위기관리 시스템의 컨트롤 타워 기능과 조직을 일원화해야 한다. 더 구체적으로는 국가안보적 차원의 전통적인 재난 위기관리, 국가기반 체계 위기관리, 정치·경제 위기관리와 다양한 사회적 재난 복합위기관리 등 제반 유형의 위기관리를 전문적으로 총괄할 수 있는 조직을 설치해 컨트롤 타워 기능을 발휘하도록 해야 한다.

둘째, 중앙의 각 부처는 물론 지방자치단체 차원에서도 전문성에 기초한 복합재난 대응 및 국가위기관리실을 상시적인 기구와 부서로 설치하여 부처별 내부 조직에 광범위하게 분산된 기능들을 통합하고 자치단체장의 직속 기구로 운영하도록 해야 할 것이다. 여기에는 당연히 빅데이터와 AI에 기초한 첨단화된 스마트 위기관리센터가 중심적 역할을 수행해야 하며, 가급적 외부의 전문 인력을 개방직으로 충원하는 방안도 적극 검토할 필요가 있다.

셋째, 향후 스마트 국가위기관리 시스템의 정착을 위해서는 복합재난이 발생하는 지방자치단체 중심의 '현장형 로컬 거버넌스 재난

대응 시스템'이 매우 중요하다. 지자체별로 위기관리 전담 부서를 따로 설치하여, 전담 부서 외의 관련 부서와 유기적으로 협력할 수 있는 협조관계를 구축해야 한다. 중앙정부의 정책을 기초로 하지만 위기 발생 시 지자체장이 비중 있게 책임 있는 초동 조처를 할 수 있는 여건을 마련해 주어야 할 것이다.

운영 체계를 혁명하라

아무리 법과 제도가 있어도 운영 과정에서 실질적으로 적용하지 않으면 유명무실한 대응이 될 수 있고, 잘못 대응할 경우에 단순재난이 국가위기로 비화할 수 있기 때문에 운영 체계 역시 혁명적으로 재편해야 한다. 국가 차원에서 모든 위기관리 기구들이 수행해야 할 기능들을 큰 틀에서 조망해 보면, 예상되거나 발생한 위기에 대비, 대응, 사후 관리를 해 나가는 전 과정에서 국정 운영 차원의 종합적인 전략과 정책 및 지침 수립, 해당 정부 부처 차원의 정책과 지침, 지방자치단체 등 실행 기구 차원의 전략과 계획, 현장 조직 수준의 행동 등으로 대별할 수 있다.

따라서 스마트 국가위기관리 시스템을 구축하기 위해 반드시 필요한 필수 요소 중에서 운영 체계는 모든 조직이 한 목표를 향해 작동하게 하는 동력 체계라고 해야 할 것이다. 특히 현대사회가 갖는 '초연결 첨단 산업사회'와 '위험사회'[272]의 특징을 감안하면 ICBMS와 같은 첨단화된 기술과 자원의 체계적 운영은 아무리 강조해도 지나치지 않을 것이다.

스마트 국가위기관리 시스템의 정착을 위한 기존 국가위기관리 운영 체계의 문제점을 살펴보면 대략 다음과 같다.[273]

첫째, 통합적인 국가위기관리 운영 체계에 대하여 체계적이고 상호 공유된 규범을 갖고 있지 않다. 다시 말해서 위로부터의 명령 지향적인 지침과 매뉴얼은 존재하지만, 현장과 현실에 맞는 쌍방향적인 운영 매뉴얼은 미비하다는 점이다. 예를 들어 대통령을 중심으로 한 국가의 최고 책임 기구는 다양한 상황 보고 계통을 통해 상황을 인식한 후 국가안보회의, 관계장관회의, 정책조정회의 등의 과정을 거쳐서 정책과 지침을 수립한 후에 하달하는 수순을 밟아 나가는 것이 통례이다. 그러나 총리실, 정부 부처, 지자체 등은 상황 보고→회의→지침 하달 등의 절차를 기계적으로 하부 기관이 이행하도록 지시·감독하는 경우가 대부분이다.

상황이 이렇다 보니 천안함 침몰사건의 경우는 청와대 NSC에 보고되는 것조차 지체되거나 누락되었고, 세월호 참사의 경우는 어느 기구가 통합적인 컨트롤 타워 역할을 해야 하는지에 대해 혼선을 빚었고, 메르스 사태의 경우는 사태 진전에 따라 책임 부처가 계속 바뀌게 된 것이다. 이 모든 국가위기의 대응 과정에서 공통점은 현장에 있는 지방자치단체와 해당 관련 부처의 자율적 책임성과 전문화된 대응이 거의 부재했다는 점이다. 이런 식으로 국가위기관리 시스템이 불완전한 운영 체계를 갖고 있기 때문에 시행착오와 중복 투자를 반복하게 되는 것이다.

둘째, 복합재난이나 국가위기 발생 시마다 상이한 대응 방식을 적용하게 되고, 질서정연하게 구축된 데이터베이스의 지원을 받지 못하게 되어 악순환을 초래하게 된다. 대부분의 국가위기의 경우는 메르스처럼 해외의 사례가 있거나, 천안함이나 세월호처럼 국내의 다양한 전례가 있기 때문에 이에 대한 광범위한 빅데이터와 관련 정보의 체계적인 클라우딩 시스템의 구축, 그리고 위기 발생 시 실질적으로 대처해야 할 현장감 있는 구조 및 대응 훈련이 마련되어야 한다. 그럼에도 불구하고 3가지 국가위기의 사례는 모두 기본적인 위기관리 매뉴얼조차 숙지하지 못하거나, 최소한의 빅데이터에 기초한 시뮬레이션을 하지 않아 사태를 훨씬 더 심각하게 만들었다.

따라서 스마트 국가위기관리 시스템을 정착시키기 위한 바람직한 운영 체계는 다음과 같은 방향으로 추진되어야 할 것이다.[274]

첫째, 국가가 규정한 "국가위기관리 조직 운영 규범"을 '스마트' 국가위기관리 시스템의 정착과 관련된 방향으로 새롭게 제정해 공표해야 한다. 여기에는 '초연결 사회'와 '위험사회'에 적극적으로 대응하기 위한 4차 산업혁명의 성과가 반영된 스마트 국가위기관리 조직 운영 규범이 구체적으로 마련되어야 할 것이다. 국가위기의 성격과 종류에 따라 해당 조직에 대하여 구체적인 역할과 기능, 협조 업무를 지시해야 한다. 이 과정에서 지방자치단체를 비롯한 현장의 책임 있는 기구와 조직, 그리고 시민사회의 전문가들과 시민들이 전반적인 운영 규범을 작성하는 데 공동으로 책임을 지고 참여해야 한다.

둘째, 국가위기관리를 위한 조직 행동의 단계별 과제와 절차를 명확히 정립해 더 세부적인 시행세칙을 마련해야 한다. 그리고 이에 대한 숙지와 실전형 훈련이 담당 공직자만이 아니라 시민 참여 속에 이루어져야 한다. 아직까지는 국가위기관리 차원에서의 조직 행동 매뉴얼이 아닌, 단순재난이나 복합재난에 대한 대응 차원에서 개별 소관 부처나 기관 중심으로 만들어진 단계별 대응 매뉴얼이 대부분이다. 하지만 국가위기 시에는 발생 장소의 대응 기관별 그리고 종합적인 조직별 행동 매뉴얼이 전국적인 차원에서 시스템적으로 작동해야 하고, 국가위기 해결을 위해 동원하는 수단 역시 첨단화된 다양한 빅데이터와 기술, 인력이 되어야 한다.

셋째, 스마트 국가위기관리 시스템 정착을 위한 체계적인 운영을 위해서는 우선 국가위기에 대한 빅데이터에 기초한 상황 인식과 시뮬레이션을 통한 국가위기의 성격 평가 및 해결 방안에 대한 판단이 이루어 질 수 있도록 다양한 대비를 하여야 한다. 그리고 국가위기의 해결을 위해 수직적·수평적 협치 네트워크를 가동할 수 있는 실질적인 매뉴얼을 작성하고 스마트 국가위기관리 시스템의 효과적 작동을 위한 실전형 훈련이 일상화되어야 할 것이다.[275]

넷째, 국가위기의 사전 예방과 재발 방지를 위해서는 전문화되고 과학적인 의사결정이 필수적이며, 이를 위해서는 광범위한 데이터베이스를 반드시 구축하고 활용해야 한다. 뿐만 아니라 IoT, 클라우딩, 빅데이터, 인공지능, 보안과 소셜 네트워크 서비스와 같은 4차 산업혁명의 성과가 국가위기관리 운영 체제의 '스마트화'에 치밀하고 철저하게 내용적으로 반영되어야 한다.

다섯째, 아직은 스마트 국가위기관리 시스템이 제대로 도입되거나 정착되지 못한 단계이기 때문에 스마트 국가위기관리 시스템 구축의 필요성을 공유하고, 향후 구체적인 운영을 위한 '범정부적 차원의 스마트 국가위기관리 협의체'가 출범되어야 할 것이다. 여기에는 당연히 4차 산업혁명에 입각한 국가전략을 수립하는 정부의 최고 정책결정자와 함께 4차 산업혁명 분야에 종사하고 있는 산·학·연의 워킹 그룹과 지역 현장에 있는 전문가와 시민들이 중심적으로 참여해야 한다.

정보화 체계를 혁명하라

현대사회는 정보전쟁의 시대요, 국가발전 전략 역시 '혁신적 정보화' 없이는 불가능하다고 해도 과언이 아니다. 국가위기관리 시스템 역시 '정보화 체계의 혁명적 정비' 없이는 제대로 작동될 수 없다. 그런 점에서 스마트 국가위기관리 시스템의 정착은 국가위기관리 정보화 체계의 혁신 작업과 밀접한 관계를 가지고 있다.

국가위기는 대단히 다양한 요인들이 복합적으로 작용하여 발생하므로 최초 위기 발생 시부터 상상을 초월할 만큼 위험하고 복잡하다. 그러므로 위기관리를 담당할 상하 조직과 구성원들이 당황하지 않고 사전에 준비해 놓은 표준매뉴얼에 따라 적극적인 대응을 이행하기 위해서는 실시간 수준으로 신속하고 정확하게 제시되는 데이터에 따라 과학적 판단과 결심을 하고 최종 결정은 즉각적이고 적절히 이루어져야 한다. 특히 최근의 상황은 글로벌 정보화 네트워크에 기반한 시대이므로 위기관리 또한 최첨단 정보화를 필수적인 기반으로 하여 그 체제를 구축해야 한다. 이러한 측면에서 스마트 국가위기관리 시

스템의 정착과 관련한 기존의 국가위기관리 정보화 체계의 문제점은 다음과 같다.[276]

첫째, 국가위기관리 체계가 어떤 중요한 정보나 빅데이터에 의해서 통합적으로 운영되어 오지 않았기 때문에 최고 정책결정자의 마인드 속에서 '첨단화된 정보화의 필요성'에 대한 공감대 형성이 전반적으로 부족하다.

둘째, 국제적이고 전국적인 정보화의 부재로 인해 위기가 발생할 때마다 과다한 시간 소요로 인해 골든타임에 적절한 대응을 할 수 있는 '적시성'을 상실하기 쉬우며, 주먹구구식 판단과 즉흥적인 결심으로 인해 효율적인 대응이 곤란하며, 동일한 시행착오를 반복할 수밖에 없을 것이다.

셋째, 4차 산업혁명의 핵심이라 할 수 있는 정보혁명의 시대에 걸맞은 국가위기관리 정보화 시스템의 구축 역시 매우 초보적인 수준이라는 점이다. 정보화되지 않은 국가위기관리 체제에서 진화와 발전을 기대하기는 어렵다. 따라서 빅데이터와 AI, 드론 등 제4차 산업시대에 걸맞은 글로벌 정보 체계를 확고히 구축해야 한다. 이 점은 스마트 국가위기관리 시스템 구축에 있어서 매우 핵심적인 문제가 아닐 수 없다. 따라서 스마트 국가위기관리 시스템을 위한 정보화 체계의 발전 방향은 우선 대통령에서부터 주요 정책결정의 책임자, 현장에 있는 지방자치단체의 책임자와 관련 담당자에 이르기까지 빅데이터와 클라우딩 시스템에 기초한 정보화의 필요성과 중요성을 깊이 인식하고 공감대를 확산시키는 것이다. 소위 '스마트 리더'의 인식과 철학이 매우 중요하다.

넷째, 중앙정부로부터 기초자치단체에 이르기까지 일관성과 특수성을 동시에 실현하는 위기관리 운영 체계를 가동해야 한다. 특히 조직의 장과 구성요소(팀, 부서, 개인 등) 사이에서 최선의 방책을 도출하기 위해 각자의 역할과 상호작용이 정보화 체계의 기능에 의해 과학적 지원을 받도록 표준 절차상의 기능을 포괄하여 설계되어야 한다. 여기서 중요한 것은 스마트 국가위기관리 시스템을 위한 표준매뉴얼의 작성이다.

따라서 스마트 국가위기관리 시스템의 정착을 위해 최소한 다음의 6대 기능을 필수적으로 구비하는 '국가위기관리 전담 정보화 체계'를 중앙정부의 주도하에 지방정부와 산·학·연 합동으로 글로벌 협치 네트워크를 통해 구축해야 할 것이다.

① 해당 복합재난과 국가위기 관련 정보 공유 ② 국가위기 해결을 위한 골든타임 내 적절한 대응을 위한 결심 지원 ③ 전담 기구를 중심으로 한 통합적이고 분권화된 지시와 명령 체계 ④ 해당 위기의 과거, 현재, 미래에 대한 광범위한 빅데이터와 클라우딩 시스템 구축 ⑤ 국가위기 관련 협의체의 체계적 연동과 상호운용성 보장 ⑥ 스마트 국가위기관리의 성격상 가장 중요한 보안성 및 시민과의 쌍방향 소통 시스템(SNS) 확보 등이다.[277]

자원관리 체계를 혁명하라

국가위기관리 기능을 수행함에 있어서 필수적으로 요구되는 각종 자원은 법령 체계의 뒷받침에 따라서 사전에 비축·관리하거나 실시간으로 즉시 또는 단계적으로 동원되어야 하며 상비 수준의 비축물자 등 유사시 동원해 사용할 물자는 모두 평상시부터 일정한 규정에 따라 관리되어야 한다.[278]

스마트 국가위기관리 시스템의 차원에서 보면 이 문제는 훨씬 더 중요하고 심각하다. 예를 들면 천안함 침몰사건과 같은 위기가 발생했을 경우, 초기 북한의 군사적 공격에 대해 첨단화된 해상 국방장비를 통해 원인을 분석하고 대응해야 함에도 불구하고, "새떼 공격"으로 상부에 보고하는 상황을 연출했다. 세월호 참사 역시 해상재난 안전사고에 대응하는 해상안전 네비게이션의 활용 부재는 물론 해경 등이 구비하고 있는 첨단 장비는 유명무실할 정도로 그 활용이 부재했고, 오히려 정보의 누락, 은폐, 지체 등이 비일비재했다. 상대적으로 오랜 기간 국가적 차원에서 종합적인 실전 대비를 해 온 을지훈련의 경우만을 보더라도 자원관리 체계가 너무나 현실과 동떨어져 있으며, 새로운 국가위기 사태로 자리 잡고 있는 구제역이나 메르스의 경우는 더 심각한 상황이다.

따라서 향후 스마트 국가위기관리 시스템의 정착을 위해서는 복합재난과 국가위기 발생 시 가용한 자원관리의 목록과 구체적인 장비와 인력, 그리고 더욱 광범위한 협치적 네트워크가 충분히 마련되어야 한다. 이를 위해서는 법적인 개정과 더불어 ICBMS와 같은 첨단화된 장비와 인력을 동원할 수 있는 예산의 확보가 필수적이다.

스마트 국가위기관리 시스템의 정착을 위한 관점에서 비상 대비 자원관리 체계의 문제점 개선 방향[279]을 살펴보면 다음과 같다.

첫째, 스마트 국가위기관리 시스템 정착을 위한 '체계적인 통합적 자원관리 체계의 법적 규정'이 부재하다. 현행 비상대비 자원관리법에 따르면 비상대비의 망라 기간을 "전시, 사변 또는 이에 준하는 비상 시"라고 규정하고 있어, 국가비상사태가 수개의 단계로 구분되어 있으며 각 단계의 구분과 선포는 군사적 방위 태세 등급과 연계되어 비상국무회의 의결에 따라 구분된다. 뿐만 아니라 청와대의 국가비상사태와 각종 국가위기에 대한 규정은 대부분 국가기밀로 분류되어 있기 때문에 유사시 관련 기관과 시민들의 참여 속에 국가위기를 해결하기가 매우 어렵다.[280]

둘째, 동법은 인적·물적 자원을 효율적으로 활용할 수 있도록 ① 계획 수립, ② 자원관리, ③ 교육, 훈련에 필요한 사항도 규정하고 있어 제대로 된 국가위기관리에 소요되는 자원의 관리 규정으로 보기 어렵다. 특히 스마트 국가위기관리 시스템과 관련한 첨단화된 장비와 인력의 동원 관련 규정은 찾아보기 어렵다.

셋째, 동법은 주로 국가방위에 대한 비상사태에 필요한 위기관리 규정을 주된 내용으로 하고 있을 뿐이고 재해 및 재난, 국가기반시설 파괴, 신종 국가위기 등에 대한 소요 자원을 관리 대상으로 망라하고 있지 않다.[281] 따라서 포괄적인 스마트 국가위기관리 체제 운영을 위한 자원관리 법규로서는 턱없이 부족하다.

따라서 스마트 국가위기관리를 위한 자원관리 체계 구축 방안은 크게 2가지로 정리할 수 있다.[282] 첫째, 현행 비상대비 자원관리법상의 기본 지침, 기본 계획, 집행 계획, 실시 계획 등의 관련 항목들을 수정해 국가위기 시와 국가비상 시에 적용할 자원관리 체제를 일원화하는 것이다.[283] 둘째, 국가위기관리 체제에 필요한 자원관리 법령과 체계를 별도의 독자적인 체계로 구축하는 것이다. 여기에는 국가위기의 성격상 특별한 전문성이 요구되는 첨단화된 기술과 장비, 전문화된 인력에 대한 빅데이터가 통합적 자원관리 데이터베이스 시스템에 의해 구축되고, 클라우딩 시스템화되어야 한다. 셋째, 국가위기에 대한 개념 규정을 과거 권위주의 정권 시절처럼 폐쇄적이고 비밀주의적으로 운용할 것이 아니라, 더욱 시민 참여적인 국가위기관리 시스템에 따라 국가기밀 자료와 정보의 범위를 제한적으로 규정하고 더욱 개방적인 차원에서 유연하게 대응할 필요가 있다.

넷째, 국가위기는 처음부터 국가 전역에서 발생하는 경우보다는 비교적 특정한 장소에서 발생하는 경우가 일반적이므로, 전시가 아닌 평시 환경에 대비하여 비축→관리→저장→집행→보충의 전 과정에서 국가에 의한 중앙집권적 관리통제 체제를 갖추는 것[284]도 중요하지만, 지방정부의 자율성이 대폭 강화되는 방향으로의 정책적 전환이 절실히 요구된다. 이 모든 과정에서 가장 핵심적인 것은 대형 복합재난이나 국가위기 발생 시 동원할 수 있는 자원의 범위 속에서, 4차 산업혁명의 성과로 이룩한 최근의 국가위기 관련 다양한 기술과 인력 그리고 첨단화된 ICBMS 시스템이 대폭 추가되어야 하며 관련 예산과 운영상 지침이 법제화되어야 한다는 점이다.

교육훈련 체계를 혁명하라

국가위기관리에 있어 가장 중요하면서도 가장 소홀히 취급되는 영역이 교육훈련이다. 매년 실시되는 중앙정부 중심의 을지훈련이나 다양한 재난안전 대피훈련 역시 대부분 사전 시나리오에 따른 현장에서의 모의실험에 국한되어 있다. 하지만 현실의 복합재난은 정부가 사전에 준비하고 있는 표준매뉴얼과 예상 시나리오와는 전혀 다른 형태의 '불가예측성'과 '복합성' 등으로 상상할 수 없는 대형 복합재난으로 발전하고 있기 때문에, 이러한 돌발상황을 감안한 현장감 있는 교육훈련 체계로의 혁명적 전환이 필수적이다.

정부 부처나 공공기관에 배치되어 위기관리 기능을 수행할 전문 담당자들에게 체계적인 위기관리 학습을 시키는 교육기관이 부족하고 교육 체계 또한 미흡하다. 이러한 문제점은 곧 새로운 형태의 국가위기가 발생할 경우 담당 부서와 구성원들이 동일한 시행착오를 반복하게 만들고 위기관리 시스템의 발전과 능력 향상을 저해하는 요인으로 작용하게 된다. 따라서 국가위기관리 담당자들에 대한 체계적 교육훈련 체계가 조속히 정착되어야 한다.

스마트 국가위기관리 시스템의 정착과 관련해 현행 교육훈련 체계의 문제점과 개선 방향을 살펴보면 다음과 같다.[285]

첫째, 사실상 국가위기관리를 위한 독립적인 교육훈련 체계가 중앙정부는 물론 지방자치단체 등에도 부족하다. 세월호 참사에서 확인된 것처럼 해상재난 안전사고를 책임지고 있는 해경은 물론 세월호 선박 회사조차 전문적인 해상안전에 대한 교육훈련이 부재했다는 점이다.

둘째, 현대사회의 다양한 복합재난과 국가위기의 원인과 대응을 체계적으로 교육시킬 수 있는 전문 인력이 전반적으로 매우 부족하다.[286] 중앙정부는 물론 지방자치단체에서 실시되는 복합재난과 국가위기 관련 비상대비 업무 역시 사실상 전 직원에게 부여되므로 위기 유형별 담당 부서에 적절한 전문성 교육이 부재한 실정이다.

셋째, 새로운 국가위기에 대한 사전 예방교육과 실질 대응훈련을 하기 위해서는 다양한 국가위기 사례에 대한 시뮬레이션을 통해 3D 체험을 비롯한 현실적인 교육훈련 체계가 마련되어야 한다. 하지만 현재는 대부분 관련 규정의 준수를 위한 의무적인 교육이나 형식적인 체험형 시나리오 훈련에 그치고 있다. 뿐만 아니라 전시와 비상시, 복합재난과 국가위기에 대비하는 차별화된 위기관리 과제와 대응훈련이 별도의 규정과 체계에 의해 구성되어야 한다.

넷째, 그동안은 중앙정부가 작성한 각종 재난대응 매뉴얼에 따른 형식적인 교육훈련에 그쳤다. 따라서 그동안의 각종 비상대비 및 재난대피 훈련은 기존의 법률, 대통령령, 기본 지침→기본 계획→집행 계획→실시 계획으로 이어지는 각종 계획을 플랫폼으로 하여 체계 구성이 가능하다. 반면에 위기대비 훈련은 앞서 언급한 법령과 계획의 기반이 없기 때문에 교육훈련 체계 구축을 위한 체계 구성이 쉽지 않다는 것이다.

따라서 스마트 국가위기관리 교육훈련 체계의 발전 방향은 무엇보다도 우선 법적 기반의 확보를 위하여 비상대비 자원관리법이 망라하는 "비상사태"의 개념을 확대해 국가위기 국면을 포함시키고

동법을 위기대비까지 충족시킬 수 있도록 보완하는 방안과 위기대비 자원관리법을 별도로 제정해 더욱 명확하게 정리하는 방안을 고려할 수 있다.[287] 또한 "군사적 위기, 재난사태, 국제사회와 자연환경 및 기술 발전에 수반되는 새로운 각종 위기관리 조직에서 전문적 활동을 할 수 있는 인재의 양성은 무엇보다 중요한 필수 과업이다. 이를 위해 스마트 국가위기관리 관련 전문요원 육성을 위한 필수적 기반을 구축하는 것이 우선이다."[288] 더 구체적으로는 '위기관리 역량에 대한 전문성 인증 제도 설치 운영', '임용된 구성원에 대한 단계별 직무교육을 시킬 수 있는 보수교육 체계 구비', '을지훈련 등 국가 단위 훈련을 포함하여 부처 및 직할청과 지자체별 독자적 훈련에 첨단화된 3D 현장체험 교육훈련을 상설화할 수 있는 프로그램'을 실행에 옮겨야 할 것이다.

제5장

위기관리 시스템
혁명을 위하여

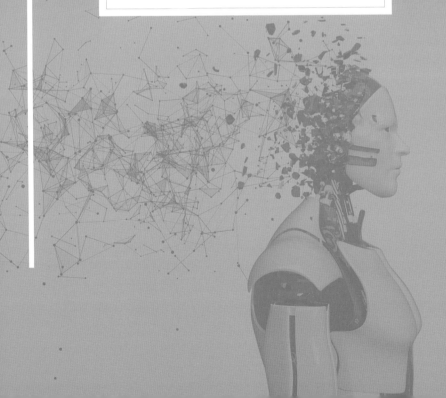

새로운 위기관리 시스템이 정착되기 위해

스마트 국가위기관리 시스템의 도입과 정착을 위해서는 첫째, 기존의 국가위기관리 시스템의 6대 핵심 체계를 중심으로 4차 산업혁명의 성과를 최대한 반영하는 것이다. 이 과정에서 법과 조직, 운영, 정보화와 자원관리, 교육훈련 등에 있어서 기존의 전통적인 국가위기관리 방식과는 질적으로 다른 첨단화된 기술과 시스템이 대폭 보강되어야 할 것이다.

둘째, 스마트 국가위기관리 시스템의 핵심 체계를 앞서 분석한 사례 이외의 국가위기 사례에 실질적으로 적용하는 것이다. 이를 통해 새로운 수칙에 따른 종합 대응 매뉴얼이 현실에 적합한가를 검증할 수 있다. 앞 장의 사례연구에서 상세히 살펴본 것처럼 천안함 침몰사건이나 세월호 참사 그리고 메르스 사태와 같은 국가적 위기를 잘 극복하기 위해서는 복합재난과 국가위기의 단계별로 첨단화된 빅데이터, AI, 클라우드와 같은 4차 산업혁명의 성과에 기반한 기술과 인력이 적절히 동원되어야 한다.

셋째, 스마트 국가위기관리 시스템이 단순히 국가위기의 관리뿐만 아니라 4차 산업혁명 시대에 걸맞은 국가발전 전략과 긴밀한 연계 속에서 선순환적 발전을 할 수 있는 전략과 정책을 추진하는 것이다. 해외 선진 국가의 경우도 그렇고, 우리 사회의 현실 역시 다양한 복합재난과 사회문제의 해결 없이는 국가가 발전하기 어렵다. 특히 4차 산업혁명을 통한 국제적 경쟁 속에서 스마트 국가위기관리 시스템을 통한 크고 작은 국가위기의 극복 과정은 궁극적으로 스마트 국가발전 전략으로 연결될 것이기 때문이다.

이러한 방향에서 본 장에서는 앞서 살펴본 이론적 체계와 사례 분석, 제도 분석 등을 통해 얻은 지혜를 바탕으로 '스마트 국가위기관리 체제의 도입과 정착 방안'을 필자 나름대로 전개하고자 한다.

스마트 국가위기관리 시스템이 정착되기 위해서는 우선 법과 제도적인 차원에서 스마트 국가위기관리의 개념이 정립되어야 한다. 그 후에 시스템 도입 및 정착과 관련해서 필요로 하는 기본법 제정과 각종 운영 시스템 그리고 그에 따르는 예산 등이 확보되어야 할 것이다. 이렇게 확립된 제도와 운영 시스템이 국가위기 발생 시 빅데이터를 통한 정보의 공유 및 AI를 통한 시뮬레이션 평가, ICBMS와 같은 첨단 기술과 자원의 동원 및 3D 체험에 기초한 실전형 훈련 등으로 효과적으로 작동할 수 있도록 스마트 국가위기관리 시스템의 핵심 체계를 업그레이드하고 제도화하는 작업은 매우 중요하다.

따라서 스마트 국가위기관리 시스템의 정착을 위해 필요로 하는

6대 핵심 체계 중에서 가장 선행되어야 할 정책적 과제를 살펴보고자 한다.

기본법과 관련법을 정비하라

스마트 국가위기관리 시스템이 도입되고 정착되기 위해서는 현대사회에서 빈번하게 발생하고 있는 복합재난과 이로 인한 국가위기에 대한 엄밀한 개념 규정이 필요하다.[289] 또한, 스마트 국가위기관리 시스템에 부합하도록 기본법 제정과 이와 관련된 각종 법규와 훈령, 세칙의 전면적인 정비가 필요하다. 앞 장에서 살펴본 것처럼 현재의 국가위기와 관련해서도 기본법이 부재하고 하위 법 체계 간에 중복성과 불일치성이 상당히 존재하고 있는 상황에서, 신종 감염병을 비롯한 복합적인 재난이 동시적으로 발생하여 국가위기로 확산되는 경우에는 적용해야 할 기본법과 관련 조직의 운용 등에 있어서 심각한 혼란이 야기될 가능성이 농후하기 때문이다.

특히 스마트 국가위기관리 시스템이 정착되기 위해서는 ICBMS를 비롯한 각종 AI 혁명과 4차 산업혁명의 성과가 자원관리와 교육훈련의 대상에 포함되고, 이를 현실적으로 가능하게 할 수 있는 예산의 확보가 필수적이기 때문에 중앙정부와 지방정부, 공공기관의 관련 법규와 제도의 대대적인 정비가 요구된다.

뿐만 아니라 스마트 국가위기관리 시스템의 도입과 정착 과정에서 가장 큰 쟁점이자 장애물이 되고 있는 각종 규제도 혁파되어야 할 것이다. 이를테면 빅데이터와 클라우드, AI 혁명과 블록체인 혁명 관련 규제와 개인정보 제공에 대한 과도한 입법적 규제의 경우 선진 국가들의 스마트 국가위기관리 시스템 운영 사례를 참조하여 전향적으로 법 개정을 추진할 필요가 있다.

네거티브 규제 개혁 프로젝트를 실현하라

국민적 요구를 충족시키면서 국가발전의 혁신 전략 수립에 도움이 되는 형태로 진행되는 규제 개혁은 초고속, 초융합의 4차 산업혁명 시대의 최우선 정책 과제로 설정되어야 할 것이다. 기본 방향 역시 '포지티브'에서 '네거티브'로, '개별 규제'에서 '규제 인프라'로 규제 패러다임이 혁신되어야 한다.[290]

그 대표적인 사례가 4차 산업혁명으로 가기 위한 기본 전제조건으로 인식되는 클라우드 활성화를 위한, 클라우드법에 담긴 과도한 규제의 개혁이다. 예를 들면 금융기관, 의료기관, 공공기관 등 3가지 분야에서의 클라우딩 서비스 이용 제한 등의 문제에 대해서도 클라우드 시장 활성화 정책 차원에서 혁신적인 규제 개혁이 이루어져야 할 것이다.[291] 혁신성장을 위한 규제 완화의 필요성은 식품안전 등 다양한 분야[292]로까지 확산되고 있다.

미국은 클라우드 우선 정책에서 클라우드 유일 정책으로 전환했으며, 영국도 '디지털 마켓플레이스'를 통하여 자국의 클라우드 산업 활성화를 위해 노력하고 있다. 에스토니아는 클라우드를 기반으로 국가의 데이터베이스 플랫폼을 구축하여 정부와 민간을 포함한 에스토니아의 모든 데이터베이스를 하나로 연결하고 있는 상황이다.[293]

개인정보 관련 법안을 개정하라

4차 산업혁명에서는 데이터 확보 역량이 기업의 경쟁력을 결정하고 있으며, 이는 주요 선진 국가들 역시 개인정보의 규제 개혁을 시도하는 이유이기도 하다. 미국의 경우 개인정보 관련 규제는 사전 규제Opt-in보다는 사후 동의Opt-out의 방식을 취하고 있으며, 개인정보 관련 규제가 심했던 유럽과 일본도 법률 개정을 통해 개인정보의 보호와 활용 사이의 균형점을 찾고자 노력하고 있다.[294]

한국은 과도한 개인정보 보호 규제로 인해 스타트업(신생 기업)은 데이터 수집조차 어렵고 데이터를 가지고 있는 대기업도 활용하지 못하고 있다. 개인정보 보호 규제의 개혁안은 각계 전문가들이 참여한 가운데 개인정보의 활용과 보호가 균형을 이룰 수 있는 방향으로 진행되어야 할 것이다. 이와 관련해서 이창범[295]과 임상규[296]는 빅데이터 환경에서 사생활 보호 강화를 위한 개선 방안으로 정보 주체가 필요한 경우 언제든지 개인정보 처리를 스스로 차단할 수 있는 개인 추적 차단 기능Do-not-track의 설치를 의무화할 것을 제안했다.

대통령 직속의 스마트 위기관리센터를 신설하라

앞서 살펴본 사례들에서 공통적으로 나타난 문제점은 심각한 국가적 위기가 발생하더라도 기존에 있던 중앙 차원의 위기관리센터나 중앙재해대책본부가 전혀 효과적으로 작동하지 못했다는 점이다. 오히려 현장에서의 대응에 장애를 주는 불필요한 행정적·명령적 상의하달

체계가 작동됨으로써 초기의 재난이 국가적 위기로 확산되었음을 확인할 수 있었다. 따라서 스마트 국가위기관리 통합센터를 대통령 직속으로 설치하여 향후 발생할 다양한 국가위기에 대한 사전 예방과 대비 그리고 적절한 사후 대응과 근본적인 재발 방지 대책을 마련해야 할 것이다.

현재는 NSC 위기관리센터를 비롯한 다양한 기구에서 통합적인 역할을 수행하고 있지만 그 위상과 역할이 애매한 실정이다. 첨단화된 글로벌 정보를 수집·분석하는 것은 물론이고 빅데이터와 인공지능 등 최첨단 국가위기관리 정보화 시스템을 통합적으로 관리할 수 있어야 한다. 이를 위해 다양한 국가위기의 종합적 컨트롤 타워 역할을 수행해 온 NSC 산하에 스마트 국가위기관리 통합센터를 신설하여 여기에서 다양한 국가위기 관련 정보를 빅데이터화하고, 클라우딩 시스템으로 만들어 체계적으로 관리해야 할 것이다. 일부에서는 총리실의 재난안전 관련 각종 통합협의체 차원에서 이러한 역할을 수행해야 한다는 주장도 있으나, 남북분단과 대통령 책임제라는 한국의 독특한 정치적 상황에서 스마트 국가위기관리 시스템을 통한 혁신적인 국가발전 전략은 대통령이 확고한 철학과 비전을 가지고 주도적으로 추진하지 않으면 사실상 불가능한 것이 현실이기 때문이다.

특히 대통령 직속의 스마트 국가위기관리 통합센터는 중앙정부와 유관 기관을 중심축으로 하는 것이 아니라 다양한 재난현장을 직접 경험하고 즉각적으로 대응해야 하는 지방정부의 '자주적' 위기관리 시스템과의 긴밀한 협조 체계를 바탕으로 하는 '글로컬 거버넌스형 통합센터'로서의 역할을 수행해야 할 것이다.[297]

현재 행정안전부 산하 국립재난안전연구원에서 개발·운영하고 있는 스마트 빅보드Smart Big Board 시스템[298]이 스마트 국가위기관리와 관련해서 의미 있는 역할을 수행하고 있으나 종합적인 국가위기관리센터로서의 역할을 하기에는 매우 부족하다.[299] 따라서 새롭게 구축하는 '스마트 국가위기관리 통합센터'는 모든 정부기관의 빅데이터와 클라우딩 시스템을 통합하는 것은 물론이고 4차 산업 및 스마트 국가위기관리와 연결된 학계와 민간 기업의 ICBMS와 같은 4차 산업혁명의 성과와 밀접히 연관되어 스마트 국가위기관리 거버넌스 차원에서 추진되어야 한다. 또한 중앙정부와 지방정부, 스마트 국가위기관리 시스템과 연결된 광범위한 재난안전 네트워크와 연결되어 '민관 협치의 국가위기관리 거버넌스 체제'로 발전되는 구심력이 되어야 하며, 향후 스마트 국가위기관리 시스템 정착을 위한 복합재난 대응 수칙의 새로운 수립 과정에 핵심적인 시스템으로서의 역할을 수행해야 할 것이다.

O2O 위기관리 시스템을 운영하라

스마트 국가위기관리 시스템이 도입되고 정착되기 위해서는 우선적으로 4차 산업혁명의 성과에 기반한 국가발전 전략과 종합적으로 연계된 'O2O 스마트 국가위기관리 시스템'이 수립되어야 한다. 더 구체적인 수준에서는 블록체인 기술을 활용하여 ICBMS와 같은 첨단 기술을 통한 통합적 국가위기관리 시스템이 정비되어 국가위기 발생 이전 단계에서부터 첨단화된 예측·평가 시스템을 통해 골든타임에 즉각적인 종합 대응이 가능하도록 국가위기관리 체계의 혁신이 이루어져야 한다. 이를 통해 천안함 침몰사건과 같은 국가안보적 사안은 물론이고, 대형 재난이나 신종 감염병 등 다양한 국가위기에 대응 시에 ICBMS를 적극적으로 활용하기 위해 전문성에 기초한 사전 예방과 현장 대응 로드맵 역시 혁신적으로 재정비되어야 할 것이다.

스마트 국가위기관리 시스템 관련 예산 확보를 위한 법률 제정과 적정 예산 편성의 의무화 역시 필요하다. 위치정보 시스템GPS을 비롯한 다양한 첨단 장비와 인원의 동원은 물론 소셜 네트워크 서비스SNS를 통한 '시민 참여형 국가위기관리 시스템'이 국가 전체적으로 그리고 시민사회에 뿌리내리기 위해서는 예산의 확보가 필수적이기 때문이다.

020 위기관리 정보화 시스템을 운영하라

스마트 국가위기관리 시스템의 정착을 위한 정보화 차원에서 가장 필요한 작업은 빅데이터와 클라우딩 시스템의 적극적인 도입을 통해 정부와 민간 차원에서 '종합적인 스마트 국가정보화 네트워크'를 체계적으로 수립하고 운용하는 것이다. GPS를 통한 중앙정부와 지방자치단체, 공공기관과 민간의 '민관 공간정보의 통합 체계'를 구축하는 작업 역시 중요하다.

이민화[300]는 "정보화되지 않은 국가위기관리 체제는 진화와 발전을 기대하기는 곤란하다. 따라서 빅데이터와 AI, 드론 등 제4차 산업 시대에 걸맞은 글로벌 정보 체계를 확고히 구축해야 한다. 따라서 종합적으로 4차 산업혁명에 기반한 스마트 국가위기관리 정보화 시스템을 구축하기 위해서는 기본법 제정에서부터 관련 기관과 협의체의 네트워크, 조직과 운영, 교육 과정에서 빅데이터와 인공지능에 기반한 O2O 스마트 국가위기관리 정보화 시스템을 정비해야 할 것"이라고 강조한다.

김병례·이민화[301]는 '재난안전 플랫폼의 O2O 서비스 디자인'을 제안하면서 4차 산업혁명의 양대 기술로 꼽히는 빅데이터 인공지능과 블록체인의 O2O 융합 서비스는 재난안전 플랫폼에서 사회적 가치를 입증하고 사회는 이러한 디지털 기술 혁명으로부터 현대사회의 위기를 극복할 수 있을 것이라고 했다. 이러한 이민화의 제안은 O2O 융합 서비스가 재난안전 플랫폼 차원을 넘어서 스마트 국가위기관리 시스템의 핵심적 플랫폼으로 자리 잡을 수 있다는 점에서 큰 의미가 있다.

이민화[302]는 특히 'O2O 스마트 국가위기관리 체계[303]'와 관련하여 블록체인 기술을 활용한 4차 산업혁명에서 제공되는 기술과 인프라로 분산과 통합의 패러독스를 극복하는 새로운 대안을 O2O 재난관리 체계로 제시했다. 이러한 개념은 세월호 참사와 같은 재난현장에 우선 적용이 가능하며, 이 개념을 확장하여 구제역, 조류 인플루엔자(AI), 메르스와 같은 전염병 질환 관리에도 적용하고 더 나아가 국방 전 분야에 걸친 중앙통제와 현장 대응의 모순을 극복할 수 있다고 전망한다. 여기에서 한 걸음 더 나아가 주요 선진국의 4차 산업혁명 대응 사례 분석을 통해 민간과 공공 부문의 협치 거버넌스적 측면, 그리고 스마트 국가전략 및 스마트 시티와 스마트 거버넌스와의 연계성 강화 방안도 정책 대안으로 제시하고 있다.

이민화[304]는 더 구체적인 차원에서 "한국의 4차 산업혁명을 이끌 새로운 정부는 클라우드 기반의 정부 4.0이 되어야 하며, 이를 통해 부처 칸막이를 철폐하여 부처 간의 데이터 공유와 협력을 촉진해야 한다"고 제안하고 있다. 특히 서울과 세종시로 분리된 행정 시스템의 효율성이 제고될 것이며, 광역 및 기초 지방자치단체와 중앙정부 그리고 공공기관의 다양한 협치 네트워크가 여기에 포함되어야 한다. 원래 정부 3.0의 기본 원칙은 클라우드 우선 정책의 확립을 위해 공공 데이터의 원칙적 개방을 추진하면서 동시에 민간 기업과 시민들의 협치적 참여를 제도적으로 보장하는 방향으로 추진되어야 할 것이다.[305]

데이터 개방 정책을 공무원들이 적극적으로 실천할 수 있도록 데이터 개방에 대한 성과와 클라우드 활용 현황을 인사평가에 반영하고, 데이터의 미개방과 클라우드 미활용 사유를 소명하도록 하는 시스템 구축이 필요하다.

이외에도 국정원을 비롯한 주요 부처의 클라우드 규제를 폐지하고 공공에서 자율적으로 필요한 보안 수준에 따라 적절한 클라우드 서비스를 선택할 수 있도록 해당 기관에 자율과 책임을 부여해야 한다. 특히 국정원은 보안을 위한 망 분리 원칙하에 내부망과 외부망이라는 별개 망을 사용하느라 소중한 시간을 낭비하고 국민들과 분리되어 있다는 전문가들의 비판이 제기되고 있는 실정이다.[306]

스마트 국가위기관리 시스템이 제대로 도입되어 확고히 뿌리내리기 위해서는 국가위기관리 시스템의 디지털화와 스마트화가 필수적이며, 이 과정에서 ICBMS와 같은 4차 산업혁명의 성과가 최대한 반영되어야 한다. 이를 위해 빅데이터와 클라우딩 시스템에 의한 정부와 민간 차원의 '종합적 스마트 국가정보화 네트워크'의 체계적인 수립과 운용 역시 필수적으로 요구된다.

이러한 기본적인 인식 속에서 이민화가 제안하고 있는 스마트 국가위기관리 시스템의 4단계 정보화 전략은 대체로 다음과 같다.

(1) 1단계(데이터화 단계): 데이터의 수집 역량이 곧 국가역량인 단계이다.

(2) 2단계(정보화 단계): 미국 CIA와 국방성 등 최고 기밀을 다루는 정부기관들도 민간 클라우드를 활용하고 있는 것처럼 클라우드 퍼스트 정책을 추진하고, 에스토니아의 사례처럼 민간과 공공의 데이터가 퍼블릭 클라우드에서 통합되어야 하는 단계이다.

(3) 3단계(지능화 단계): 빅데이터의 구조화는 딥러닝으로 대표되는 인공지능이 담당하며, 지능화 단계에서 가장 중요한 것은 인공지능 전문가의 체계적인 교육 및 양성 프로그램이다.

(4) 4단계(스마트화 단계): 4차 산업혁명은 디지털 트랜스폼에서 아날로그 트랜스폼으로 무게 추가 이동하고 있으므로 3D 프린트와 로봇이 육체적 욕망을, 증강/가상현실이 정신적 욕망을 충족시킨다. 이어서 욕망을 거래하는 블록체인과 욕망을 거래하는 플랫폼 기술을 제시하고, 이러한 신기술 보급을 위해 기술 교육과 온·오프라인 교육 체계가 필요하며, 이를 위한 기술 교육 플랫폼 구축이 필요한 단계이다.[307]

이상과 같은 스마트 국가위기관리 정보화 체계는 4차 산업혁명의 성과에 기반한 국가발전 전략을 수립하는 데 있어서뿐만이 아니라, 국가위기 발생 시에도 사건 발생 이전부터 첨단화된 기술을 통해 복합재난의 예측과 평가가 가능하다는 데 의의가 있다. 그리고 이는 국가위기 상황 발생 시 4차 산업혁명의 성과에 기반한 다양한 기술과 인력을 통해 스마트 국가위기관리 시스템이 효율적으로 작동하는 데 전방위적으로 활용되어야 한다.

한편으로 보안 문제 등 사이버 재난관리 면에서 중요성이 있다. 이는 단순히 북한의 사이버 테러 차원을 넘어선 다양한 복합재난과 국가위기에 국내외적으로 해킹그룹의 개입 가능성이 그 어느 때보다 높아지고 있기 때문이다. 뿐만 아니라 아무리 좋은 스마트 국가위기관리 시스템이 정착된다 하더라도, 보안상의 문제가 발생할 경우는 무용지물이 될 뿐만 아니라 오히려 국가적 위기를 증폭하는 부메랑이 될 수 있기 때문이다.

스마트 국가위기관리 시스템의 정착을 위해서는 국가위기관리 정보화 시스템 정착에 있어서의 '통신 체계의 표준화 작업' 역시 매우 중요하다. 한철희·박수형·윤명오[308]는 이와 관련해서 '미국의 재난통신 운영 체계 및 표준 운영 절차 분석'을 통해서 전국과 지방 단위로 운영적 요소와 기술적 요소가 모두 포함된 재난통신 조직의 체계화를 강조하고 있다.

이외에도 운영적인 측면에서 (1) 국가위기 발생 이전 단계에서부터 첨단화된 예측·평가 시스템을 통해 골든타임의 즉각적인 종합 대응 (2) 국가안보, 대형 재난, 신종 감염병 등 다양한 국가위기에 대응

시 ICBMS의 적극적 활용을 위해 전문성에 기초한 사전 예방과 현장 대응 로드맵의 혁신적 재정비 (3) 스마트 국가위기관리 시스템 관련 예산 확보를 위한 법률 제정과 적정 예산 편성의 의무화 (4) 위치정보 시스템(GPS)과 소셜 네트워크 서비스(SNS)를 통한 시민 참여형 국가위기관리 시스템 구축 등의 혁신적 운영이 필요하다.

첨단 자원관리를 운영하라

스마트 국가위기관리 시스템의 정착을 위해서는 자원관리 측면에서 ICBMS와 같은 4차 산업혁명의 성과와 연계한 통합적인 첨단 자원관리가 필수적으로 요구된다. 위기의 유형별로, 위기 단계마다 또는 위기를 책임지는 기관마다 유사시 활용할 수 있는 기존의 자원만이 아니라 새로운 국가위기에 대응하는 첨단화된 물적·인적 자원을 체계적으로 목록화하고 빅데이터화해서 상호 공유할 수 있어야 한다. 당연히 이를 위한 예산 편성과 법제화가 이루어져야 한다.

그리고 스마트 국가위기관리 시스템 관련 4차 산업의 전략적 집중 육성이 필요하다. 정부의 예산과 공공 부문의 첨단 자원관리만으로는 대형 복합재난이나 국가적 위기에 대응 시에 협치적 네트워크를 충분히 가동할 수 없기 때문이다. 따라서 4차 산업혁명 분야에서 선진 기술을 개발하고 있는 벤처기업 및 중견·대기업을 포함하는 산·학·연간의 연계 시스템이 매우 요긴하다. 특히 일본을 비롯한 선진국에서 역점을 두어 추진하고 있는 드론과 로봇, 무인항공기 등의 개발 지원과 적극적인 스마트 시스템 운용을 통해 다양한 국가위기가 발생할 경우 사전 예방은 물론 초기 대응과 구조에 이르기까지 전방위적으로 첨단 자원을 관리할 필요가 있다.

3D 체험 교육훈련을 실현하라

재난 및 위기대응과 관련한 기존의 교육훈련 체계는 여러 가지 국가위기 사례에서 검증된 바와 같이 체계적이고 전문적인 시스템으로 운영되지 못하고 있다. 더욱이 4차 산업혁명과 연계하여 새로운 스마트 국가위기관리 관련 전문화된 교육과 3D 체험에 기초한 실질적인 훈련은 사실상 거의 전무한 실정이다. 따라서 세월호 참사 과정에서 여실히 드러난 것처럼 범정부적 차원에서 재난교육을 책임져야 할 중앙의 책임 부처조차 매뉴얼 숙지와 실전 훈련을 하지 못한 상태에서 대형 재난을 접한 경우 크고 작은 실수가 상당수 반복되었다. 뿐만 아니라 이미 존재하고 있는 첨단 장비와 인력조차 활용하지 못했던 것이다. 따라서 중앙 부처는 물론 지방자치단체, 그리고 시민 참여에 이르기까지 실전형 교육훈련은 매우 중요하다.

스마트 국가위기관리 시스템의 도입과 정착을 위해서는 위로는 대통령에서부터 아래로는 현장의 실무 책임자에 이르기까지 4차 산업혁명의 성과를 담은 첨단화된 재난안전 관련 교육과 훈련이 체계적으로 이루어져야 할 것이다. 청와대는 물론 중앙 부처 그리고 지방자치단체를 비롯하여 스마트 국가위기관리 시스템과 연관된 협치 시스템의 중심적 위치에 있는 조직과 담당자들은 중장기적인 실전 교육·훈련을 받아야 한다. 이를 위한 구체적인 방안의 하나로 인공지능 전문 인력의 양성은 매우 중요하다. 인공지능 기술 시장의 규모는 약 2,000억 달러이지만 이를 활용하는 시장의 규모는 40조에 달하는 것으로 추정된다. 이민화[309]는 대한민국의 인공지능 전략도 개발보다는 활용에 우선을 두어야 하며, 가장 시급히 추진되어야 할 정책은 인공지능 활용 인재의 양성과 이를 위한 시스템을 구축하는 것으로서, 10만 전문 인력과 100만 현장 인력을 양성하는 전략을 제안하고 있다.

이상의 정책 제언을 정리해 보면 대체적으로 다음의 〈표16〉과 같다.

표16 스마트 국가위기관리 시스템 정착을 위한 정책 제언

6대 핵심 체계	스마트 국가위기관리 시스템 정착을 위한 정책 제언
1. 법령 ① 기본법과 관계 법령 ② 스마트 국가위기관리에 필요한 입법	- 스마트 국가위기관리 시스템 정착을 위한 기본 법령 제정 및 유관 법령의 종합적 재정비 (빅데이터와 클라우딩 등 규제 개혁 입법) - ICBMS를 비롯한 4차 산업혁명의 성과를 반영할 수 있는 혁신적 규제 완화와 관련 법규의 입법화
2. 조직 ① 컨트롤 타워 확립과 통합적 조직 ② 스마트 국가위기관리 전담 조직 운영	- 청와대 NSC의 컨트롤 타워 부재, 현장과 상부 조직의 균열을 방지할 수 있는 종합적인 조직의 재정비 - 대통령 직속 NSC 산하에 스마트 국가안보 체계 관련 전담 조직 구성 - 지방정부의 위상과 자율성 제고를 위한 혁신적 조처 (입법과 예산 확보)
3. 운영 ① 효율적 운영을 위한 전문성과 분권화 ② 스마트 국가위기관리 운영에 필요한 예산 확보	- 4차 산업혁명의 성과에 기반한 국가발전 전략과 종합적으로 연계된 〈O2O 스마트 국가위기관리 시스템 수립〉 - 블록체인 기술을 활용하여 ICBMS와 같은 첨단 기술을 통한 통합적 국가위기관리 시스템 정비 - 국가위기 발생 이전 단계에서부터 첨단화된 예측·평가 시스템을 통해 골든타임 시 즉각적인 종합 대응

6대 핵심 체계	스마트 국가위기관리 시스템 정착을 위한 정책 제언
3. 운영 ① 효율적 운영을 위한 전문성과 분권화 ② 스마트 국가위기관리 운영에 필요한 예산 확보	- 국가안보, 대형 재난, 신종 감염병 등 국가위기 대응 시 ICBMS의 적극적 활용을 위한 전문성에 기초한 사전 예방과 현장 대응 로드맵의 혁신적 재정비 - 스마트 국가위기관리 시스템 관련 예산 확보를 위한 법률 제정과 적정 예산 의무화 - 위치정보 시스템(GPS)과 소셜 네트워크 서비스(SNS)를 통한 〈시민 참여형 국가위기관리 시스템〉 구축 - 중앙정부가 현재 운영 중인 〈스마트 빅보드〉 시스템의 혁신적 업그레이드
4. 정보화 ① 통합적 국가위기관리정보화 체계의 정비 ② ICBMS 등 4차 산업혁명의 성과 반영	- 빅데이터와 클라우딩 시스템에 의한 정부와 민간 차원의 <종합적 스마트 국가정보화 네트워크>의 체계적인 수립과 운용 - GPS를 통한 중앙정부와 지방자치단체, 공공기관과 민간 등의 <민·관 공간정보 통합 체계> 구축
5. 자원관리 ① 통합적인 자원관리 ② ICBMS와 같은 4차 산업혁명과 연계한 첨단 자원관리	- 국가위기 단계별로 민간과 4차 산업 관련 전문가의 인적·물적 자원을 최대한 동원할 수 있는 매뉴얼 작성과 관련 산업 육성 필요 - 드론과 로봇, 무인항공기 등의 개발과 운용을 통해 다양한 국가위기 시 예방, 초기 대응, 구조에 이르는 전방위적인 첨단 자원관리
6. 교육훈련 체계 ① 독립된 전문 교육훈련 ② 4차 산업혁명 연계 교육훈련 체계	- 4차 산업혁명의 성과를 국가위기 발생 시 적극 활용할 수 있는 전문화된 교육과 3D 체험 등 실질적인 훈련의 체계화

2

단계별 대응 전략을
실현하라

스마트 국가위기관리 시스템이 정착되기 위해서는 앞 장에서 살펴본 것처럼 국가위기관리의 핵심 체계를 '스마트 시스템화'하는 것과 동시에 국가위기의 발생 이전 단계에서부터 '빅데이터와 인공지능 등을 활용한 스마트 시스템의 효과적인 작동'을 통해 국가위기를 예방하거나 피해를 최소화해야 한다. 따라서 국가위기가 발생하기 이전의 예방 및 대비 단계와 발생 후 대응 및 복구 단계에서 필요로 하는 스마트 국가위기관리 시스템의 기제가 효과적으로 작동될 수 있도록 하는 다양한 노력이 수반되어야 한다. 특히 국가위기 발생 시 단계별로 차별화된 첨단 기술과 자원을 중심으로 하는 세부적인 대응전략이 요구된다.[310]

스마트 국가위기관리 시스템의 정착과 직접 연결되지는 않지만 스마트 재난관리 체계 혁신을 위해 선도적인 연구를 수행해 온 강희조[311]는 '국가 사이버 재난관리 시스템의 4단계 구축 방안'과 관련해 다음과 같이 제안하고 있다.

(1) 예방 및 준비 단계로서 사이버 재난에 대한 예방을 위해 사이버 안전대책을 강화한 위기관리 체계의 점검과 대응 매뉴얼 항목들에 대한 점검을 고도화하고 정형화하는 노력과 관련 법의 정비가 필요하다.

(2) 대비 단계에서는 외부의 침입을 막을 수 있는 침입 차단 시스템의 구축과 패스워드와 암호화 시스템의 사용 등 주요 기관 정보 시스템의 보안 대책이 중요하다.

(3) 대응 단계에서는 사이버 테러 대응을 위한 민관 합동기구인 컨트롤 타워 설립과 각 기관의 사용자 교육이 필요하다.

(4) 복구 단계에서는 사이버 재난으로 인한 피해 현장을 긴급 복구해서 피해를 최소화하는 노력이 필요하다.

이러한 강희조의 접근이 스마트 국가위기관리 시스템의 정착 방안과 관련하여 던져 주는 시사점은 다음과 같다. 이 제안은 재난관리의 단계별로 사이버상에서 할 수 있는 핵심적인 내용을 담고 있다. 이러한 단계별 대책은 복합재난과 국가위기 발생 시 단계별로 대응할 수 있는 스마트 시스템의 요소까지 갖추고 있다. 여기에서 한 걸음 더 나아가 강희조[312]는 6단계의 재난관리 방안을 다음과 같이 제안했다.

(1) 빅 데이터를 활용한 '위험 예측'과 위험 징후 모니터링 기술에 의한 '예측 평가'

(2) 재난 정보 수집·분석과 현장상황 실시간 감지·분석에 의한 5세대 통신 시스템의 '예방'

(3) 가상현실과 증강현실을 활용한 몸으로 기억하는 교육과 훈련 '대비'

(4) 재난안전관리 의사결정 지원 시스템의 인공지능에 의한 '대응'

(5) 정찰, 탐색, 방재, 구호에 있어 '지능형 로봇'에 의한 '복구'와 피해 규모 분석

(6) 현장상황을 공유하기 위한 '무인항공기(UAV)'[313]를 활용한 '조사 분석'

이러한 6단계의 접근법은 영국과 같이 위기 발생 이전의 예측과 평가 단계를 포함하고 있고, 동시에 4차 산업혁명의 성과를 재난 발생 이후의 초기 대응에서부터 최종 복구에 이르기까지 전 과정에 구체적으로 접맥시켰다는 점에서 커다란 의미가 있다고 하겠다. 이러한 6단계의 재난관리 대응은 스마트 국가위기관리 시스템 정착을 위한 단계별 대응전략의 수립에 많은 시사점을 제공하고 있다.

이상에서 살펴본 것처럼, 스마트 국가위기관리 시스템의 정착에 있어서 가장 중요한 것은 스마트 국가위기관리 정보화 체계의 정립과 국가 사이버 재난관리 시스템의 통합적 운영이라 할 수 있다. 여기서 중요한 점은 스마트 국가위기관리 정보화 체계의 수립이 단순히 중앙정부 중심의 법·제도적인 차원에서 머물러서는 결코 안 된다

는 것이다. 여기에는 메르스 사태에서 경험적으로 입증된 것처럼 '글로벌 정보화 네트워크'를 비롯하여, 세월호 참사에서 그 필요성이 인정된 '지방자치단체 중심의 현장의 로컬 정보화 협치 네트워크'의 연계성, 그리고 4차 산업혁명을 주도하고 있는 민간 기업 및 산·학·연 연구소의 전문화된 인력의 참여가 정보화 정책의 수립에서부터 평가에 이르기까지 중심적으로 이루어져야 할 것이다.

각 단계에 따른 스마트 시스템들

스마트 국가위기관리 시스템의 도입과 정착을 위해서 국가위기가 발생하기 이전 단계(예방·대비 단계)에서 요구되는 분야는 대체로 다음과 같다.

(1) 사물인터넷 센서와 딥러닝 기반 검출 알고리즘을 이용한, 각종 재난 발생에 대한 예측 및 평가 시스템 개발

(2) 천안함 침몰사건과 세월호 참사와 같은 해양재난을 사전 예방할 수 있는 예측 및 조기 경보 시스템

(3) 원격탐사 장비를 활용한 실시간 재난 예측과 위험 평가를 위한 재난 전조 센싱 기술 개발

(4) 해상 사고 방지를 위해 해안 100km까지 공공 안전통신망을 구축하고, 전 선박에 최적 안전 항로 등을 지원하는 스마트 해상 네비게이션의 개발과 보급

(5) 선박과 함정 등의 관리 체계를 디지털화하는 국제해상기구 e-네

비게이션 제도의 국내 도입 등을 위한 법률 제정

(6) 메르스 사태의 경우 빅데이터 기반 신종 감염병 확산 예측과 대응 모델 개발

(7) 신종 감염병 고위험자에 대한 추적 조사 시스템 구축

(8) 빅데이터를 이용한 가축 질병 및 유전정보 기반 농수산물 품종 판별을 위한 시민건강 위해성 평가 시스템 개발

(9) 신종 감염병 예방과 치료를 위한 관련 연구개발과 산업 활성화 등이다.

스마트 국가위기관리 시스템의 도입 및 정착과 관련하여 국가위기 사태가 발생했을 경우 단계별 대응 수칙에 따라 대응 단계에서 필요한 첨단 기술과 자원은 대체로 다음과 같다.

(1) 복합재난사고의 예측·평가에서부터 골든타임의 구조 활동 그리고 돌발상황 및 사태 악화 등 국가위기관리의 전 과정에서 빅데이터와 무인 지능형 CCTV 등 첨단화된 소셜 네트워크 시스템을 통해 종합적인 판단과 신속한 정책결정을 할 수 있도록 통제·관리·지원할 수 있는 '스마트 국가위기관리 통합관제센터'의 설립 및 강화

(2) 인공위성과 GPS 등을 통해 해양 및 복합재난 대응을 위한 최첨단 스마트 국가위기관리 통합관측센터의 지속적인 확충

(3) 인공지능과 사물인터넷 그리고 빅데이터를 기반으로 한 '스마트 국가위기관리 센서 네트워크 플랫폼' 구축

(4) 컴퓨터 그래픽(CG)에 기반한 재난 사고현장 복원 기술을 적용한, 고고도 무인항공기(UAV)를 활용한 실시간 재난 현황 모니터링 시스템 구축

(5) 델파이 분석과 환경 스캐닝 등을 통한 종합적 국가위기관리 평가 시스템 구축 등이다.

이외에도 구조 및 사고현장 복구와 관련해서도 다음과 같은 첨단 기술 개발이 요구된다.

(1) 인명 피해가 우려되는 매우 위험한 국가위기 발생 시 무인항공기와 로봇을 접목한 재난대응 무인화 기술 시스템을 이용한 긴급 구조 활동 전개

(2) 컴퓨터 그래픽(CG)에 기반한 재난 사고현장 복원 기술을 적용한, 고고도 무인항공기를 활용한 실시간 재난 현황 모니터링 시스템 구축 등에 대한 정책 개발이 필요하다.

이상에서 살펴본 '스마트 국가위기관리 시스템의 정착과 관련한 정책 제언과 각종 프로그램'은 현재 추진되고 있거나 학계에서 제안되고 있는 사안으로, 기존의 복합재난이나 국가위기 발생 시의 여러 가지 시행착오를 토대로 하여 향후 예측할 수 없는 대형 복합재난에 대비한 더욱 체계적이고 구체적인 정책적 결과를 만들어 내는 노력이 필수적으로 요구된다.

스마트 국가를 위한
5가지 전략[314]

스마트 국가위기관리 시스템의 도입과 정착을 위해서는 선진 국가들이 선도적으로 추진하고 있는 AI 혁명과 4차 산업혁명의 발전 모델에 대한 벤치마킹을 통해서 차별화된 '한국형' 스마트 국가발전 전략의 추진이 필수적으로 요구된다.[315]

국가와 정부 전체의 스마트 시스템에 대한 준비 없이는 스마트 국가위기관리가 요원하기 때문이다. 따라서 스마트 국가위기관리 시스템의 도입과 정착을 위해서는 '스마트 코리아 국가발전 전략'[316]과의 연계 속에서 종합적으로 수립할 필요가 있다.

본 연구를 통해 도출된, 스마트 국가위기관리 시스템의 도입과 정착을 위해 최우선적으로 추진해야 할 5가지 정책적 과제는 대체로 다음과 같다.[317]

(1) 대통령 직속의 스마트 국가위기관리 통합센터의 설치와 운영

(2) 지방자치단체 중심의 자주적 복합재난 및 국가위기관리 시스템 정착

(3) O2O 스마트 국가위기 정보화 시스템 구축

(4) 산·학·연 연계 국가위기관리 거버넌스 협의체 구성·운영

(5) 초당적 스마트 국가위기관리 시스템(대통령—정부—국회—시민사회 네트워크) 운영 등이다.

이를 토대로 하여 스마트 코리아 5대 국가발전 전략을 다음과 같이 추진해야 할 것이다.

(1) 4차 산업혁명 기반 '한국형' 스마트 국가발전 전략 수립

(2) 스마트 안전도시 네트워크 형성

(3) 스마트 거버넌스 4.0 구축

(4) 국가혁신 생태계 구축과 사회 대통합 모델 창출

(5) 블록체인 기반의 융합 민주제 실현

이러한 과정을 거치게 되면, 자연스럽게 다양한 복합재난과 국가적 위기상황에 대한 중앙정부와 지방정부의 대응력은 '스마트 시스템'적으로 강화될 것이고, 오히려 새로운 국가발전의 원동력으로 자리 잡을 수 있을 것이다. 다시 말해 스마트 국가위기관리 시스템의 정착과 스마트 국가발전 전략의 성공적 추진은 서로 상생관계라 할 수 있다. 스마트 국가위기관리 시스템과 스마트 코리아 국가발전 전략의 관계를 종합적으로 정리해 보면 〈그림3〉과 같다.

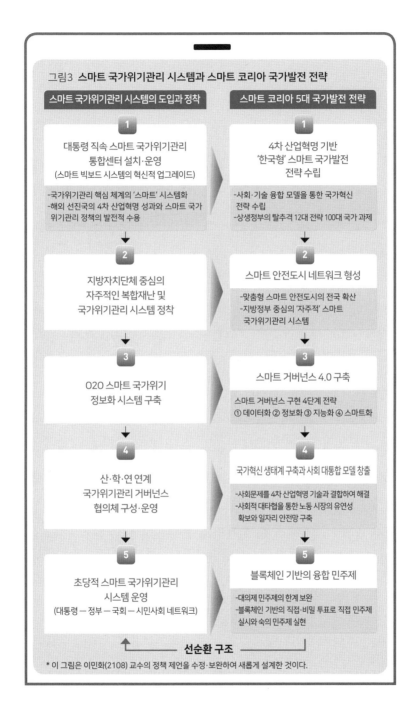

그림3 **스마트 국가위기관리 시스템과 스마트 코리아 국가발전 전략**

스마트 국가위기관리 시스템의 도입과 정착	스마트 코리아 5대 국가발전 전략
1	**1**
대통령 직속 스마트 국가위기관리 통합센터 설치·운영 (스마트 빅보드 시스템의 혁신적 업그레이드) -국가위기관리 핵심 체계의 '스마트' 시스템화 -해외 선진국의 4차 산업혁명 성과와 스마트 국가 위기관리 정책의 발전적 수용	4차 산업혁명 기반 '한국형' 스마트 국가발전 전략 수립 -사회·기술 융합 모델을 통한 국가혁신 전략 수립 -상생정부의 탈추격 12대 전략 100대 국가 과제
2	**2**
지방자치단체 중심의 자주적인 복합재난 및 국가위기관리 시스템 정착	스마트 안전도시 네트워크 형성 -맞춤형 스마트 안전도시의 전국 확산 -지방정부 중심의 '자주적' 스마트 국가위기관리 시스템
3	**3**
O2O 스마트 국가위기 정보화 시스템 구축	스마트 거버넌스 4.0 구축 스마트 거버넌스 구현 4단계 전략 ① 데이터화 ② 정보화 ③ 지능화 ④ 스마트화
4	**4**
산·학·연 연계 국가위기관리 거버넌스 협의체 구성·운영	국가혁신 생태계 구축과 사회 대통합 모델 창출 -사회문제를 4차 산업혁명 기술과 결합하여 해결 -사회적 대타협을 통한 노동 시장의 유연성 확보와 일자리 안전망 구축
5	**5**
초당적 스마트 국가위기관리 시스템 운영 (대통령 — 정부 — 국회 — 시민사회 네트워크)	블록체인 기반의 융합 민주제 -대의제 민주제의 한계 보완 -블록체인 기반의 직접·비밀 투표로 직접 민주제 실시와 숙의 민주제 실현

← **선순환 구조** —

* 이 그림은 이민화(2108) 교수의 정책 제언을 수정·보완하여 새롭게 설계한 것이다.

한국형 스마트 국가 전략을 수립하라

혁신적인 국가발전 전략이 성공하기 위해서는 글로벌 시대 국제 경쟁력을 키워 나갈 수 있는 AI 혁명과 4차 산업혁명에 기반한 기술전쟁에서 비교우위를 차지해야 한다. 이를 위해서는 선진 국가들의 4차 산업혁명을 그대로 답습하는 것이 아니라 한국의 실정에 맞는 '한국형' 스마트 국가발전 전략의 수립이 필수적이다.[318]

이러한 관점에서 주요 선진 국가의 4차 산업혁명 전략을 먼저 살펴보면, 미국은 IT 기술 중심의 디지털 트랜스폼, 독일은 산업 중심의 인더스트리 4.0, 일본은 고령화 사회를 고려한 소사이어티 5.0, 프랑스는 자유, 평등, 박애를 포함한 디지털 공화국, 중국은 제조와 인터넷을 융합한 양화융합이라는 자국의 상황을 감안한 브랜드를 사용하고 있다.[319]

국가별 4차 산업혁명의 사회 모델을 살펴보면, 미국의 SACSmart America Challenge의 경우에는 교통, 공공보안, 헬스케어, 에너지, 환경, 데이터 거버넌스 등으로 구성되어 있다. 일본의 소사이어티 Society 5.0[320]에서는 이동, 생산, 건강, 생활의 4대 분야를 사회문제 해결 과제로 제시하고 있고, 독일은 플랫폼 인더스트리 4.0에서 현실과 가상을 융합하는 사회문제 해결 프로젝트로서 기후에너지, 보건식량, 정보통신, 이동성, 안전의 5대 과제를 제시하고 있다.[321]

이들의 공통점은 사회문제를 현실과 가상의 융합으로 풀어 가는 것을 4차 산업혁명의 중심 과제로 삼고 있다는 점이며, 기술·사회 매트릭스로 접근하고 있다는 점이다. 그러나 미국, 일본, 독일의 사회

문제는 체계적 모델이 미비하다고 진단하고 있다.[322]

이러한 주요 국가들의 AI 혁명과 4차 산업혁명 계획을 보면 기술 중심이 아닌 사회문제 해결을 목표로 하여 기술 융합을 촉진하고 있는데, 좀 더 구체적인 예를 살펴보면 분산에너지 발전 시스템이라는 가치 있는 목표를 제시하면 여기에 필요한 수많은 기술이 융합하게 되고, 미세먼지 절감이라는 사회적 목표에 많은 기술을 집약할 수 있다. 그러나 이러한 정책은 본질적으로 현실과 가상의 융합으로 사회문제를 해결한다는 관점에서 동일하다. 다만 중국은 일반 사회문제보다는 산업에 중점을 두고 있다.

이러한 측면에서 본다면 한국의 4차 산업혁명 전략은 중국과 유사한 산업·기술 융합 전략에 속한다.[323] 그러나 한국의 위상으로 볼 때 한국에 적절한 전략은 주요 선진 국가와 동일한 사회·기술 융합 모델로 접근하는 데 있을 것이다.[324] 스마트 국가위기관리 시스템의 정착과 관련해서 볼 때 이민화의 국가혁신 전략 수립을 위한 7대 정책 제언의 의미는 매우 크다. 이민화[325]는 4차 산업혁명의 성과를 토대로 국가혁신 전략 수립을 위한 7대 핵심 정책을 다음과 같이 제안한다.

(1) 데이터와 클라우드 규제 개혁

(2) 스마트 코리아 전략으로 체계화된 4차 산업혁명 기술·사회 플랫폼 구축

(3) 4차 산업혁명 추진 거버넌스 구축으로 지속적 리더십 확보

(4) 버추얼 코리아 플랫폼 기반 국가혁신 생태계 구축

(5) 스타트업과 스케일업의 혁신 생태계와 M&A 체계 구축

(6) 성장과 분배가 순환되는 사회 대통합

(7) 제도 경쟁력 강화를 위한 블록체인 융합 민주제

이에 그치지 않고 이민화[326]는 '한국형 4차 산업혁명의 모델에 기반한 스마트 국가발전 전략'의 일환으로 '상생정부의 탈추격 12가지 전략'을 통해 구체적인 정책 대안을 다음과 같이 제시했다.[327]

① 과거 효율 중심의 성장에서 벗어나는 혁신 주도 성장 전략

② 온라인과 오프라인이 융합된 정부 제도로서의 디지털 거버넌스 전략

③ 더욱 스마트한 열린 외교, 안보, 통일 전략

④ 지속 가능한 발전을 위한 스마트 에너지, 기후, 환경 전략

⑤ 효율의 가치를 지닌 대기업과 혁신 경쟁력이 더 높은 벤처기업 등 중소기업 간의 상생 발전 전략

⑥ 집중된 권력의 문제를 개방과 분산권력으로 협치를 이루어 해결하는 전략

⑦ 성장 위주의 경제에서 성장과 분배의 선순환이 가능한 선순환 사회통합 전략

⑧ 통치에서 협치로 가는 국가구조의 혁신 전략

⑨ 과거 정답형 교육 문화에서 창의와 협력 교육으로 가는 자율적 교육제도 전략

⑩ 양극화로 인한 갈등 심화 사회에서 신뢰 사회로 변화하도록 하는 혁신과 사회안전망 전략

⑪ 추격형 연구를 벗어난 선도형 기술혁신 전략

⑫ 능동적인 저출산, 노령화 대책

이상과 같은 이민화의 핵심적인 12대 정책 방향은 '한국형' 스마

표17 상생정부의 탈추격 12대 전략별 100대 국가 과제

1	2	3
혁신 주도 성장 전략	**스마트 정부와 거버넌스 전략**	**외교, 안보, 통일, 안전 전략**
• 혁신의 안전망 • AI 규제 평가 시스템 • **혁신 자본 시장** • 혁신 지향 사회적 인센티브 설계 • 6대 비혁신 개방 • **4차 산업혁명 국가전략**	• **3단계 데이터 분리 클라우드 우선 정책** • 개인정보 통제와 활용의 균형 • **O2O 정부 4.0** • **블록체인 융합 민주주의** • 온라인 국민소환제	• **외교 안보 기본 프레임 구축** • 스마트 국방 체계 구축 • 탈북민 통일 자산화 • 재외동포 자산화 • **글로벌 허브 국가전략** • O2O 재난관리 체계

4	5	6
지속 가능한 기후에너지, 환경 전략	**산업 생태계 혁신 전략**	**권력 분산과 지방 분권 전략**
• **지속 가능한 기후·에너지·환경 개방 협력 조정 허브 구축** • 미세먼지 근본 대책 • O2O 환경보건 체계 • **지속 가능 보고서 사회인센티브 연계**	• 질 좋은 창업 활성화 • **상생형 M&A 활성화** • 공정 거래 법질서 확립 • 탈추격 지식재산 융합 산업 혁신 • 금융 혁신 • **기업 거버넌스 혁신**	• 대통령 권력 분산 • 국회 권력 분산 • **검찰·경찰 권력 분산, 감사원 국회 이관** • 언론 개혁 • **지방정부 협력·경쟁** • 국가 개혁을 위한 개헌

7	8	9
사회 통합과 대타협 전략	**정부 구조 혁신 전략**	**창조적 교육 혁신 전략**
• 노사정 사회협약 제도화 • 임금 격차 해소 전략 • 이중고리 지역 발전 전략 • 세대 간 갈등 조정 사회적 기구 육성 • 선순환 국가철학	• **책임분권형 개방 경쟁 거버넌스** • **대통령 지시 문서화** • **공유 협력 조정 허브 구축** • 산하 기관의 독립 기관화 • 과도한 공시족 개선 대책	• **협력하는 괴짜** • 메이커 교육과 기업가 정신 교육 확대 • **창조와 협력 기업가 정신 중심 교육** • 교육 거버넌스 혁신 • **글로벌 유학생 혁신**

10	11	12
사회 안전망 전략	**탈추격 기술 혁신 전략**	**능동적 저출산 고령화 대책**
• **복지 재원 연동 체계 국민 참여 복지 우선순위 선정** • 기초 최저생활 보장 제도 • **일자리 안전망** • 영유아 보육 국가 의무 • 자영업 혁신	• **탈추격 국가 기술혁신 체제 전환** • K-OCS, 성실 실패의 지원 • **중복 경쟁 연구** • 탈추격형 기술 사업화 전략 • **기술 클러스터** • 기술 시장	• ACTIVE AGING 기반 노령화 대책 • **저출산 평생 기댓값 접근** • 시니어 창업 • **각 플랫폼** • 2모작 교육 • **4차 산업혁명과 고령화 매칭 전략**

* 이민화 (2017), 422

트 국가발전 전략의 핵심일 뿐만 아니라, 향후 스마트 국가위기관리 시스템을 도입하고 정착시키는 데 있어서 꼭 필요한 사회·정치적 플랫폼이 아닐 수 없다. 왜냐하면 현재의 국가위기는 전통적인 안보 영역만이 아니라 지구촌의 기후변화를 비롯한 에너지·환경 등 다양한 영역에서 발생하고, 그 해결 방안 역시 스마트 정부의 거버넌스 전략에 입각해서 접근해야 효과적인 결과를 도출할 수 있기 때문이다.

이러한 점에서 이민화[328]의 12대 전략별 100대 국가 과제에는 4차 산업혁명의 성과에 기반한 혁신 주도 성장 전략의 추진에서부터 지속 가능한 기후, 에너지, 환경 전략의 추진과 질 좋은 창업 활성화를 위한 산업 생태계 혁신 전략, 그리고 O2O 정부 4.0 체제에 입각한 스마트 정부와 거버넌스 전략까지 체계적으로 망라되어 있다. 상생 정부의 탈추격 12대 전략별 100대 국가 과제는 〈표17〉과 같다.

따라서 이러한 정책의 수립과 집행은 향후 글로컬 시대 4차 산업혁명에 기반한 새로운 일자리를 창출하는 공격적 국가발전 전략과 연결될 수 있는 선순환적 국가발전 시스템과 연결시켜 적극 추진할 필요가 있다.

이 과정에서 전통적인 재난안전 차원의 빅데이터 활용 차원을 넘어서야 한다. 다종다양한 대형 재난에 대한 4차 산업혁명의 성과를 활용하는 것은 물론 한국의 스마트 복합재난대응 시스템의 대표적인 체계라 할 수 있는 '스마트 빅보드Smart Big Board 시스템'을 현재의 재난관리본부 차원에서 총괄하지 않고, 청와대 NSC 산하의 위기관리센터 또는 신설이 필요한 스마트 국가위기관리 통합센터와 직접 시스템적으로 연계하는 혁신적인 업그레이드 작업이 선행되어야 할 것이다. 한 걸음 더 나아가 신종 사이버 테러와 국제적 해킹 등 사이버 안보를 포함한 스마트 국방 체계의 발전적 모색도 병행해야 한다.

이와 함께 특별히 유념할 사항은 스마트 국가발전 전략의 수립에 있어서 글로컬 시대에 걸맞은 '스마트 리더'의 중요성이다.[329] 4차 산업혁명 자체가 매우 복잡하고 신속하게, 그리고 첨단화된 형태로 진행되기 때문에 이에 대한 의미와 비전을 파악하기가 쉽지 않고, 더욱이 스마트 국가발전 전략의 수립이 갖는 의미를 사회 각 계층의 리더들이 숙지하기는 쉽지 않은 상황이다.

따라서 우리나라의 국정 운영과 시정을 책임지고 있는 대통령과 각 부처 장관, 국회의원, 지방자치단체장과 각계각층의 시민사회 리더들에 대한 4차 산업혁명과 스마트 국가발전 전략에 대한 교육과 협치 네트워크의 강화는 매우 중요하다.

이러한 관점에서 문재인 정부가 추진하고 있는 4차 산업혁명과 연계한 스마트 도시 추진 전략[330]을 살펴보면, 문재인 대통령은 2017년 10월 대통령 직속으로 '4차 산업혁명 위원회'를 출범시키고 4차 산업의 혁신성장 동력인 '스마트 도시'를 국가전략적인 차원에서 진행하고 있다. 2017년 11월에는 '스마트 도시 특별위원회'를 본격 가동시켜 국토부 등 6개 유관 부처와 분야별 전문가가 참여하고 있다. 그리고 2018년 1월 스마트 도시 특별위원회에서는 '스마트 도시 추진 전략'을 발표하여 세계 선도형 스마트 도시 국가전략 프로젝트와 시범 도시 등 스마트 도시 지원사업 등이 추진 중이다. 이러한 사업 추진 과정에서 문재인 정부는 관련 법령의 허가 등 규제로 인해 사업 시행이 어려운 신기술과 서비스를 대상으로 일정 기간 동안 규제의 전부 또는 일부를 적용하지 않는 '테스트'를 위한 규제 특례 제도를 운영하고 있다.

　이상과 같은 사업을 대체로 이 책이 지향하는 4차 산업혁명의 성과에 바탕한 스마트 안전도시 네트워크 확산만큼 확고한 철학과 비전 속에서 추진하고 있는지 그리고 산·학·연의 전문가들이 협치적 거버넌스 차원에서 얼마나 주도적이고 책임적으로 참여하고 있는지 등, 스마트 리더들의 위상과 역할 문제는 여전히 남아 있는 숙제라 할 수 있다.

스마트 도시 네트워크를 만들어라

글로컬리즘Glocalism 시대의 국가위기관리는 국제화 시대에 걸맞은 글로벌 위기에 대한 신속한 대응도 중요하지만, 다른 한편으로 복합재난이 발생하는 지방 현장에서의 신속하고 적절한 대응을 통해 초기의 복합재난이 국가위기로 전환되는 것을 막는 것 또한 매우 중요하다. 이 과정에서 국제적인 대응이든 지방 차원의 신속한 현장 대응이든, 복합재난의 성격에 맞는 첨단화된 빅데이터와 AI 등 4차 산업혁명의 다양한 기술과 자원이 최대한 활용되어야 함은 주지의 사실이다. 이를 위해서는 현재 중앙정부 중심의 국가위기관리 시스템을 혁신적으로 재편하여 지방정부 중심의 자주적 스마트 국가위기관리 시스템으로 전환하는 노력을 기울여야 한다.[331]

　스마트 시티 혁명의 중심에는 '디지털 트윈' 개념이 있다. 한국이 스마트 시티를 선도하기 위해 (1) 클라우드 기반 가상도시 구현과 혁신도시 간 연계 (2) 공공데이터 개방과 보호 및 개인정보의 안전한 활용 (3) 사회문제 도출과 매시업mash-up 창업 촉진이라는 3가지 프로젝트가 추진되어야 한다. 그리고 데이터를 수집하는 사물인터넷IoT 단계에 머물러 있는 한국의 스마트 시티 프로젝트를 클라우드 기반의 현실과 가상이 융합하는 '스마트 전환Smart Transformation'으로 추진해야 한다.[332]

고양시는 이러한 문제의식에서 2010년부터 외부 전문가에게 연구용역을 외뢰한 '스마트 시티 고도화 사업 방안 연구'[333] 등을 통해 스마트폰을 통한 양질의 스마트 행정 서비스 체계 구축과 정보화 및 지능화 확대를 위해 스마트 시티 센터와 시청 내 스마트 시티 종합상황실의 구축 방안을 마련하기 시작했다. 이러한 노력으로 8년이 지난 이후 '고양 청년 스마트 타운' 조성 및 '고양형 스마트 안전도시 구축'과 시민의 삶의 질 개선을 위한 '스마트폰 시티' 추진이라는 발전된 목표를 향해 나아갈 수 있었다.

고양시의 스마트 시티 구축을 위한 과정은 물론, 국제적인 선진 도시의 스마트 시티 발전 과정도 대체적으로 다음의 4단계 과정[334]을 거치고 있다. 스마트 시티를 위한 4단계 과제는 〈그림4〉와 같다.

(1) SNS 등을 통해 시민의 생활 데이터를 수집하는 데이터화 단계

(2) 공공과 민간 데이터가 융합하며 데이터 거버넌스를 구축하는 정보화 단계

(3) AI 전문 인재와 블록체인 활용으로 투명 거버넌스를 실현하는 지능화 단계

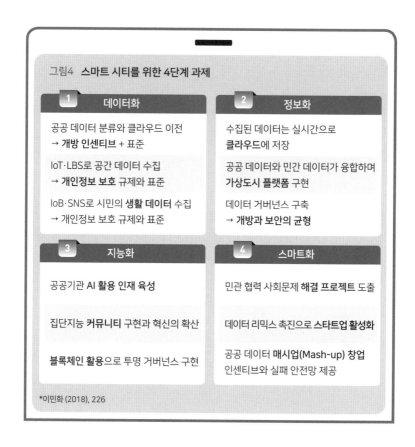

그림4 **스마트 시티를 위한 4단계 과제**

1 데이터화

공공 데이터 분류와 클라우드 이전
→ **개방 인센티브 + 표준**

IoT·LBS로 공간 데이터 수집
→ **개인정보 보호** 규제와 표준

IoB·SNS로 시민의 **생활 데이터** 수집
→ 개인정보 보호 규제와 표준

2 정보화

수집된 데이터는 실시간으로
클라우드에 저장

공공 데이터와 민간 데이터가 융합하며
가상도시 플랫폼 구현

데이터 거버넌스 구축
→ **개방과 보안의 균형**

3 지능화

공공기관 **AI 활용 인재 육성**

집단지능 **커뮤니티 구현과 혁신의 확산**

블록체인 활용으로 투명 거버넌스 구현

4 스마트화

민관 협력 사회문제 **해결 프로젝트 도출**

데이터 리믹스 촉진으로 **스타트업 활성화**

공공 데이터 **매시업(Mash-up) 창업**
인센티브와 실패 안전망 제공

*이민화 (2018), 226

(4) 데이터 리믹스 촉진으로 스타트업 활성화와 민관 협력을 통해 사회문제를 해결하는 스마트화 단계 등이다.

이러한 이민화[335]의 스마트 시티 4단계 전략으로 고양시를 비롯한 많은 지역에서 '지역 맞춤형 스마트 시티 건설'을 추진하고 있지만 대부분 저예산의 개별 사업 중심으로 종합적인 마스터플랜을 가지고 추진하지 못하기 때문에 많은 시행착오를 겪고 있다. 따라서 자치단체장의 확고한 철학과 비전 속에서 클라우드 우선 정책으로 축적된 빅데이터를 기반으로 행정 업무에 인공지능을 도입해 행정 전반을 거버넌스 차원에서 종합적으로 효율화할 필요가 있다. 빅데이터와 인공지능을 활용할 경우, 축적된 민원 데이터를 통해 민원 예측이 가능해지며, 시민에게는 개인별 맞춤형 실시간 서비스 제공이 가능해진다. 반복 업무는 인공지능을 활용하면 예산을 절약할 수 있으며, 공무원의 과중한 업무 부담을 완화해 줄 수 있을 것이다. 단 데이터는 절대보안, 보안, 개방 등으로 분리하여 등급별 보안을 유지해야 한다.[336]

이러한 스마트 시티의 구축이 광역 및 기초 자치단체를 거쳐 중앙정부와 공공기관에까지 단계적이고 시스템적으로 이루어질 때, 각종 복합재난과 국가위기에 대한 시민 참여 거버넌스를 통해 근본적인 문제 해결에 큰 도움이 될 것으로 보인다. 예를 들면 스마트 센서 등을 통해 세월호 참사와 같은 해상에서의 복합재난이나 메르스와 같은 신종 감염병에 신속하게 대응하는 첨단화된 감지 시스템을 전국의 기초 지방자치단체에서부터 우선적으로 구축해야 할 것이다.

이렇게 광역 및 기초 지방정부에서 무선으로 연결된 사물인터넷 센서망이 구축되어 중앙의 스마트 국가위기관리 통합센터와 연결해 지속적인 모니터링을 제공하게 된다면 복합재난과 국가위기 발생 시 신속하게 대응해 참사가 발생할 가능성을 줄일 수 있을 것이다. 뿐만 아니라 4차 산업혁명의 성과를 기반으로 한 스마트 국가발전 전략의 성공적 추진에도 중요한 핵심 동력이 될 수 있을 것이다.

스마트 도시 네트워크를 확산하라

스마트 국가위기관리 시스템을 도입하고 정착시키는 데 있어서 중앙정부뿐만 아니라 재난과 재해를 겪는 당사자이자 문제가 발생하고 있는 현장인 지방정부에서의 '스마트한 시스템적 해결'이 필요하다. 아무리 스마트 국가위기관리 시스템을 위해 대통령 직속으로 청와대 또는 민간 분야에 통합위기관리센터가 구축된다 하더라도 세월호 참사나 메르스 사태와 같이 지역 현장에서 위기가 발생했을 경우 그에 대응하는 전문성에 기초한 분권화된 책임과 역할 그리고 기술과 인력이 주어지지 않는다면 스마트 국가위기관리 시스템은 출발부터 무너질 것이기 때문이다. 따라서 향후 스마트 국가위기관리 시스템의 도입과 정착을 위해서는 이미 '스마트 시티 모델 도시'의 형태로 진행된 다양한 사업에 대한 평가를 통해서 성공 사례와 발전적인 내용은 스마트 거버넌스의 형태로 전국적으로 확산할 필요가 있다.

이민화[337]는 O2O 재난관리 체계에서 '거버넌스 패러독스, 곧 효율적인 중앙집권화 체계의 비효율적인 현장대응 혹은 민주적 분권화 체계의 무력한 의사 결정이라는 딜레마를 극복'하고자 했다. 실례로 "세월호 참사는 초기 대응 단계에서 자원 동원의 효율성을 중시하는 관료주의가 오히려 현장 지휘관들에게 상관의 지시를 기다리게 만들면서 구조 자원의 투입을 지연시키는 역설적 상황을 초래"했고, "무책임한 의사결정 집행 과정의 결과 살릴 수도 있었을 많은 생명이 수장"되었다는 것이다.[338] 따라서 김병례·이민화[339]는 "가상의 재난현장 평행 모델에서 빅데이터, 인공지능을 통해 최적의 대안을 실시간 탐색하고 전략적 가치를 창출"해야 하며, 블록체인이 전략 수행 과정의 투명성을 기술적으로 확보하여 즉각적인 현장 대처에 대한 신뢰와 행동 근거를 마련해야 한다고 주장한다.

이러한 이민화의 거버넌스 패러독스에 입각한 O2O 재난관리 체계는 스마트 국가위기관리 시스템의 정착과도 직결된다. 강력한 대통령 책임제하에 수십 년 동안 유지되어 온 중앙집권적 관료주의에 입각한 수직적 명령 체계를 통해서는 신종 감염병을 비롯한 새로운 국가위기에 현장 중심으로 대응하기 어렵기 때문이다. 따라서 국가위기의 발생 원인 규명에서부터 복합재난이 국가위기로 전환되는 과정 등 전반적인 국가위기관리 과정에서 이민화가 강조한 빅데이터와 인공지능, 블록체인 등을 활용한 '스마트' O2O 국가위기관리 시스템의 도입과 정착은 매우 중요하다.

자주적인 위기관리 시스템을 만들어라

세월호 참사에 대한 부적절한 대응 과정에서 입증된 것처럼, 정부가 국민안전처를 중심으로 중앙집권적 위기관리 시스템을 강화하는 형태가 아니라 226개의 기초 지방자치단체의 재난 대비 역량을 강화하는 방향으로 최우선의 노력을 기울여야 한다.[340]

지방자치단체 중심의 '자주적' 위기관리 시스템의 강화를 위해서는 무엇보다도 중앙정부의 협치 거버넌스에 입각한 행정 개혁과 자치분권이 혁신적으로 이루어져야 한다.[341] 지방정부 차원에서도 지방자치단체장의 '재난안전과 스마트 시티' 등에 대한 인식의 전환과 더불어 지방의회와 다양한 주민자치회를 비롯한 시민 참여형 협치 네트워크의 활성화가 동시적으로 이루어져야 할 것이다.[342] 이러한 종합적인 노력의 토대 위에서 국가위기관리 능력이 강화되는 것이기 때문이다.

세월호 참사는 주민과 밀착하여 주민의 안전을 지키는 지방자치단체가 각종 복합재난의 초기 대응과 사후 관리에 얼마나 중요한지를 여실히 보여 주는 전형적인 사례가 아닐 수 없다. 이재은[343]은 국가위기관리 시스템의 개선 방향을 세월호 참사를 통해 분석하며 다음과 같은 정책 제언을 했다. 특히 이재은의 국가위기관리 시스템의 개선 방향과 관련하여 주목할 것은 '지방정부 중심의 재난관리 정책'으로의 전환을 대단히 강조하고 있다는 점이다.

(1) 국가위기관리 코어 시스템의 구축 (2) 파트너십을 지닌 국가위기관리 거버넌스 구축 (3) 지원·협력·연계·조정의 민주적 위기관리 업무 수행 방식의 채택 (4) 사회 내장형 위기관리 시스템의 구축 (5) 새로운 안전 인식과 문화의 제도화 (6) 지방자치단체 중심의 재난관리 정책으로의 전환이다.[344]

지방정부를 중심으로 한 자주적 스마트 국가위기관리 시스템으로의 재편을 위해 우선적으로 필요한 작업은 대체로 다음과 같다.

첫째, 기존의 중앙 중심의 재난대응 체계를 지방 중심으로 바꾸기 위한 법 개정과 제도 개선이 이루어져야 하고, 이 과정에서 지방정부의 재난관리를 위한 예산의 대폭적인 증액이 이루어져야 한다. 지방자치단체의 기본적인 예산이 확보되지 않은 상황에서는 그 어떤 재난안전에 대한 실효적 대책도 불가능하기 때문에 지역 재난기금에 대한 의무적 편성을 법제화할 필요가 있다.[345] 특히 세월호 참사나 메르스 사태와 같이 지방자치단체에서 발생하는 복합재난의 경우에는 사전 예방부터 초기 골든타임 내의 적절한 대응 그리고 확산 방지와 재발 방지 대책 수립을 위해서는 빅데이터, 클라우딩 시스템, AI,

드론과 무인로봇 등 첨단화된 스마트 국가위기관리 시스템이 독자적으로 구비되어 있지 않으면 안 된다.

재난안전을 총괄하는 국민안전처의 경우를 보더라도 안전행정부의 안전관리본부, 소방방재청, 해양경찰청이 통합 구성되어 차관급 인사가 3명, 소속 정원은 1만여 명의 거대 조직이 되었다. 하지만 지방자치단체의 재난안전 부서 담당 공무원들은 순환보직 및 열악한 예산 그리고 중앙집권적 명령 체계 등으로 구조적인 한계를 지니고 있다. 뿐만 아니라 대형 복합재난이 발생하여 특별재난지역으로 선포될 경우 중앙정부가 지방정부 복구 비용의 80%까지 지원하도록 되어 있어 오히려 중앙정부에 대한 재정 의존도만 심화시켜 지방정부가 자체적인 재난안전 예산 확보에 소홀할 수 있는 단점도 있다.[346]

메르스 사태의 경우에도 지방자치단체가 각 시·군·구별로 메르스 지원 대책본부를 구성했으나 이 기구들은 일선에서 시민들의 신종 감염병의 예방과 확산을 막는 가장 중요한 현장 기구임에도 불구하고 다양한 중앙정부의 대책 기구에 보고하거나 지시를 이행하는 수직적 구조여서 즉각적인 수평적 대응을 하는 데 정보, 예산 등 모든 면에서 구조적 한계를 지니고 있었다. 사태가 계속 악화되자 확진 환자 발생 후 20일이 지난 6월 7일 박근혜 정부는 국무총리 권한대행의 발표를 통해 메르스 대응 창구를 복건복지부로 일원화했고, 지방자치단체 및 교육청과의 협조를 강화했으며, 6월 9일부터 국무총리 권한대행이 범정부 대책회의를 주관하게 되었다.[347] 다시 말해서 지방자치단체는 중앙의 지침에 따르는 하위 행정수단에 불과했던 것이다.

둘째, 지방자치단체 중심의 '스마트 복합재난 및 국가위기관리 시스템과 매뉴얼'로 재편되어야 한다. 다시 말해서 현장 중심의 운영 체제로 대폭 강화되어야 한다는 점이다. 실제로 다종다양한 복합재 난이 발생해 다양한 중앙 중심의 재난대책 기구가 운영될 경우 다양 한 사전 훈련과 시뮬레이션을 통해 각종 재난대응 수칙의 현장화, 분 권화, 전문화를 위한 획기적인 매뉴얼의 개선 작업이 추가적으로 이 루어져야 한다. 이를 위해서는 자주적인 지방자치단체 차원의 교육 훈련 프로그램이 정착되어야 한다. 그렇지 않을 경우에는 법과 제도 에만 지방자치단체의 역량 강화가 언급될 뿐, 실제에 있어서는 중앙 집권적 명령 체계가 비효율적으로 작동되는 시행착오를 반복할 것이 기 때문이다. 이 과정에서 재난관리 전담 부서에 충분한 권한과 책임 을 부여하는 한편 현장에서의 지휘 체계를 확립해야 한다.

이처럼 재난현장에 가까운 지방자치단체 중심의 복합재난 및 국 가위기관리가 체계화될 때 이재은[348]이 강조한 '사회 내장형 위기관 리 시스템의 구축'이 가능하다. 개별 가정이나 기업, 시설, 건물 등 사회 체계를 구성하는 모든 개별 조직들이 스스로 재난이나 위기를 사전에 탐색하고 예방하며, 효율적으로 대응할 수 있도록 위기관리 역량을 키우는 사회 내장형 위기관리 시스템social-embedded crisis & emergency management system을 국가위기관리의 근간으로 삼아야 한다.[349] 즉 국가사회에 있는 모든 시설, 시스템, 건물, 사업, 기능 등 에 위기관리 시스템이 내장될 때 비로소 안전한 사회가 될 수 있다. 과거와 같은 전통적인 국가와 중앙정부의 재난관리 대책이 아니라, 재난이 발생하는 개별 가정과 지방자치단체 등 재난 발생의 현장에 서 스마트 재난 관련 시스템이 안착되고 현실적으로 운용될 때 사회 전반의 위기관리 시스템이 근간이 되어 결국은 다양한 국가위기를 사전에 예방하거나 초기에 해결할 수 있는 '시민 참여형 국가위기관리 협치 시스템'으로 발전될 수 있을 것이기 때문이다.

셋째, 새로운 복합재난에 대응하기 위한 지역 차원의 재난관리 전담 인력을 확충하고, 4차 산업혁명을 비롯한 첨단화된 재난대응 기술에 대한 전문성을 강화하기 위한 교육과 훈련, 연습을 통해 전문가를 양성해야 한다. 동시에 재난관리와 국가위기관리에 종사하는 공직자에 대한 인사상의 배려도 수반되어야 할 것이다. 국가위기관리의 핵심 주체인 정부가 전문성을 지닌 공무원을 확보하고 있지 못하고 있고, 더욱이 위기관리 업무를 지속적으로 수행해 온 공직자의 경우도 한직에서 인사상의 불이익을 받는가 하면 순환보직 제도의 운영으로 최소한의 전문성을 확보할 수 있는 기회마저 놓치는 경우가 비일비재하다. 따라서 자치분권 시대를 맞아 복합재난과 국가위기에 대한 지방자치단체장의 인식의 전환이 필요하며, 이를 위한 교육 역시 중앙정부와 지방자치단체 차원에서 종합적으로 진행되어야 한다. 교육과 훈련의 내용 역시 고양시의 사례를 보면 알 수 있듯이 전통적인 을지훈련에 의존하는 방식이 아니라 지역의 특성에 맞게, 새롭게 발생하는 다양한 복합재난에 대응해 "몸으로 기억하는 실질적인 가상체험 훈련"이 될 수 있도록 스마트 국가위기 관련 교육훈련 체계로의 전면적인 전환을 시도해야 한다.

넷째, 지방자치단체가 미국과 일본의 경우처럼 자주적이고 자립적인 재난안전 시스템을 구축하기 위해서는 지역사회에 운용되고 있는 다양한 재난안전 및 국가위기와 관련된 각종 공공조직과 시민사회 네트워크, 예를 들면 군·경·소방 당국, 각종 재난 안전 관련 시민 사회단체 간의 지역 위기관리 거버넌스 체계 또는 로컬 재난관리 거버넌스를 구축해야 한다.

미국의 경우, 재난대응 계획의 개념이 지역의 재난예방 대비계획의 한 분야로 포함되는 개념으로 발전하고 있다. 또한 스태퍼드Stafford 법에 근간을 두고 국토안보부DHS 산하 연방위기관리청FEMA에서 재난관리를 지휘하고 있으나 대체로 지방위기관리국EMA과 방재 담당 부서에서 모든 책임을 지고 재난에 대응하고 있으며, 대규모 재난의 경우에만 연방정부가 지원에 나선다. 따라서 지방자치단체의 재난예방 정책 추진을 위해 FEMA에서는 다양한 가이드라인을 제시하고 있으며, 계획 실행을 위한 재정적 지원을 하고 있다.[350]

여기서 중요한 사실은 이러한 재난예방 대비계획은 지방자치단체의 다양한 이해관계자들이 참여하고 지역 주민들의 의견을 토대로 작성되는 로컬 거버넌스에 기초하고 있다는[351] 점이다. 다시 말해서 복합재난이나 국가위기 발생 시 대응 과정에서만 시민적 참여를 유도하는 것이 아니라, 국가위기 발생 이전의 사전 계획 수립·예측·평가와 같은 모든 단계에서부터 다양한 시민 참여를 보장하는 명실상부한 로컬 국가위기관리 협치 시스템이 구축되고, 수시로 운영되어야 한다는 점이다. 여기에는 4차 산업과 연결되어 스마트 국가위기관리 시스템의 정착에 전문성을 지닌 인력과 자원이 충분히 동원될 수 있는 지역 차원의 전담 조직과 충분한 예산이 반드시 제도화되어야 한다. 그렇게 해야 세월호 참사나 메르스 사태와 같은 지역 현장에서의 대형 재난이 발생했을 경우 초기에 빅데이터와 AI 등을 통해 고도의 전문성을 지닌 지역 차원의 위기관리 대응팀이 문제를 해결하여 국가위기로 확산되는 것을 방지할 수 있기 때문이다.

스마트 거버넌스 4.0을 구축하라

'스마트' 거버넌스는 중앙정부의 기획에 따른 선택적 추진 방식이 아니라 지방정부 차원의 스마트 안전도시 네트워크의 형성과 전국적 확대를 통해서 정착될 때 제대로 역할을 할 수 있다. 또 지방정부 차원에서의 스마트 재난안전 시티의 도입과 정착 과정은 국가적으로 스마트 국가위기관리 시스템의 정착과 직결되어 있을 뿐만 아니라 궁극적으로는 '스마트' 국가발전 전략으로 연결된다는 측면에서 스마트 거버넌스의 점진적·단계적 정착 과정은 스마트 국가위기관리 시스템 정착을 위해서 매우 중요한 과정이다.

하지만 아직도 한국의 국가발전 전략과 위기관리 방식은 청와대와 총리실 그리고 행정안전부를 중심으로 한 중앙집권적 명령 체계가 중심을 이루고 있으며, 이 과정에서 광역 지방자치단체는 물론 기초 지방자치단체 그리고 4차 산업혁명 시대를 이겨 내기 위한 산·학·연 등 시민 참여형 협치 시스템의 참여는 아직 부차적이거나 수단적인 상황에 불과한 실정이다.

문재인 정부 역시 출범 직후 국정 개혁 과제로 '스마트 행정 구현'을 위해 2020년까지 공공 빅데이터 센터를 설치하고, 인공지능을 활용한 스마트 서비스를 제공하는 등 범정부 데이터 관리 체계를 구축

할 계획이다. 이를 위해 정부의 기록관리 제도의 전면 개편과 혁신적인 정보 공개 그리고 온라인 서비스 및 정책 정보를 한곳에서 제공하는 '정부24'를 개통하는 등 국민 개인별 맞춤형 행정 서비스 제공을 주요한 정책 과제로 설정했다.[352] 이러한 정책 방향 역시 '스마트 거버넌스 정부 구현'을 위한 지방자치단체와의 협치 과정에서 매우 중요한 실천 과제가 아닐 수 없다.

이민화[353]는 O2O 재난관리 체계를 '스마트' 국가위기관리와 연결시킬 뿐만 아니라 4차 산업혁명에 기초한 국가발전 전략과도 연결시켜 그랜드 디자인을 제안하고 있다. 그에 따르면 '4차 산업혁명의 구현 모델로 디지털 트랜스폼＋인공지능＋아날로그 트랜스폼(D.T＋A.I＋A.T)의 기술로 이루어진 1)데이터화 2)정보화 3)지능화 4)스마트화의 4단계 모델을 제시한다. 다시 말해서 '한국형' 4차 산업혁명의 구현 모델을 통해 스마트 국가발전 전략을 제시하고 있는 것이다.

이민화[354]는 좀 더 구체적인 수준에서 '스마트 거버넌스가 구현되는 과정으로 현실과 가상이 융합하는 4단계 프로세스를 제시한다.

이민화[355]가 제안한 스마트 거버넌스의 1단계는 데이터화 단계로 기존 공공 데이터 분류 체계 확립과 새로운 데이터의 수집과 함께 표준화 작업을 거쳐 가상 공간으로의 이동이 필요하다. 여기에서 국가위기관리와 관련해서 중요한 것은 다양한 복합재난과 국가위기 사례에 대한 '공동 데이터의 분류 체계 확립'과 함께 감당할 수 없는 빅데이터를 표준화 작업을 거쳐 O2O 국가위기관리 정보화 시스템 속에서 유사시 즉각적으로 활용할 수 있도록 재가공해야 한다는 것이다.

2단계는 정보화 단계로 클라우드 우선 정책 아래 공공 데이터의 민간 클라우드 활용을 확대하고 거버넌스 내의 효율성을 확보할 필요가 있다. 현재 운영되고 있는 복합재난 및 국가위기관리 현황은 행정관료에 의해서 공공 영역의 정보가 폐쇄적으로 독점되어 있고 민간 영역의 광범위한 빅데이터가 별개로 존재하고 있기 때문에, 스마트 국가위기관리 거버넌스 차원에서 공공과 민간 영역의 빅데이터 클라우딩 시스템화 작업이 매우 중요하다.

3단계는 지능화 단계로 인공지능을 활용할 수 있는 인재 육성 전략을 기반으로 가상정부 큐레이터와 규제 네비게이션을 통한 정부의 지능화가 필요하다. 현대사회의 국가위기는 지역 현장에서 발생할 뿐만 아니라 국경을 뛰어넘는 글로벌 위기의 성격도 강하기 때문에, '인공지능을 활용한 글로벌 전자정부'에 기초한 지능화된 시스템을 구축하지 않고서는 크고 작은 국가적 위기를 극복하기가 매우 어렵다.

4단계는 스마트화 단계로서 스마트 규제 인프라 구축을 기반으로 '1:1 맞춤형 스마트 O2O 정부 4.0'과 '숙의와 직접의 융합 민주제'를 실현한다. 이민화에게 있어 스마트 거버넌스의 최고 형태는 온라인상에서는 정부 자체가 다양한 국가위기를 현실에 맞게 극복할 수 있는 '1:1 맞춤형 O2O 전자정부 4.0'의 형태를 띠는 것이고, 오프라인상에서는 '숙의와 직접의 융합 민주제'를 지향하는 것이다. 가상의 정부에서 부처 간 또는 정부의 협력이 이루어지면서 더 효율적으로 국민들에게 다양한 '1:1 맞춤형 행정 서비스를 제공하는 O2O 정부 4.0 구축'을 제안한 것이다.

이민화[356]는 스마트 O2O 정부 4.0 프로젝트와 블록체인 기반의 융합 민주주의를 통하여 대한민국의 제도 경쟁력(58위)을 20위권으로 끌어올릴 것을 제안한다. 이를 위해 우선 행정부는 공공 데이터의 개방과 공유를 통한 스마트 O2O 정부 4.0을 구현해 부처 간 장벽을 해소하고 업무의 협력과 효율성을 높여야 한다. O2O 정부 4.0은 4차 산업혁명의 개념을 응용하여 '현실과 가상이 융합되는 정부 모델로서 클라우드에 존재하는 '가상의 정부'가 '현실의 정부'와 합쳐져 개방과 융합을 가능하게 한다. 정부 4.0의 시작은 곧 클라우드 기반의 데이터 보호·활용의 균형 정책과 공공 데이터의 분류 작업을 통한 원칙적 개방에 있다. O2O 정부 4.0 시스템을 구축하기 위해서는 부처 간 협력 체계를 구축하여 조직·정보·예산을 공유하도록 하며, 고비용·저효율의 컨트롤 타워 구조를 열린 허브로 혁신해야 한다는 것이다.

스마트 O2O 정부 4.0의 핵심은 공정하고 효율적인 국가의 시스템을 구축하는 것으로서 사회 안전망, 일자리 안전망, 혁신 안전망, 국방 안전망과 같은 사회적인 안전장치가 필요하다. 그리고 이 모든 전략적 방향을 결정하는 원동력이 바로 국가 거버넌스 구조이다.[357]

이민화[358]는 "대한민국의 미래 전략은 스마트 데이터 국가"여야 한다는 전제하에서 현실 공간에 존재하는 오프라인 정부와 이에 상응하는 온라인 정부가 국민을 중심으로 융합하는 스마트 정부로의 전환을 거치면서 블록체인을 이용한 융합 민주제로 현재의 대의 민주제의 한계를 보완하자는 혁신적인 제안을 하고 있다. 그 결정적 형태가 국민 참여 의사결정을 위한 블록체인 기반의 스마트 거버넌스 구축이다.

스마트 거버넌스는 기초 지방자치단체에서 광역 지방자치단체를 거쳐 국가 단위의 의사결정 체계를 스마트화하는 단계적 로드맵을 구축하는 형태로 진행하면 될 것이다. 이러한 혁신적 국가발전 전략이 성공하기 위해서 이민화는 추가적으로 (1) 네거티브 규제 (2) 융합 민주주의 (3) 정부 4.0 프로젝트를 핵심적인 정책으로 하는 '지속 가능한 거버넌스 국가위기관리 모델'을 제안하고 있다.

국가를 혁신하는 생태계를 구축하라

4차 산업혁명을 중심으로 한 총성 없는 경제전쟁과 미중 무역전쟁으로 상징되는 강대국의 보호무역주의가 중층적으로 심대한 영향을 미치는 한반도의 국제 정치·경제적 상황 속에서 대한민국이 국제 경쟁력을 갖기 위해서는 전통적인 국가발전 모델을 혁신적으로 재편하는 국가혁신 생태계의 구축이 필요하다. 이와 함께 여야 정치권은 물론이고 노·사·정·민 그리고 지역·계층·세대·성별 간의 갈등을 발전적으로 해소할 수 있는 사회 대통합 모델을 전 사회적으로 창출해 내지 못하고서는 현재의 국내외적 국가위기를 극복하기는 매우 어렵다.

따라서 스마트 국가발전 전략의 성공적 추진을 위해 이민화[359]는 버추얼 코리아 플랫폼에 기반한 국가혁신 생태계 구축과 성장과 분배가 순환되는 사회 대통합 모델을 제안한다. 이러한 제안은 4차 산업혁명 시대에 국제 경쟁력을 강화해 나가기 위해서는 우리의 현존하는 산업구조에 대한 혁명적인 재편, 다시 말해서 국가혁신 생태계가 새롭게 구축되어야 하며, 그 주된 방향은 성장과 분배라는 우리 사회의 2가지 핵심적 가치의 융합 또는 복합이 되어야 한다는 절박감에서 출발했다.

4차 산업시대의 국가혁신 거버넌스

이민화[360]의 버추얼 코리아 거버넌스 모델은 초연결, 초융합, 초지능의 혁신적 사회의 특징을 지닌 4차 산업혁명형 거버넌스 모델이다.[361] 조직구조는 중앙집권적 피라미드 구조에서 분권화를 거쳐 네트워크화의 3.0 구조로 이동하고 있고, 특히 네트워크 조직에 스마트 디바이스와 블록체인이 큰 역할을 하게 될 것이다. 이러한 입장에서 이민화[362]는 스마트 국가발전 전략 차원에서 질 좋은 창업 활성화, 공정 거래 법질서 확립, 금융 혁신과 기업 거버넌스 혁신 등의 전략적 국가 과제를 도출한 바 있다.

문재인 정부 역시 출범 당시 '4차 산업혁명을 선도하는 혁신창업 국가'를 100대 국정 과제의 하나로 설정하고, (1) 소프트웨어 강국, ICT 르네상스로 4차 산업혁명 선도 기반 구축 (2) 고부가 가치 창출 미래형 신산업 발굴·육성 (3) 자율과 책임의 과학기술혁신 생태계 조성 등을 목표로 하였다.[363]

특히 문재인 정부는 '4차 산업혁명을 선도하는 혁신창업 국가'를 위해 역동적 4차 산업혁명 생태계 조성으로 신성장 동력을 확보하고자 했다. 이를 위해 창업 → 성장 → 회수 → 재도전으로 이어지는 스타트업 성장 단계별 사업화와 R&D 지원을 강화하는 등 벤처 자금 생태계 체질 개선을 추진했다. 동시에 ICT 신기술·서비스의 시장 진입을 지원하고 규제 개선을 목표로 하였다. 이를 위해서 신산업 분야에서는 규제 없이도 신기술·서비스 테스트가 가능하도록 하는 규제 샌드박스 도입과 네거티브 규제 원칙의 마련 등 새로운 규제 체계를 확립하고자 하였다.[364] 이러한 문재인 정부의 4차 산업혁명의 성과에 기반한 스마트 국가발전 전략의 기본 방향은 대체로 올바른 방향이지만 실제적으로 입법과 실행 과정에서 정부 부처와 국회 그리고 민간기업과의 협치 네트워크가 제대로 가동되고 있느냐 하는 문제는 좀 더 자세히 살펴볼 필요가 있다.

4차 산업혁명은 각종 사회문제를 현실과 가상의 융합으로 해결하는 혁명이기 때문에 9개의 사회문제(안전망, 환경자원, 교육, 금융, 산업 등)는 기술과 결합하여 현실과 가상의 융합을 통하여 해결되며, 13개의 기술축(IoT, 클라우드, 빅데이터, AI 등)과 9개의 사회문제 축에 걸친 4차 산업혁명의 로드맵은 매트릭스 구조를 갖게 된다. 이러한 패브릭 구조의 2차원 매트릭스 거버넌스는 이미 미국의 SAC에서 도입했고, 보잉사는 오래전부터 매트릭스 구조를 연구해 왔으며, GE는 이를 통해서 세계적 기업으로 도약했다.[365]

국회에서도 이러한 혁신적 변화를 인식하고 정부위원과 민간위원 25명이 함께 미래 전략을 수립하는 거버넌스 구축안을 발표했으며, 이민화는 이 안을 발전시켜 4차 산업혁명형 거버넌스 모델을 제시했다.[366] 거버넌스 위원회[367]의 실행 방안으로는 4차 산업혁명 시대의 국가발전에 관건이 되는 기술·사회문제를 해결하는 것을 목적으로 국회 내에 법제화하여 각계의 전문가로 구성하는 것이다.[368]

성장과 분배가 순환되는 사회를 만들어라

성장과 분배가 순환되는 사회 대통합 모델이 창출되기 위해서는 사회적 대타협을 통한 노동 시장의 유연성이 확보되어야 한다. 그렇게 확보한 노동 시장의 유연성을 통해서 일자리 안전망도 구축될 수 있다. 이를 위해서는 상생발전을 위한 한국형 노사정 사회협약의 제도화가 필요하며, 더 구체적으로는 노·사·정 사회적 협의체의 활성화와 법적 제도화가 요구된다. 이외에도 노·사·정 외에 다양한 계층·세대·지역 간 갈등구조를 해소할 수 있는 사회 대통합 모델의 제도화 역시 필요하다.

이러한 입장에서 이민화[369]는 사회 대통합과 대타협 전략을 통해 4차 산업혁명의 성과를 토대로 한 스마트 국가전략 수립의 핵심 정책 과제로 임금 격차 해소와 세대 간 갈등 조정을 위한 사회적 기구 육성 및 선순환의 국가철학을 제시하고 있다. 내부적인 사회갈등의 조정과 대타협 없이는 스마트 국가발전 전략이 성공할 수 없다는 기본적인 철학 때문이다.

일자리는 성장과 분배의 연결고리이고, 생산적 복지는 일자리를 통한 성장과 복지의 선순환 구조를 의미한다. 일자리는 벤처 창업이 성장하면서 만들어진다는 것이 세계적인 현상이므로 청년들이 정직한 실패를 할 수 있도록 지원해 주어야 할 것이다. 스타트업start-up 혁신이 스케일업scale up 시장을 획득하는 대안의 하나로 혁신성장을 담보한 글로벌화를 들 수 있다.[370]

4차 산업혁명 등 기술혁신이 일자리를 없애고 오히려 사회갈등을 심화시킬 것이라는 우려는 1, 2, 3차 산업혁명의 전 과정에서 항상 등장한 이슈였다. 그러나 1, 2차 산업혁명에서는 제조업과 서비스업이 농업의 일자리를 대체했으며, 3차 산업혁명에서는 플랫폼 서비스의 일자리를 만들었다. 4차 산업혁명 시대 일자리 정책의 핵심은 기술혁신에 따른 생산성 증가로 파괴된 일자리를 평생 재교육 정책과 사회 안전망 정책이라는 양대 정책을 통해 보완해 나가는 것이 될 것이다.[371]

블록체인 기반의 융합 민주제를 만들어라

스마트 국가발전 전략의 수립이라는 큰 틀에서 4차 산업혁명 시대에 대비하고 다양한 국가적 위기를 극복하기 위한 스마트 국가위기관리 시스템의 도입과 정착을 위해서는 정부와 민간 영역의 역할도 중요하지만, 입법과 정부 정책에 대한 비판적 감시·감독을 통한 정책 제안을 하는 국회와 각 정당의 역할 또한 매우 중요하다.

특히 우리나라처럼 여야 각 정당이 이념적으로 극한 대립을 하고 있는 상황에서 앞서 언급한 다양한 정책 제언과 시스템적 개혁이 가능하기 위해서는 여야 정치권의 초당적 협력, 좀 더 거시적으로 표현하면 '4차 산업혁명 시대의 국가발전을 위한 거버넌스 체제의 시스템적 운영'이 필수적으로 요구된다. 이념적 대결이 치열하고 갈수록 사회의 갈등구조와 공공갈등이 복합적이고 중층적으로 진행되어 가고 있는 우리나라의 사회정치적 구조에서는 정정화[372]가 적절히 지적하고 제안한 것처럼 "공론화를 통한 사회적 합의 형성을 성공시킬 수 있는 조건 마련"을 위해서 상생적으로 노력할 필요가 있다.

이민화는 지금의 여야 간 이념적 대결구조와 대의 민주제의 한계를 보완하기 위해서 '블록체인 기반의 융합 민주제'를 제안한다. 이는 낮은 비용에 비해 높은 투명성을 보장해 주는 블록체인 기술을 통해 90%의 국민이 하원의 역할을 하는 숙의의 직접 민주제를 도입하는 것이다. 융합 민주제에서는 블록체인 기반의 직접·비밀 투표로 직접 민주제를 실시하고, 실시간 여론조사 및 블록체인 싱크탱크와 같은 정책 시장을 통해 숙의 민주제를 실현하고자 하는 것이다. 이러한 숙의 민주제 형태의 융합 민주제는 다양한 복합재난과 국가위기 그리고 스마트 국가발전을 위해 필수적으로 요구되는 각종 입법 사항 등에 대해서 여야 간의 정치공방이나 이념적 대결의 형태로 입법화가 미루어지는 구조적인 문제를 극복하기 위한 정책 대안의 성격을 띠고 있다.

이민화[373]의 "블록체인[374] 기반 융합 민주제는 아직 한국의 정치권에서는 낯설지만 이미 스위스, 핀란드, 에스토니아 등에서 급속히 확산 중에 있으며, 거래 비용과 순응 비용이 낮지만 직접 민주제가 갖는 다음의 3가지 원천적 한계"를 극복하기 위해서 국회 연구보고서를 통해 제안된 것이다. 3가지 원천적 한계라 함은 첫째, 브렉시트의 사례처럼 대중영합적인 정책을 통해 미래 국가 경쟁력을 약화시킬 가능성이 있는 포퓰리즘의 위험이다. 둘째, 댓글 조작 등 정보 왜곡의 위험으로서 의사결정의 결함 비용 발생이 가능하다. 셋째, 조직화된 특정 집단의 결집으로 의사결정의 편향을 초래할 위험성으로 최소승리연합minimum winning coalition 구축의 위험이 존재한다.

최근 들어 국민적 안위를 심각하게 위협하는 미세먼지, 신종 감염병 등의 사회문제를 해결하기 위해서도 각종 복합재난 거버넌스 체제를 구축해야 할 필요가 있다. 구체적으로 미세먼지를 예로 들면 세계보건기구WHO가 2013년 발암물질로 지정한 이후 최근에 국민들의 최대 관심사로 부각된 상황에서 범국민적 참여 속에서 숙의 민주주의를 통해 상생의 해법을 찾아야 할 것이다. 노후 화력 발전소와 석탄 발전을 단계적으로 축소해야 하는 산업에너지 클린화 정책과 경유차를 단계적으로 감축하고 친환경 전기차를 확대하는 방안 그리고 중국을 비롯한 주변 국가와의 외교적 협력 문제와 지방정부 차원에서 대처해야 할 과제 등이 복합적으로 연결되어 있기 때문에, 첨단적인 기술력과 사회문제의 융복합적인 해결이 요구되는 대표적인 사회문제라 할 수 있다.[375]

따라서 직접 민주제의 한계 극복을 위해 전문가 참여형 숙의 민주제로 보완할 필요성이 있다는 것이다. 이미 국내에서 원자력 발전소를 둘러싼 첨예한 갈등 속에서 숙의 직접 민주제를 통한 공론화 과정으로 해결한 사례가 있으나 고비용 구조가 문제였기 때문에, 그 대안으로 블록체인 기반 스마트폰 숙의 민주제로 저비용의 소셜 이노베이션이 가능한 미래 사회 거버넌스 대안을 제안했다.

더욱 구체적인 수준에서 이민화[376]는 Quick-Win Project를 제안하는데, 이는 6개월 내 정당 간 미합의 법안은 블록체인 국민투표에 부치도록 하여 의회의 협치를 강화하는 방안이다. 스위스와 같이 국민 2%의 요구로 발의하고 1%의 요구로 통과 법안을 재검증하여 공정성과 투명성을 강화하는 방안이다. 이러한 제안에 대해서는 현재 진행되고 있는 패스트 트랙과 연계하여 추진하거나 국민투표에 부치는 방식 등 다양한 대안을 모색할 필요가 있다.

그동안 여야 간에 쟁점 법안이 발생할 경우 타협이 이루어지지 않고 오히려 국회에서 물리적 충돌이 반복되어, 패스트 트랙 제도(신속 처리 안건 제도)[377]를 도입했음에도 불구하고 여전히 국회는 폭력 사태 등으로 민생개혁 법안은 계류 중인 상황이 다반사였다. 따라서 패스트 트랙으로 상정된 법안의 경우, 사전 또는 사후에 여야 합의를 거쳐 '블록체인을 통한 융합 민주제 차원의 공정한 온라인 국민투표'를 실시하게 되면 모든 현안 문제가 상생적으로 쉽게 풀릴 수 있을 것이다. 오히려 현안이 발생할 때마다 정파적이고 이념적인 대결보다는 국민들의 객관적인 여론과 정책에 훨씬 더 민감하게 대응할 수 있는 정책 정당으로 전환하는 계기가 될 수 있을 것이다.

이러한 이민화[378]의 제안은 당장은 여야 정치권의 대결구조 속에서 현실화되기가 쉽지 않지만 국회에서 입법화 과정을 거쳐 추진될 경우 정부 여당은 물론 야당 역시 자신들이 첨예한 관심을 가지고 있는 주요 국가 시책의 경우에는 객관적인 비밀·직접 투표 형태의 국민투표 방식으로 추진할 수 있는 장점이 있기 때문에 적극 검토할 필요가 있을 것이다.

이민화[379]는 다른 한편으로 현재의 여론조사가 가지는 고비용, 오류와 왜곡 우려, 비실시간 등의 문제를 극복하기 위해 디지털 블록체인 여론조사를 통해 비밀·직접 투표를 통해 대의 민주제의 단점을 극복하는 방안도 제안한다. 모집단母集團의 공정성을 위해 선거관리위원회와 같은 공신력 있는 기관이 블록체인 여론 플랫폼을 운영하고, 기존의 여론조사 기관들과 정당이 다양한 여론조사를 수행하면 사안별, 지역별로 주요 국가 시책에 대한 여론을 수렴하여 정책에 반영할 수 있을 것이다.

이민화[380]의 제안이 스마트 국가위기관리 시스템의 정착과 관련해 갖는 정책적 함의는 아무리 4차 산업혁명의 성과를 토대로 국가위기에 대응한다 하더라도 정치·행정의 영역은 물론 우리 사회 전반에 4차 산업혁명에 기초한 기술·사회 플랫폼이 구축되어 있지 않다면 그 성과는 매우 제한적일 것이라는 점이다. 뿐만 아니라 역대 국가위기의 사례연구에서도 나타난 바와 같이 복합재난이나 국가위기가 발생했을 경우 동원해야 하는 첨단화된 기술과 인력이 사고 발생 이전 단계에서부터 최종 복구 단계에 이르기까지 사회 전 영역에 포함되기 때문이다.

특히 우리나라의 경우, 북한의 핵 개발을 비롯한 지속적인 남북 분단 상황으로 인한 안보적 위기가 지속되고 있고, 미중 무역전쟁의 와중에서 한국의 독자적인 글로벌 국가발전 전략을 수립해야 하는 상황에 있으므로 이민화[381]가 제안한 "스마트 코리아 전략으로 체계화된 4차 산업혁명 기술·사회 플랫폼 구축"과 "4차 산업혁명 추진 거버넌스 구축으로 지속적 리더십 확보", "버추얼 코리아 플랫폼 기반 국가혁신 생태계 구축"은 스마트 국가위기관리 시스템을 위해서나 국가발전 전략을 수립하는 데 있어서도 매우 중요한 핵심 과제가 아닐 수 없다.

위기관리 시스템 혁명을 위한 10계명

국가와 기업이 감당하기 힘든 위기를 경험했을 때 이를 극복할 수 있는 원칙과 기본 방향은 무엇일까? 좀 더 쉽게 표현해 위기관리 시스템 혁명의 성공을 위한 10계명은 무엇인가? 이러한 질문의 해법을 찾기 위해 천안함 침몰 사건과 세월호 참사, 메르스 사태와 더불어 최근에 전개되고 있는 한일경제전쟁과 창릉 신도시 개발을 둘러싼 다양한 위기상황에 대한 심층적 사례 연구를 통해 얻은 결론은 다음의 10가지 수칙이다.

1. 골든타임을 놓치지 말라.

모든 위기에는 적절한 대처가 필요한 골든타임이 반드시 존재한다. 이때를 놓쳐서는 안 된다. 만약 놓치게 되면 피해는 기하급수적으로 확대되고 때로는 감당할 수 없는 재난으로 확대된다. 천안함 침몰 사건, 세월호 참사, 그리고 메르스 사태와 같은 국가위기 사례에 대한 연구결과는 물론이고 공공분야와 기업이 겪는 다양한 위기에서 그 성패는 위기발생 초기 골든타임 시기에 얼마나 적절한 대응을 하였는가에서 판가름 난다. 특히 골든타임 시기 신속한 대응 여부는 위기가 발생하기 이전 단계에서 예방과 대비를 얼마나 하였으며, 실제 상황에 버금가는 훈련과 교육을 얼마나 철저히 하였는가가 역시 관건이다. 한일경제전쟁 역시 국가적 위기를 대응하는 데 있어 골든타임을 놓치지 않는 시의적절한 조치가 필수적이다.

2. AI와 빅데이터를 활용하라.

어떤 위기가 발생하면 그 위기에는 반드시 원인과 과정, 그리고 결과에 대한 근거가 존재한다. 다시 말해 데이터가 축적되기 마련이다. 거기에 축적된 데이터와 AI(인공지능)를 적극 활용해야 한다. 현대사회의 모든 위기는 대부분 복합적인 형태로, 불가예측적으로 발생한다. 하지만 그러한 위기의 이면에는 국내적으로나 국제적으로 유사한 사례가 적지 않다. 따라서 AI와 빅데이터를 활용한 첨단화된 사전 정보에 기초하고 4차 산업혁명의 기술적 성과를 최대한 활용하여 복합적으로 대응해야 한다. 그렇지 않고 다양한 위기에 대해 전통적인 방식으로 대응할 경우 오히려 그 위기는 복합재난으로 발전하여 국가와 기업을 더욱 힘든 상황으로 빠트릴 위험성이 매우 높다. 한일경제전쟁의 경우도 한일 간 갈등의 역사와 파급 효과 등을 빅데이터에 기초한 AI 시뮬레이션을 통해 심도 높은 정보 전쟁을 펼쳐야 한다.

3. 통합적 위기관리센터가 꼭 필요하다.

한국적 상황에서 모든 위기에 대한 대응들은 개별적이고, 분산적이고, 중복적인 형태로 접근되어 사태가 더 악화된 경우가 비일비재하다. 따라서 국가적인 위기는 물론 공공조직과 기업의 경우도 통합적 위기관리센터가 반드시 필요하다. 위기의 원인과 과정 그리고 사태의 추이에 따라 다양한 피해를 예상하면서 통합적인 위기관리를 수행하는 한편 동시에 개별 조직의 전문성과 자율성을 부여하는 통합적 위기관리센터는 위기관리 시스템 혁명의 핵심이다. 더욱이 한일 경제전쟁 같은 국제적인 분쟁은 한일군사정보보호협정의 종결과 연결된 한미동맹의 문제 그리고 국내 정치적으로는 보혁 갈등과 복합적으로 연계되어 있기 때문에 통합적 위기관리센터의 역할이 크다. 일반적으로 외교안보 문제에 접근하는 데 있어서 여의도 정치를 비롯한 정무적 판단은 종종 별개로 취급하는 경우가 있으나 이는 국가위기관리 면에서 매우 위험한 일이 아닐 수 없다.

4. 돌발 리스크에 대비하라.

대부분의 국가적 위기나 혹은 기업의 위기에 있어서 상황을 더욱 어렵게 만드는 것은 예측하지 못한 돌발 상황의 발생이다. 이러한 돌발 리스크를 얼마나 잘 관리하고 피해를 최소화하는가, 그리고 재발방지대책을 얼마나 잘 마련하는가 하는 여부는 위기관리 시스템의 역량을 판가름하는 중요한 지표이다. 진정한 위기관리 시스템의 혁명적 발전은 다양한 예측불가능한 돌발 리스크를 잘 관리하여 향후 역동적 발전의 원동력이자 자양분으로 삼는 것이다. 한일경제전쟁의 경우도 한일군사정보보호협정의 종료가 북핵 문제를 풀어가는 데 있어 한미 간의 중대한 이견과 균열로 발전하지 않도록 위기를 관리하는 문제와 연결해 종합적인 대응을 해야 한다. 또한 보혁 갈등에서 발생하는 정치적 위기 국면은 국가위기와는 직결되지 않은 돌발변수이나 매우 중요한 위험요소라는 점을 직시해야 한다.

5. 현장 전문가가 가장 중요하다.

많은 위기에서 시행착오가 발생하고 현실에 맞지 않는 대응을 하여 화를 자초하는 경우에 있어서 공통되는 문제점은, 현장 전문가의 의견을 존중하지 않고 중앙에서 탁상머리 행정을 하면서 권위주의적인 명령과 결정을 내리는 경우이다. 국가적 위기이든 기업의 위기이든 해당 분야 전문가의 심층적인 분석과 초동 대응을 중심으로 하여, 유관 분야 전문가와의 협치적 토론 그리고 외부 전문가의 비판적 조언을 종합하고 위기 돌파의 방향을 설정해야 한다. 그리고 국가든 기업이든 위기관리 현장에서는 최고의 전문가를 복수로 배치해 상호 협치할 수 있는 제도적 공간을 마련해 주어야 한다. 상호 이해관계가 달라 이견과 갈등이 불가피한 경우에는 전문가를 통해 견제와 균형 장치를 마련하는 것도 매우 효과적인 위기관리 방법이라 할 수 있다.

6. SNS를 적극 활용하라.

현대 사회에서 SNS는 위기관리 시스템의 핵이자 심장이다. 모든 위기는 SNS를 통해 비상신호음이 울리기 시작한다. AI와 빅데이터를 통해 이를 조기에 인지하고 대비하는 것이 위기관리 시스템 혁명의 출발이다. SNS는 단순히 페북, 유튜브, 트윗과 같은 소셜 네트워크 서비스만 아니라 각종 신문과 방송 그리고 오프라인에서 활용하고 있는 모든 정보에 대한 라인상의 소통 정보를 망라한다. 뿐만 아니라 국가와 공공조직, 기업 그리고 시민 간의 종합적인 소셜 네크워크 서비스를 통한 빅데이터의 적극적인 활용, AI를 통한 사전 시뮬레이션과 사후 평가 작업 등 SNS 혁명이 곧 스마트 위기관리 시스템 혁명이다.

7. 원칙을 지키되 유연하게 대응하라.

모든 위기관리에 있어서 기본 원칙은 준수되어야 한다. 따라서 국가적 위기는 물론 기업의 위기에 있어서도 다양한 사례에 대한 공통된 원칙과 매뉴얼 그리고 행동수칙이 필수적으로 요구된다. 스마트 국가위기관리 시스템의 도입과 정착을 위한 10대 수칙이 바로 그 전형적인 예이다. 하지만 이러한 원칙을 적용하는 데 있어서는 각종 사례마다, 또 위기의 단계마다 현실에 맞게 유연하게 적용하고 대응해야 한다. 교조적인 암기식 대응이나 현실에 부적합한 교과서적 원칙은 오히려 위기를 증폭시킬 뿐이다.

8. 분권화된 의사결정을 하라.

일사분란하고 획일적인 의사결정은 당장은 효과가 있을지 모르나 시간이 흐르면서 많은 문제점과 예상치 못한 화를 자초할 수 있다. 위기발생시 그에 대한 결정은 현장 중심의 전문가 의견을 존중하면서도 해당 위기에 직간접적인 관련성을 가지고 있는 다양한 기관들의 분권화된 의견을 존중해야 한다. 분권화된 의사결정, 그러나 그것이 상호배타적이고 상호 모순되는 것이 아니라 통합적인 위기관리를 위한 분권화된 의사결정으로 추진되어야 한다.

9. 위기관리의 피드백이 중요하다.

위기관리 시스템 혁명의 윤활유는 피드백이다. 위기 발생의 사전·사후단계, 그리고 위기 발생 과정에서 중앙조직과 지역조직 그리고 수평적 기관들 간의 협치 시스템 등 모든 위기관리 시스템에서 혁신적 성과를 낼 수 있는가 하는 것은 피드백 시스템이 잘 가동되느냐의 여부에 달려 있다. 이 과정에서 시행착오도 바로잡을 수 있고, 돌발변수도 관리되고, 재발 방지 대책도 마련되면서 위기관리 시스템의 업그레이드가 이루어질 수 있다.

10. 스마트 시스템을 업그레이드하라.

현대 사회의 위기는 첨단화되고, 복합적이고, 예측불가능하다. 따라서 AI혁명에 기초한 빅데이터와 4차 산업혁명의 성과에 기초한 각종 시뮬레이션을 통해 위기관리 시스템을 스마트화시키고, 지속적으로 업그레이드해야 한다. 위기 발생 때마다 미봉적으로 대응하면 모든 위기는 더욱 심각한 형태로 재발한다. 따라서 스마트 위기관리 시스템의 혁명을 위해는 인재의 육성과 적재적소 배치, 충분한 예산 확보, 그리고 국가와 기업, 시민사 이의 스마트 협치 시스템이 가동되고 일상화되어야 한다. 그중에서 가장 효과적인 수단이 '내 손 안의 스마트 폰'을 통한 스마트 폰 시티의 구축이다. 스마트 폰을 통해 개인의 안전과 크고 작은 위기를 해결하고, 기업이 스마트 폰의 애플리케이션을 통해 시민과 기업 자체 내의 위기를 극복하는 것이다. 이 과정에서 스마트 시티를 통한 스마트 거버넌스 시스템의 구축과 완성이 스마트 위기관리 시스템 혁명의 종착역이요 최종 목표이다.

이상과 같은 노력을 통해 4차 산업혁명의 성과를 반영한 스마트 국가위기관리 시스템이 도입되고 정착될 경우에는 한국사회에서 새롭게 발생하는 다양한 복합재난과 위기를 시스템적으로 해결할 수 있다. 동시에 국가와 기업이 4차 산업혁명 시대의 총성 없는 경제전쟁터에서 승리할 수 있는 새로운 국가혁신 발전 전략의 핵심적인 성공기제가 될 수 있을 것이다.

향후 스마트 국가위기관리 시스템의 혁명과 관련하여 추가적으로 필요한 연구 작업 및 정책 방향은 대체로 다음과 같다.

첫째, 현재 우리 정부가 규정하고 있는 재난·재해와 복합재난 그리고 국가위기에 대한 개념 규정을 보다 명료히 하고, 기존의 재난·재해 정책에 대한 연구 차원을 넘어선 스마트 국가위기관리 시스템과 관련한 보다 세부적인 연구가 진행되어야 할 것이다. 객관적으로 검증할 수 있는 자료의 부재 등으로 이 책의 주된 사례에서 제외된 IMF 외환위기나 대통령 탄핵 결정과 같은 중대한 국가위기에 대한 심층적 연구가 추가적으로 진행되어야 할 것이다.

둘째, 이 연구를 통해 새롭게 도출하고 검증한 스마트 국가위기관리 시스템을 위한 새로운 수칙이 현재 정부에서 추진하고 있는 각종 복합재난 및 국가위기에 대한 개념 및 위기 단계별 매뉴얼, 그리고 행동수칙과 연계되어 보다 체계적이고 실효성 있는 형태로 수정·보완되어야 할 것이다. 이 과정에서 지방정부와 공공기관 그리고 개별 기업과 시민이 함께하는 시민 참여 거버넌스를 구축하는 것 역시 위기관리 시스템 혁명의 또 다른 과제이다.

셋째, AI 혁명과 4차 산업혁명의 성과를 중심으로 한 스마트 국가 위기관리 시스템의 필요성에 대한 대통령의 확고한 철학과 비전에서부터 행정부와 입법부 그리고 지방자치단체장을 비롯한 시민사회의 지도급 인사들의 인식 전환과 체계적인 교육이 필요하다. 동시에 정부 차원에서 추진되고 있는 4차 산업혁명위원회가 국회를 비롯하여 지방자치단체, 그리고 민간기업과 각계각층의 스마트 국가위기관리 거버넌스 모델의 형태로 발전되어 다양한 정책을 추진해야 할 것이다. 스마트 위기관리 시스템 혁명에는 상당한 예산이 수반되고 높은 수준의 기술력이 요구된다. 국가가 주도적인 역할을 하기보다는 민간기업과 대학의 전문가들이 산·학·연 협치 네트워크를 통해 그 성과를 낼 수 있어야 하고 정부는 지원적 역할에 역점을 두어야 할 것이다.

위와 같은 연구 과제 및 정책 대안은 향후 이 연구의 발전적인 연장선상에서 지속적으로 추진되고 동시에 정부와 국회, 기업 등 산·학·연 공동 프로그램으로 실천에 옮겨져야 할 것이다.

프롤로그

1   당시 한국거래소에 따르면 AI 음성 인식 기능을 담은 셋톱박스 전문 제조사 가온비디
    어의 주식이 폭등하는가 하면 로보스타, 휴림로봇 등 AI 관련주들이 일제히 상승했다
    (파이낸셜 뉴스, 2019. 7. 6).

2   MK뉴스, 2019. 7. 5

3   뉴스토마토, 2019. 7. 5

4   뉴스1, 2019. 7. 5

5   한국경제, 2019. 7. 6.

6   파이낸스 투데이, 2019. 7. 5

7   2014

8   이춘규 지음, 『일본의 야욕, 아벤 신조를 말한다』, 119~121쪽

9   본 저서에서 소개하고 있는 아베와 통일교의 유착 의혹에 대한 서술은 대부분 송주열
    기자가 2017년 9월 5일부터 13일까지 쓴 기사를 중심으로 작성한 것이며 이에 대해
    부분적으로 일본 자료를 통해 검증했다.

10 이춘규 지음, 『일본의 야욕, 아벤 신조를 말한다』, 120~121쪽

11 동아일보, 2019. 8. 26

12 한국인터넷정보학회, 2010

13 고양시, 2019. 6. 25. 고양시장 간담회 기자 배포용 자료. 특히 통일 한국의 실리콘밸
    리 프로젝트는 저자가 고양 시장 재임 시설 고양시의 다양한 대규모 개발 프로젝트를
    총괄해 네이밍한 것으로, 후임 시장은 개별 프로젝트의 이름을 사용하고 있다.

14 고양시, 통일 한국의 실리콘밸리 마스터플랜 수립(2017. 12, 111~114).

15 국토교통부 보도자료(2019. 5. 7.) 제3차 신규택지 추진계획－수도권 주택 30만호 공
    급방안－

16 cafe.naver.com/haengsinnuri 행신중앙로 역 유치와 관련한 자료는 『행신누리』의 사
    전 동의를 얻어 수록한 것이다.

17 고양시, 통일 한국 실리콘밸리 프로젝트 2017－세미나 자료 모음집(137~230,
    365~412)

18 대통령직속 4차산업혁명위원회, 2018. 7. 6; 사공호상, 2015

19 2018, 328~329

20 김병례·이민화, 2016

21 2016

22 변상호·김태윤, 2014

23 사전적으로 재난disaster은 '날씨 등의 자연현상의 변화, 또는 인위적인 사고로 인한 인명이나 재산의 피해'를 말하며, 복합재난Hybrid disaster은 자연재난과 사회재난이 연쇄적 또는 동시다발적으로 발생함에 따라 예측 가능한 범위 밖의 거대한 규모로 전개되는 재난을 의미한다. 그리고 국가위기는 이러한 복합재난의 발생 및 대응과정에서 적절치 못한 대응을 했을 경우 국가 운용에 크게 부담이 되는 사태로 진전된 경우라 볼 수 있다. 따라서 어떤 재난이든 적절한 대응 여부에 따라 복합재난으로 그리고 국가적 위기로 발전할 수 있다. 재난. (n.d.). 다음백과.

24 1996, 113

25 2014, 19

제1장~제5장

1 2013

2 2013

3 2012

4 이재은, 2014

5 이재은, 2015

6 2016

7 2010

8 2010

9 2015

10 2017

11 2018

12 2015

13 2000, 2004

14 2014

15 2003, 2017

16 1995, 2002

17 2011, 2017

18 2018

19 2018

20 2018

21 2017, 2018, 2019

22 2012, 2014, 2017, 2018

23 2013

24 2015

25 1991

26 2008, 179; Petak, 1985, 3

27 스마트. (n.d.). 다음백과.

28 2012

29 2017, 1214

30 2018, 328~333

31 이민화의 4차 산업혁명의 의미와 12대 핵심 기술을 중심으로 한 스마트 발전 전략에 대해서는 이민화(2017, 2018, 2019)를 참조할 것.

32 Wikipedia, 2017.5; 강희조, 2017, 1214 재인용

33 2017. 12. 14

34 강희조, 2018

35 이 책에서 제시하고 있는 각종 정책 제언은 강희조의 논문(2011)과 이민화 외 연구보고서(2018) 등을 주로 참조하여 재정리했다.

36 빅데이터를 포함한 4차 산업혁명의 성과에 대한 선진국의 다양한 활용 사례에 대한 연구는 임상규(2014), 김태훈 · 윤준희(2018), 김상욱 · 신용태(2010), 진병동(2018) 등을 주로 참고하여 재정리했다.

37 ICS는 Incident Command System(응급통제 시스템)의 약자이다.

38 정영철 · 최익수 · 배용근, 2016, 689

39 Civil Contingencies Act, 2004

40 김태훈 · 윤준희, 2018

41 김태훈 · 윤준희, 2018

42 NRA는 National Risk Assessment(국가위험성 평가)의 약자이다.

43 김태훈 · 윤준희, 2018

44 김태훈 · 윤준희, 2018, 177

45 홍지완, 2018, 23

46 홍지완, 2018, 23

47 NSCS는 National Security Coordination Secretariat(국가안보 조정사무국)의 약자이다.

48 임상규, 2014, 34

49 윤미영, 2013

50 임상규, 2014, 34

51 이상팔, 2002, 1

52 제3조

53 이재은, 2003

54 이재은, 2003, 134~136, 140~142

55 이재은, 2003, 147~148

56 박부근, 2004

57 이재은, 2003, 147~148

58 2003, 150~151

59 2003

60 대통령령 285호, 2011

61 이홍기, 2013, 499 재인용. 현재 청와대 국가안보실의 국가위기 관련 기본 법령 및 내용이 거의 대부분 비밀로 처리되어 있어 연구의 어려움은 물론 복합재난 및 유사 국가위기가 발생했을 경우 최소한의 전문 인력을 제외하고는 이에 대해 종합적으로 대응하기 어렵기 때문에, 스마트 국가위기관리 시스템의 정착을 위한 차원에서 과감한 정보의 공개 역시 필요할 것으로 보인다.

62 이재은, 2003; 박동균, 2008. 이외에도 정윤수(2017, 137)는 일반적으로 재난관리를 1) 예방 2) 완화 3) 비상대응 4) 재해복구 등 4단계로 구분하고 있다. 이는 국가위기관리의 일반적 단계 설정과도 불일치한다. 2단계가 국가위기 단계에서는 '대비'이지만 '완화'로, 또 3~4단계의 표현 역시 다르다. 이는 외견상으로는 별 차이가 없어 보이지만, 다양한 복합재난에 대한 대응 단계가 3~4단계로 혼재되어 있고, 단계별 규정이 매우 애매하기 때문에 복합재난이 국가위기로 발전하는 경우 여러 가지 혼란을 겪게 될 위험성이 높다.

63 이홍기, 2013

64 2019. 3. 26. 일부 개정

65 2015. 11

66 2019. 2

67 2003, 131~132

68 이재은, 2002

69 McLoughlin, 1985, 166

70 이재은, n.d. 재인용

71 Clary, 1985, 20; 박동균, 2008, 181, 2016, 45~72

72 Debek, 1985, 85; Petak, 1985, 3; 이재은, n.d. 재인용

73 Mc Loughlin, 1985:169~170; 박동균 2008, 182

74 2014

75 2014

76 2014

77 2018

78 2018

79 2017

80 2014

81 1998

82 변상호, 김태윤. (2014). 재난과 재난관리정책의 재해석에 기반한 재난대응 수행원칙의 도출과 검증: 재난대응 사례에 대한 분석을 중심으로. 「한국행정학보」, 48(2): 109~136.

83 2014

84 2000, 2004

85 2014

86 2014

87 1985

88 재해에 대처하기 위한 재난관리는 재해의 시간대별 진행 과정을 중심으로 대체로 4단계로 나누어진다. 재해의 발생을 중심으로 재해 발생 전과 재해 발생 후 국면으로 나누고, 재해 발생 전 국면은 예방 및 완화 단계의 대비 단계로, 재해 발생 후 국면은 비상대응 단계와 재해 복구 단계로 분류한다. 이 과정들은 서로 독립적이라기보다는 상호 유기적이며 순환적인 관계를 갖고 있다. 이러한 4단계 재난관리 전략이 비록 자연재해를 중심으로 발전된 것이기는 하나 위험의 특성이 다소 다른 기술재해에 대한 재난관리에도 많은 시사점을 제공한다. 오석홍 · 김영평 편저, 「정책학의 주요이론」, 135~143.

89 1985

90 김영평. (1994). 현대사회와 위험의 문제. 「한국행정연구」 참조.

91 정윤수. (1994). 긴급구조와 위기관리. 「한국행정연구」 참조.

92 소영진. "위험의 사후적 관리". 「한국행정연구」 1994 참조.

93 오석홍 · 김영평 편저. 앞의 책, 142

94 1985

95 2014

96 고양시, 2016, 28~40. 이외에도 지진의 안전지대로 알려진 우리나라의 지방자치단
    체에서는 보기 드물게 지진 대비 훈련시설을 구비하고 있는 고양시는 강도 6.5의 지
    진이 발생했을 경우에 대비한 가상 지진 대비 훈련을 실시하기도 했다.

97 2018년 1월 8일 고양시 '국무총리 지시사항 관련 자료 제출' 공문(시민안전과 시행).

98 고양시, 2016, 4~5, 42~59. 고양시는 이러한 자체적인 위기관리 노력으로 전국 지
    방자치단체 및 공공기관을 대상으로 국민안전처가 실시한 2016 안전문화대상에서 대
    통령상을 수상하는 것을 포함하여, 국토교통부와 미래창조과학부가 주관한 스마트
    시티 서비스 경진대회 최우수상(2016년) 등 재난안전 분야와 스마트 시티 분야에서
    전국 최고의 평가를 받았다. 이외에도 을지연습 업무평가 행자부 장관상(2014년), 국
    가재난관리 분야 행정안전부장관상(2018년), 경기도 내 국지도발 대응훈련 최우수 도
    시 선정(2016년) 등 다양한 상을 받은 바 있다. 고양시(2019. 6)의 시민안전훈련 관련
    자료 참조.

99 2014

100 고양시, 2014, 158

101 고양시(2015.02)의 고양시 재난종합상황실 구축 계획 참조.

102 고양 종합터미널 화재사고 백서(2014), 고양시 메르스 백서(2015), 시민과 함께 하는
    고양형 을지연습(2016) 등 다수의 백서와 자료집을 출간했다.

103 고양시, 2014, 57~58

104 고양시, 2014, 92

105 고양시, 2014, 105

106 고양시, 2015, 13

107 고양형 스마트 시티의 미래와 통일한국의 실리콘밸리(2017) 참조.

108 고양시, 대한민국 청년의 희망 – 고양 청년 스마트 타운(2017)참조.

109 최성, 통일한국의 실리콘밸리 프로젝트(2017.12) 참조.

110 2018

111 2018, 155

112 2014

113 〈표 5〉는 변상호 · 김태윤(2014)이 작성한 '재난대응 수행원칙과 세부내용 매뉴얼'
    (2014.5)을 고양시 을지훈련 및 다양한 재난대응 현장에 경험적으로 적용한 이후, 이
    책에서 스마트 국가위기관리 체제 정착을 위한 대응 수칙으로 수정 · 보완한 것이다.

114 김대중 정부의 외환위기는 사실상 김영삼 정부 시절인 1997년 12월 3일 IMF 구제금
    융 요청이라는 정책결정을 함으로써 이루어졌기 때문에, 국가위기 발생 과정과 골든
    타임 동안의 김영삼 대통령을 비롯한 정부 정책결정자들의 책임에 대한 선행연구도

병행되어야 한다. 하지만 본 연구에서는 IMF 외환위기나 역대 정부의 대통령 탄핵과 같은 경우는 구체적으로 사례를 입증할 수 있는 검증 자료의 부재 등으로 국가위기의 비교 사례에는 포함시키지 않고, 추가적인 연구 과제로 남겨 두었다.

115 2017년 9월 문재인 정부 출범 이후 북한은 6차 핵실험과 더불어 "ICBM을 장착한 수소탄 실험에 성공했다"고 발표하여, 안보적 차원의 위기는 중도개혁 정부와 보수 정부를 막론하고 발생했다.

116 천안함과 세월호 관련 재판 기록 현황은 송갑석 의원이 대법원에 요청한 자료(2019. 6. 11)를 주로 참고하였다.

117 국가위기관리 체제에 대한 기존의 의미 있는 연구로는 이홍기의 "국가위기관리 체제의 효율성 제고 방안 연구"가 있으며, 이외에도 강현철(2012)의 "국가위기관리에 대한 법제적 분석" 안철현(2012)의 "국가위기관리 관련 조직 체계 구성의 중점", 주성빈·최응렬(2013)의 "국가통합위기관리 체계의 구축 방안에 관한 연구" 등이 있다.

118 신제도주의에 대한 상세한 설명은 김정수(2016) 「정책학입문」, 259~268 참조.

119 신제도주의적 접근이 아직 체계적으로 완성되지 않은 상태이기는 하지만 '정책 참여자들의 합리적 선택의 관점'과 '제도 출범 당시의 사회학적 배경' 그리고 '제도의 출범에서 발전적 변화 과정의 역사적 측면'을 종합적으로 고려할 필요가 있기에, 본 연구 역시 역대 정부의 국가위기관리 체계에 대한 비교연구에 있어 신제도주의적 접근법을 병행적으로 적용할 것이다.

120 2013

121 이 책에서 천안함 침몰사건의 일지 및 사태 진전에 대한 서술은 주로 대한민국 정부(2011)의 「천안함 피격사건 백서」와 감사원 보도자료—천안함 침몰사건 대응실태 감사 결과(2016)를 중심으로 하여 안철현(2010), 이동규·양고운(2011), 양철호(2014), 조승연(2010) 등의 논문을 참조하여 재정리한 것이다. 또한 사례연구의 분석 방법은 변상호·김태윤(2014)의 방식을 준용했다.

122 TOD는 Thermal Observation Device(열영상관측장비)의 약자이다.

123 대한민국 정부, 2011; 감사원, 2016. 6.11

124 2010

125 감사원, 2010. 6. 11

126 감사원, 2016. 6. 11

127 대한민국 정부, 2011, 42, 56~57

128 정영석, 2012

129 정영석, 2012

130 정영석, 2012

131 정영석, 2012

132 대한민국 정부, 2011

133 대한민국 정부, 2011, 54

134 소나(SONAR)는 바닷속 물체의 탐지에 사용되는 음향표정장치로서 좁은 뜻으로는 수중청음기 또는 음향탐신기를 말한다.

135 대한민국 정부, 2011

136 대한민국 정부, 2011, 57

137 대한민국 정부, 2011, 94

138 대한민국 정부, 2011, 94

139 KNTDS는 Korea Naval Tactical Data System(한국 해군 전술자료처리 체계)의 약자로 해군의 최첨단 전술상황 통제 체제이다. 인공위성을 통해 해상의 움직이는 물체를 파악해 대형 스크린 모양의 상황판에 실시간으로 중계하는 시스템이다.

140 대한민국 정부, 2011, 39

141 TASS는 Towed Array SONAR System(선배열 예인소나 체계)의 약자이다.

142 대한민국 정부, 2011, 31

143 대한민국 정부, 2011, 32

144 감사원, 2016. 6. 11

145 천안함 침몰 당시 국방부 장관직을 수행하던 김태영 전 장관은 "천안함 침몰사건 직후 처음에는 자신도 어뢰 피격이라는 주장을 미심쩍어했으며, 최초 보고는 좌초였고 이명박 전 대통령에게도 그렇게 보고했다"고 증언했다. 그러나 김 전 장관은 "최원일 천안함 함장을 만나 물었더니 울면서 어뢰 피격이라고 말해 그때부터 어뢰라고 확인(판단)했다"고 밝혔다. 김 전 장관은 처음에는 북한 공격이라고 생각하지 않았다고 말했다(미디어 오늘, 2019. 5. 16 기사 참조).

146 대한민국 정부, 2011, 294

147 정영석, 2012

148 대한민국 정부, 2011, 94

149 대한민국 정부, 2011, 153

150 2011

151 대한민국 정부, 2011, 150~152

152 당시(5. 21) 개최된 국가안전보장회의에서는 소위 '5·24 조치'로 통칭되는 대북 군사 조치, 예를 들면 UN 안보리 회부, 남북 교류협력 중단, 한미 군사합동훈련 등의 외교 안보적 조치를 담고 있는 안건이 심의·확정되어, 5월 24일에 발표되었다.

153 천안함 침몰 일주일 뒤인 2010년 4월 2일 민간 어선인 '금양호'는 해군 요청에 따라 천안함 선체 수색 작업에 나섰다. 수색 작업을 벌인 뒤 조업 구역으로 이동하던 금양호는 그날 밤 8시경 캄보디아 선박과 충돌해 침몰했으며, 이 사고로 선장과 외국인 2

명을 포함한 선원 8명, 당시 금양호에 있던 총 9명이 목숨을 잃었다(중도일보 2012년 3월 29일자).

154 UDT는 Underwater Demolition Team(수중폭파팀)의 약자이다.

155 대한민국 정부, 2011, 12

156 대한민국 정부, 2011, 94

157 감사원 감사결과, 2016. 6. 11

158 대한민국 정부, 2011, 296~297

159 국방부는 당시 이러한 상황은 '천안함으로터의 위치 송신이 중단된 이후에도 동일한 침로·속력으로 실제보다 3분간 더 기동한 것처럼 전시되는 전술지휘통제체제의 특성에 기인한 것'이라면서 'GPS(위성항법장치) 기능을 가진 첨단 과학장비인 KNTDS 좌표 위치에 의혹을 제기하는 것은 객관성에 기초한 주장이라 볼 수 없다'고 해명했다(대한민국 정부, 2011, 297).

160 해당 보도로는 경향신문의 "밤 9시 22분 사고, 군 또 오락가락" (2010. 4. 2), 조선일보의 "또 당겨진 군 발표 침몰시각" (2010. 4. 2) 등이 있다(대한민국 정부, 2011, 296).

161 KBS 추적 60분, "의문의 천안함, 논란은 끝났나"(2010. 11. 17 방영).

162 당시 이승헌 미국 버지니아대 교수(물리학), 양판석 캐나다 매니토바대 교수(지질과학), 정기영 안동대 교수(지구환경과학) 등이 주로 제기했으며, 중앙 언론은 물론 한국기자협회, 한국PD연합회, 전국언론노동조합 등 3개 언론단체로 구성된 '천안함 조사결과 언론보도 검증위원회와 일부 인터넷에서 이승헌, 양판석, 정기영 등의 학자가 실험한 결과를 토대로 천안함 흡착물이 '알루미늄 산화물'이 아니라고 보도했다(대한민국 정부, 2011, 297).

163 대한민국 정부, 2011, 297

164 대한민국 정부, 2011, 144

165 당시 합동조사단의 현안 보고에 대해 국회 특별위원회에서 제기된 각종 의혹에 대한 질의 내용은 대한민국 정부(2011)의 「천안함 피격사건 백서」, 216 참조.

166 대한민국 정부, 2011, 216

167 대한민국 정부, 2011, 57

168 이상팔, 1997, 255

169 대한민국 정부, 2011, 46

170 대한민국 정부, 2011, 46~47

171 「천안함 피격사건 백서」(대한민국 정부, 2011, 47)에 따르면 "과거 제2함대 해역에서 2009년 11회, 2010년 사건 발생 이전까지 4회의 새떼 접촉 상황이 발생했다. 새떼는 불빛과 큰 소리에 의해 흩어지지만, 76mm 비예광탄 사격은 새떼가 흩어질 정도의 위협이 되지 못했다"고 한다. 만약 이러한 사전 정보가 축적되어 있었다면, 당시 현장의

상황책임자가 빅데이터를 통해 미확인 물체의 정확한 실체를 파악했어야 할 것이다.

172 대한민국 정부, 2011, 47

173 대한민국 정부, 2011, 55

174 대한민국 정부, 2011, 159~164

175 이민화, 2018, 331

176 세월호 참사와 관련된 개요 및 일지는 감사원 감사결과보고서 – 세월호 침몰사고 대
응 및 연안여객선 안전관리 감독실태(2014.10)를 중심으로 하여, 세월호 침몰사고 T/
F팀(2014), 박동균(2016), 이재은(2015) 등의 논문을 참고하여 재정리한 것이다.

177 VTS는 해상교통관제(Vessel Traffic Service)의 약자이다.

178 감사원, 2014.10

179 대법원, 2019. 6. 11. 대법원이 국회 송갑석 의원에게 제출한 세월호 침몰사고 관련 기
소 현황(법무부, 2019. 6)을 보면, 15명의 선원 중에서 이OO 선장이 살인 및 살인미수,
유기치사, 업무상 과실 선박매몰, 선원법 위반 혐의 등으로 무기징역이 확정되었으며,
그밖에 15명의 선원은 대부분 징역 1년 6월에서 12년까지 최종 판결이 확정되었다. 그
밖에 청해진 해운 본사 임직원은 5명이 구속 기소되고, 2명이 불구속 기소되었으며,
징역 6년에서 벌금형 선고까지 판결이 내려졌다.

180 선원들조차 경험이 부족한 비전문가로 구성되어 있어 사고 발생 이전의 예측 및 평가
부재는 물론 골든타임 내의 초기 대응에 심각한 문제점을 드러냈다.

181 감사원, 2014.10, 353~354

182 감사원, 2014.10, 354~355

183 본청에서는 지방해양경찰청, 해양경찰서로부터 보고받은 상황을 정리하여 상황보고
서를 작성하는 방식으로 수색구조훈련에 참여했다(감사원, 2014, 99).

184 감사원, 2014.10, 88~114

185 2014.10.

186 감사원, 2014.10, 14~18

187 감사원, 2014.10, 30~38

188 감사원, 2014.10, 408~409

189 감사원, 2014.10, 410

190 감사원, 2014.10, 82

191 감사원, 2014.10, 411

192 TRS(Trunked Radio Service)는 기존 이동통신과 달리 가입자가 원하는 대로 그룹 통
화와 같은 다양한 통신이 가능한 무선 이동통신을 말한다.

193 VHF(Very High Frequency)는 초단파 통신장비로 비상 채널로 진도 VTS 센터 등과
교신이 가능하다.

194 호이스트(hoist)는 헬기로 인명구조 시에 사람을 로프에 매달아 지상에서 감아올릴 수 있는 장비를 말한다.

195 감사원 2013, 31~38

196 VMS는 Vessel Monitering System(선박 위치정보 시스템)의 약자이다.

197 감사원, 2014, 82~83

198 감사원, 2014, 84~87

199 감사원, 2014.10, 381

200 감사원, 2014.10, 381~382

201 감사원, 2014.10, 387

202 언론 브리핑에 대하여 중대본 실무자들은 "언론 브리핑 시간에 쫓겨서 일을 했던 것으로 기억한다.", "브리핑 시간 간격이 너무 짧았다.", "해경의 상황보고서보다 언론 브리핑을 더 자주 했던 점은 무리였다"라고 진술했다. (감사원, 2014.10, 358)

203 감사원, 2014.10, 358

204 감사원, 2014.10, 360

205 해경의 주파수 공용 무선통신망(TRS) 및 상황정보 문자메시지(e—mate)에 언급된 정보 중 추후 확인이 필요한 것들을 중간 정리한 비공식 내부 문서("13:00 현재 진도 행정선 190명 구조[총 370명]") 내용이 중대본에 파견 나와 있던 해경 연락관에게 팩스로 전파되었다. (세월호 감사보고서, 364)

206 감사원, 2014.10, 364

207 오마이뉴스, 2019. 4. 11

208 감사원, 2014.10, 362

209 감사원, 2014.10. 진도 VTS 센터 CCTV 운영 책임자인 이 관제사들은 세월호 사고 이후 외부 기관의 감사나 수사 과정에서 심지어 CCTV 카메라를 철거하거나 녹화 영상을 삭제하는 등 CCTV를 창문 쪽으로 돌려 놓은 사실이 발각될 것을 우려해 증거인멸 행위까지 했다. 감사원. 2014. 10, 21~22.

210 감사원, 2014.10, 34

211 감사원, 2014.10, 41~45

212 1등 항해사와 2등 항해사는 근무복을 입고 구명동의를 착용하지 않은 상태로 조타실에서 나온 것을 123정으로 옮겨 태웠기 때문에 충분히 세월호 선원임을 알 수 있는 상황이었고, 세월호가 완전히 전복된 11시 10분 이후에도 선원들이 123정에 잔류하고 있었다(감사원, 2014.10, 57~58).

213 감사원, 2014.10, 57~58

214 이 책에서 메르스 사태 일지와 진행 상황에 대한 종합적인 내용은 감사원 감사결과 보고서 – 메르스 예방 및 대응실태 (2016.1)와 국회 중동호흡기증후군 대책 특별위원

회 활동결과보고서(2015)를 중심으로 하여, 배재현(2016), 변성수 외(2018) 서경화 외 (2015), 정윤진(2017) 조숙정(2016), 한국보건사회연구원(2015)의 논문을 토대로 재정 리한 것이다.

215 MERS는 Middle East Ricipratory Syndrome(중동호흡기증후군)의 약자이다.

216 변성수 · 신우리 · 조성, 2018

217 감사원, 2016, 13

218 감사원, 2016, 232

219 해외 감염병 정보를 해외 홈페이지 중심으로만 수집 · 번역하여 우리나라 현실에는 부합하지 않거나 질병 특성 등 전문적 정보 분석이 제대로 되지 않았다. 주요 감염 병 관련 국제기구와 정기적인 인사교류를 실시하지 않고 대부분 국외 단기 훈련에 그 쳤으며 감염병 동향 파악은 연구기관 홈페이지를 통한 정보 수집에 그쳤다(감사원, 2016.01).

220 변성수 · 신우리 · 조서, 2018, 492

221 정윤진 · 최선, 2017

222 정윤진 · 최선, 2017

223 정윤진 · 최선, 2017

224 감사원, 2016

225 한편 농림축산식품부에서도 '가축질병 위기관리 표준매뉴얼'의 위기 경보 단계를 '관 심', '주의', '경계', '심각'으로 구분하면서 가축질병구제역, 고병원성 조류인플루엔자, 신종 가축질병으로 분류하고 질병별로 위기 경보 단계의 판단 기준을 다르게 정하여 운용하고 있다(보건복지부, 2015, 198~199)

226 2015.5.26.

227 감사원, 2014.10, 203~204, 271~273

228 감사원, 2014.10, 273

229 토론 기반 훈련은 실제성이 부족하여 재난대응 체계의 역량을 전반적으로 검증하 는 데 한계가 있으므로 그 역량 강화를 위해서는 실행 기반 훈련이 필요하다(감사원, 2016, 212).

230 호주에서는 2008년 9월 21일부터 4일간 신규 감염병 발생 시의 적절한 초기 대응을 위한 종합훈련을 실시하여 상당수의 취약점을 개선했고, 2009년 5월 인플루엔자가 발생했을 때 그 실제 대응에서 큰 도움을 받았다(감사원, 2016, 213).

231 중동호흡기증후군 대책 특별위원장, 2015

232 감사원, 2016, 14~15

233 감사원, 2016, 29

234 감사원, 2016, 62

235 감사원, 2016, 198

236 정윤진 · 최선, 2017, 142

237 2015, 151

238 정윤진 · 최선, 2017 재인용. 2016년 발행된 「2015 메르스 백서」와 국회 특위 보고서 (중동호흡기증후군 대책 특별위원회, 2015) 등 많은 보고서가 공통적으로 이러한 문제점을 지적하고 있다.

239 감사원, 2016, 15

240 감사원, 2016, 132

241 실제로 2016년 6월 12일 19시경 한 인천광역시 거주자는 메르스 발생 병원에 다녀온 이후 발열이 있어 거주지 인근 보건소에 검사를 요청했으나 주소지가 아니라는 이유로 거절당했고, 결국 위 의심 환자가 질병관리본부에 항의한 후에 주소지 보건소 직원이 찾아와 검체 채취와 검사 의뢰를 한 바 있다(보건복지부, 2015, 272).

242 2015. 5. 26

243 중동호흡기증후군 대책 특별위원장, 2015

244 감사원, 2016, 237~238

245 정윤진 · 최선, 2017

246 정부의 메르스 감염병 위기대응의 문제점과 개선 방안에 대해서는 변성수 · 신우리 · 조성(2018, 491~492)의 내용을 중심으로, 4차 산업혁명의 첨단화된 기술 도입의 필요성과 스마트 국가위기관리 시스템으로의 발전적 정착을 위해 부분적으로 보강한 것이다.

247 EOC는 긴급위기대응센터(Emergency Operation Center)의 약자이다.

248 IMS는 Incident Management System(사고관리 체계) 약자이다.

249 CDC는 Centers for Disease Control and Prevention(미국 질병통제예방센터)의 약자이다.

250 변성수, 2018, 491~492

251 보건복지부, 2015, 153~155

252 2018

253 노무현 정부와 박근혜 정부의 국가위기관리 시스템의 변화 과정에 대해서는 정윤진 · 최선(2017, 145~152)의 논문을 주로 참고하여 재정리했다.

254 NSC는 National Security Council(국가안전보장회의)의 약자이다.

255 한국 국가안전보장회의, 평화번영과 국가안보: 참여정부의 안보정책 구상(서울: 국가안전보장회의, 2004, 21~23); 노무현 대통령, NSC 위기관리센터 개소식 연설(2003년 6월 25일): 한국 국가안전보장회의(2004, 77). 자세한 사항은 이재은의 "국가위기관리에 관한 법제화 방안" 참조.

256 정윤진 · 최선, 2017

257 정윤진 · 최선, 2017

258 정윤진 · 최선, 2017

259 이 책에서 사용하고 있는 국가위기관리 체제의 6대 핵심 체제의 핵심적인 구조와 문제점, 개선 방향에 대해서는 이홍기(2013)의 논문을 주로 참조했고, 여기에 4차 산업혁명이 갖는 스마트적 요소를 대폭 추가해 분석했다. 이외에도 이재은 · 이우권(2014), 김인태(2013), 이채언(2012), 박동균(2008) 등의 논문도 참고했다. 특히 이홍기의 분석틀은 국가위기관리 체계의 여러 가지 요소 중에서 법과 조직, 운영과 정보화, 자원관리와 교육훈련이라는 매우 중요한 핵심 체계를 중심으로 연구했다는 점에서 이 책의 문제의식과 일치했다. 다만 '스마트' 국가위기관리 체제의 도입 및 정착과 관련해 기존의 핵심 체계 속에서 어떤 점이 발전적으로 계승되어야 하는지에 착안해 차별성과 보완성에 역점을 두어 분석했다.

260 이홍기 2013, 503~505; 이채언, 2012, 29~32

261 이홍기 2013, 506~507; 김인태, 2013

262 이홍기 2013, 508; 김인태, 2013).

263 2018

264 김태훈 · 윤준희, 2018, 180~181

265 이홍기(2013, 509~511)와 국회 송갑석 의원실의 청와대 및 행정안전부 대상 자료 요청 내용(2019. 6. 12) 등을 종합적으로 참조했다. 이 책에서는 필자가 김대중 정부 시절 청와대 외교안보수석실에서 국가안전보장회의와 관련된 업무를 수행하고, 노무현 정부에서는 국회 외통위에서 김선일 테러 사건 관련 청문회와 다양한 국가위기 사태에 대한 정부 대책에 대한 정책을 제언한 경험 그리고 고양시장 재직 기간 동안 을지훈련 및 구제역, 메르스 사태에 대한 통합방위협의회장 겸 재난대책위원장으로 활동하면서 겪었던 시행착오 등 다양한 현장 경험을 객관적으로 접맥시키고자 노력했다.

266 이채언, 2012; 김인태, 2013

267 이홍기, 2013

268 이홍기, 2013, 509~510, 박동균, 2008

269 국민안전처는 출범 이후 5대 전략 100대 세부 과제로 구성된 안전혁신 마스터플랜을 발표했다. 하지만 이후 발생한 세월호 참사를 비롯한 각종 재난에 대한 국민안전처의 대응은 이러한 마스터플랜과는 전혀 무관하게 전문성이 없는 부적절한 대응으로 사태 악화의 주된 책임 부처로서 심각한 문제점을 드러냈다.

270 이재은, 2014, 2015

271 이홍기, 2013, 510~511; 박동균, 2008; 이채언, 2012; 김인태, 2013

272 하연섭 편, 2015

273 이홍기, 2013, 511~513

274 이홍기, 2013, 512~513

275 이홍기, 2013, 512~516

276 이홍기, 2013, 513~514; 강희조, 2017, 2018; 이재은 · 이우권, 2014

277 이홍기, 2013; 이재은 · 이우권, 2014; 강희조, 2017, 2018

278 이홍기, 2013

279 이홍기, 2013, 516~518

280 이 책을 준비하는 과정에서 청와대를 비롯한 정부의 국가위기에 대한 개념 규정 및 각종 국가위기 관련 매뉴얼에 대해 국회 등을 통해 자료 요청을 했으나, 국가위기 관련 규정은 대부분 국가기밀로 분류되어 있어 일체 접근이 불가능했다.

281 이홍기, 2013

282 이홍기, 2013, 517~518

283 이홍기, 2013

284 이홍기, 2013

285 이홍기, 2013, 518~520

286 비상대비 자원관리법이 적시하고 있는 전문 인력 육성에 관한 규정을 살펴보면 비상대비 업무 담당자는 대통령이 정하는 자격요건을 갖추고 소정의 시험에 합격한 사람 중에서 임명하도록 규정되어 있다. 동시에 지속적인 전문성 확보를 의무화하고 있으며, 연 7일 이내 전국적인 훈련을 할 수 있도록 규정하고 있다. 하지만 이러한 자격을 갖춘 전문가의 수는 매우 한정되어 있다.

287 이홍기, 2013

288 이홍기, 2013

289 정찬권, 2011; 조영갑, 2006

290 KCERN, 2016. 6; 2018. 1; 이민화, 2018, 250

291 이민화, 2018, 258~260

292 곽노성, 2010, 2018

293 이민화, 2018, 258

294 이민화, 2018, 255

295 2013

296 2014

297 그 밖에도 조직적 차원에서 (1) 청와대 NSC의 컨트롤 타워 부재 해소 및 국가위기 현장과 각종 유관 재난안전 협의체 간의 통합적 운영을 위한 조직적 재정비 (2) 다양한 국가위기에 대한 통합적이면서도 분산적인 전담 조직 구성 (3) 국가위기의 발생 지역인 현장 지방정부의 위상과 자율성 제고를 위한 혁신적 조처(입법과 예산 확보) 등이

이루어져야 할 것이다.

298 우리나라 국립재난안전연구원의 스마트 재난상황실에 대한 자료는 임상규(2014, 33) 등을 참고했다.

299 신동희·김용문, 2015, 381~382; 임상규, 2014

300 2018; 이홍기, 2013

301 2016, 20

302 2018

303 이민화 외(2018). 국회 4차 산업혁명위원회가 펴낸 자료집 참조.

304 2018

305 이민화, 2018, 289

306 이민화, 2018, 254~255

307 이민화, 2018, 12

308 2017, 78

309 KCERN, 2016; 이민화, 2018, 268~269

310 강희조는 '4차 산업혁명과 ICBMS를 활용한 재난안전관리'라는 논문을 통해 다양한 정책 제언을 제시했다. 이에 대해 이 책은 재난안전관리 차원을 넘어선 국가위기관리 차원에서 4차 산업혁명의 핵심적 성과라 할 수 있는 ICBMS를 중심으로 천안함 침몰 사건, 세월호 참사, 메르스 사태와 같은 국가위기 발생 시 현실적으로 적용 가능한 정책적 함의를 재정리한 것이다. 하지만 기본적인 문제의식과 창의적인 구상은 4차 산업혁명의 성과를 연계시킨 다양한 재난안전관리 체계에 대한 강희조의 선구적인 논문(2012, 2014, 2017, 2018)을 중심적으로 참고했다. 이외에도 이민화 외(2018), 최호진 외(2013) 다수의 논문 역시 많은 도움을 주었다.

311 2018

312 2018, 561~567

313 UAV는 Unmanned Aerial Vehicle(무인항공기)의 약자이다.

314 본 전략은 이민화 교수를 중심으로 한 KCERN 창조경제연구회의 국회보고서(4차 산업혁명 국가 로드맵 작성을 위한 정책 연구, 2018)를 중심으로 하고, 「대한민국의 4차 산업혁명」(KAIST 문술미래전략대학원, 이민화 2017), 「자기조직화하는 스마트 시티 4.0」(이민화, 윤예지, 2018), 「디지털 트랜스폼에서 스마트 트랜스폼으로」(이민화, 주강진, 2019) 등을 참고해 수정·보완한 것이다. 그 주된 이유는 스마트 국가위기관리 시스템의 도입과 정착에 있어서 가장 중요한 4차 산업혁명의 성과와 이에 기초한 스마트 국가발전 전략에 대한 이민화 교수를 비롯한 연구팀의 정책 제언들이 이 책의 문제의식과 대부분 일치하기 때문이다. 논문의 집필 과정에서 이민화 교수의 코멘트와 구체적인 연구 방향에 대한 조언이 크게 도움이 되었음을 밝힌다.

315 한국개발원, 2016; 장윤종, 2017; 정민, 2017; 정해영, 2017; 조윤정, 2017

316 '스마트 코리아' 개념에 대해 이민화(2018, 209)는 "스마트 코리아는 현실과 가상을 융합하여 현실의 한국이 진화하는 세계를 의미하며, 현실을 디지털 전환으로 Digital Twin화한 버추얼 코리아 플랫폼에서 다양한 조직들이 아날로그 전환 기술을 활용하여 스마트화하는 개념이다."라고 규정하고 있다.

317 이민화, 2018 외

318 국제미래학회, 2017; 과학기술정책연구원, 2017; 국회법제실, 2017; 대외경제정책연구원, 2017; KAIST 문술미래전략대학원 · 이민화, 2017

319 이민화, 2018, 206~208

320 과학기술정책연구원, 2017; LG 경제연구원, 2017

321 KOTRA, 2017; KDB 산업은행, 2017

322 이민화, 2018, 194~195

323 KOTRA, 2016

324 이민화, 2018, 118~123

325 2018, 18

326 KAIST 문술미래전략대학원 · 이민화, 2017, 421~422

327 KAIST 문술미래전략대학원 · 이민화, 2017, 420~426

328 2017

329 이에 대한 자세한 내용은 최성의 「글로벌 스마트 시티 리더십」(2017년 통일한국 고양 실리콘밸리 프로젝트 세미나 자료 모음집), 279~281 참조.

330 고양시, 고양시 스마트도시 중 · 장기 계획(2020~2024) 요약본 참조.

331 지방자치단체 중심의 자주적 국가위기관리 시스템에 대한 고찰은 이재은(2014, 2015)과 박동균 · 양기근 · 류상일(2011), 홍지완(2018)을 참조하여 재정리했다.

332 이민화 2018, 222~223

333 한국인터넷정보학회, 2010

334 이민화, 2018, 226

335 2018

336 이민화, 2018, 342

337 2018, 328~329

338 김병례 · 이민화, 2016

339 2016

340 1995년 삼풍백화점 붕괴 사고 이후의 민방위 재난통제본부, 2003년의 대구 지하철 화재 참사 이후의 소방방재청과 마찬가지로, 국민안전처가 출범한 이후에 지방자치단체의 위기관리 역량 강화에 중요한 법 · 제도적인 개선과 충분한 예산 확보 그리고

스마트 국가위기관리 시스템에 적합한 전문가의 확보 등에 어떤 노력을 기울였는지에 대해서는 반성적으로 접근하지 않으면 안 된다. 특히 크고 작은 복합재난과 국가적 위기의 현장에서 골든타임 내 신속한 현장 대응이 중요한 226개 기초 지방자치단체의 위기관리 역량 강화는 아무리 강조해도 지나치지 않을 것이다.

341 조창현, 2000, 2001; 유재원, 2008

342 한상우, 2002, 2010, 2014; 최병대, 2004; 유재원, 1999, 2003

343 2015

344 이재은, 2015).

345 홍지완, 2018, 26~29

346 박동균, 2016, 62~63

347 정윤진 · 최선, 2017

348 2016

349 이재은, 2015

350 홍지완, 2018, 22~23

351 신용석, 2014, 48

352 문재인 정부 국정기획자문위원회, 2017. 7, 33

353 2018, 6~18; 황종성, 2017

354 2018, 245~249

355 2018

356 2018

357 이민화, 2018, 196

358 2018

359 2018

360 2018

361 이민화, 2018, 201~202

362 2017, 422

363 문재인 정부 국정기획자문위원회, 2017. 7, 19, 62~72

364 문재인 정부 국정기획자문위원회, 150~153

365 이민화, 2018, 203

366 국회법제실, 2017

367 이민화는 거버넌스 위원회에 대하여 기술 위원회와 사회문제 위원회의 양대 축의 의견을 수렴하는 역할로, 3인 공동위원장의 형식으로 운영하는 것이 바람직하며, 위원들은 기술 조정역과 사회문제 조정역으로 구성될 수 있다고 제안했다(이민화, 2018, 203~206).

368 이민화, 2018, 201~205

369 2017, 422

370 이민화, 2018, 278~279

371 이민화, 2018, 176~177

372 2011, 2015, 2018

373 2018, 271

374 이민화가 강조하는 블록체인(Block Chain)은 신뢰할 수 없는 개체 간 합의를 통한 비가역적 정보를 관리 및 처리하는 기술로서 중개자 없이 익명의 개인 간에 가치를 전달할 수 있는 시스템을 의미한다(KCERN, 2016; 이민화, 2018, 183).

375 이민화, 296~297

376 2018, 272

377 패스트 트랙(Fast Track)은 국회법 제85조 2(안건의 신속 처리)를 달리 부르는 말로서, 사안의 시급성에 따라 입법 절차를 신속하게 진행할 수 있도록 정한 법적 절차를 말한다. 패스트 트랙 안건으로 지정되려면, 국회 재적 의원의 2분의 1 이상이나 소관 상임위원회의 2분의 1 이상의 찬성으로 지정을 요청하고, 재적 의원의 5분의 3이나 상임위원회의 5분의 3 이상의 찬성으로 지정된다. 패스트 트랙으로 지정된 안건은 해당 법안의 심의 과정에서 유보되지 않고 자동 처리되어 본회의에 상정된다.

378 2018

379 2018

380 2018

381 2018

4.16 시민연구소. (2019. 4. 11). 세월호 청와대 미스터리, 다시 '9시 19분'에 주목한다. 오마이뉴스. http://omn.kr/1ia8s

감사원. (2010. 6. 11). 「천안함 침몰사건 대응실태 감사결과(중간발표)」. 감사원.

_____. (2014. 7. 8). 세월호 침몰사고 대응실태 감사진행상황. 감사원.

_____. (2014. 10). 「세월호 침몰사고 대응 및 연안여객선 안전관리 감독실태」. 감사원.

_____. (2016. 1). 「메르스 예방 및 대응실태」. 감사원.

강기홍. (2015). 메르스 사태와 중앙·지방 간 법적 거버넌스: 인권과 정의(452), 20~35. 대한변호사협회.

강영훈. (2008). 재난관리를 위한 로컬 위기관리 거버넌스 구축 방안. 「한국행정논집」, 20(4): 1085~1103.

강인호, 최병대, 문병기. (2004). 지방의회 지원 기능의 강화 방안에 대한 분석. 「한국행정연구」, 13(1), 203~234.

강현철. (2012). 국가위기관리에 대한 법제적 분석, 「한국군사문제연구원 정책포럼 발표논문집」.

강희조. (2012). SNS를 활용한 스마트 재난안전체계에 관한 연구, 「한국항행학회」, 16: 4, 717~722.

_____. (2014). ICT를 활용한 스마트 재난안전관리 시스템에 관한 연구. 「한국정보기술학회」, 18~21.

_____. (2017). 4차 산업혁명과 ICBMS를 활용한 재난안전관리에 관한 연구. 「디지털콘텐츠학회」, 18(6): 1213~1216.

_____. (2017). 사회안전을 위한 스마트 재난안전관리 시스템. 「디지털콘텐츠학회」, 18(1): 225~229.

_____. (2018). 4차 산업혁명 기반 스마트 재난안전관리 대응체계 구축. 「디지털콘텐츠학회」, 19(3) 561~567.

_____. (2018). 4차 산업혁명에서 사물인터넷을 활용한 재난안전 예측과 대응. 「한국정보기술학회」, 406~408.

고양시. (2013). 친환경 자동차 클러스터 조성사업-사업 타당성 검토 보고서. 고양시.

_____. (2014). 「고양 종합터미널 화재사고 백서」. 고양시.

_____. (2015. 11). 「고양시 메르스 백서」. 고양시.

_____. (2016. 11). 시민과 함께 하는 고양형 을지연습. 고양시.

_____. (2017. 6). 고양 청년 스마트 타운. 고양시.

_____. (2017. 9). 고양 청년 스타트업 육성과 커뮤니티 강화 방안 연구용역. 고양시.

_____. (2017). 고양형 스마트 시티의 미래와 통일한국의 실리콘밸리. 고양시.

_____. (2017. 7). 빅데이터 분석을 통한 고양시 일자리 연계 실태 점검 결과 보고서. 고양시.

_____. (2017). 통일한국 실리콘밸리 프로젝트 2017 - 세미나 자료모음집. 고양시.

_____. (2017. 12). 통일한국의 실리콘밸리 마스터플랜 수립. 고양시.

_____. (2019. 2). 고양시 스마트 시티 중·장기 계획: 2020~2024. 고양시.

고양시 덕양구. (2018). 시민과 함께 만들어 가는 덕양 균형 발전. 고양시 덕양구.

고양지식정보산업진흥원. (2017). 고양시 첨단 혁신클러스터 연계 활성화 방안 연구. 고양
지식정보산업진흥원.

고인종·고태호·강영훈. (2011). 재난관리체계 우선순위 연구-제주특별자치도를 중심으
로. 「한국위기관리논집」, 7(4): 1~22.

고창석. (2012). 한국의 재난관리체제 개선을 위한 연구: 재난관리체제의 구조적 속성을 중
심으로. 「경희대학교 행정학과 박사학위 논문」.

국가안전보장회의. (2014). 평화번영과 국가안보: 참여정부의 안보정책 구상. 서울: 국가안
전보장회의.

국민안전처. (2015). 국가안전관리 기본계획(2015~2019). 국민안전처.

국민안전처 재난관리실. (2015. 3). 기관별 재난대응 수칙 작성 지침. 국민안전처 재난관리실.

국회 4차 산업혁명 특별위원회 (2018). 4차 산업혁명 국가 로드맵 작성을 위한 정책연구.
국회 4차 산업혁명 특별위원회.

국회예산정책처. (2007). 「사업평가방법론 연구」. 국회예산정책처.

권건주. (2005). 지방정부 재난관리 조직의 효율화 방안. 「한국위기관리논집」, 1(2): 79~92.

_____. (2007). 기초지방자치단체의 초동 재난대응 효율화 방안. 「(재) 희망제작소 재난관
리연구소 제6차 세미나 발표논문집」.

길병옥. (2012). 국가위기관리를 위한 효과적인 법제 및 조직발전방향. 「한국군사문제연구
원 정책포럼 발표논문집」.

김규연. (2017). 미국의 스마트 시티 지원 정책 및 시사점. 「산은조사월보 제742호」.

김남순 외. (2015). 감염병 관리체계의 문제와 개선 방안-메르스 감염 중심으로. 「한국보건
사회연구원」.

김병례·이민화. (2016). 재난안전 플랫폼의 O2O(Online to Offline) 서비스 디자인. 「한국경
영학회 통합 학술발표논문집」, 1~22.

김병섭 · 김정인. (2014). 관료 (무)책임성의 재해석: 세월호 사고를 중심으로. 「한국행정학보」, 48(3), 99~120.

_____. (2016). 위험사회와 관료책임. 「한국사회와 행정연구」, 26(4), 379~407.

김상욱 · 신용태. (2010). 국가 사이버재난관리 시스템 구축 방안. 「한국정보과학회」, 37: 5, 351~362.

김열수. (2005). 「21세기 국가위기관리론」, 서울: 오름.

_____. (2010). 「국가안보: 위협과 취약성의 딜레마」, 서울: 법문사.

국제미래학회. (2017. 12). 대한민국 4차 산업혁명 마스터플랜. 파주: 광문각.

국회법제실. (2017. 12). 4차 산업혁명 대응 입법과제. 국회법제실.

김용석. (2012). 국가위기관리체계 발전 방안, 「한국군사문제연구원 정책포럼 발표논문집」.

김은경 · 이석 · 변영태 · 이혁재 · 이택진. (2013). 전염병의 경로 추적 및 예측을 위한 통합 정보시스템 구현. 「인터넷정보학회논문지」, 14(5): 69~76.

김인태. (2013). 국가위기관리기본법(안) 제정 발전 방안. 「한국위기관리논집」, 9(6): 141~166.

김정곤 · 정종수 · 김태환 · 김희철. (2018). 국가위기관리 지침 개정과 국가위기관리 매뉴얼 개선. 「한국재난정보학회 학술발표대회」, 133~135.

김정수. (2016). 「정책학입문」. 경기: 문우사.

김충묵. (2008). 국가재난관리의 문제점과 개선 방안. 「토지공법연구」, 40

김태윤. (2000). 국가재해재난관리체계의 구축 방안. 「한국행정연구원」.

_____. (2004). 국가재해재난관리체계의 구조와 기능. 「한국방재학회지」, 4(2): 6~20.

김태현. (2005). 대형 재난 수습체계 분석을 통한 재난 대응체계 구축에 관한 연구. 「경북대학교 석사학위논문」.

김태훈 · 윤준희. (2018). 대형 복합재난의 효율적 관리를 위한 제도개선 방안 연구. 「한국산학기술학회」, 19(5): 176~183.

김현주. (2015). 행정을 말하다: 포커스 05; 국외 감염병 대응체계 사례. 「지방행정」, 64(743), 30~33.

김형렬. (1987). 정책집행에 있어서 위기관리에 관한 연구. 「사회과학논집」, 18: 65~87.

김혜윤. (2017. 5. 18). 독일 인더스트리 4.0, 제조업은 어떻게 변화하고 있나. 「독일 함부르크 무역관」.

개인정보보호위원회. (2017). 「빅데이터 환경에서 개인정보 보호 강화를 위한 법 · 제도적 대책 방안 연구」, 개인정보보호위원회.

과학기술정책연구원. (2017. 6) 4차 산업혁명의 도전과 국가전략의 주요 의제. 과학기술정책연구원.

_____. (2017). 일본 미래투자전략 2017 대응 정책과 시사점. 과학기술정

책연구원.

_____. (2017). 일본의 제4차 산업혁명 대응 정책과 시사점. 과학기술정책연구원.

곽노성. (2010). 식품안전 규제 영향 분석의 실효성 제고 방안. 「한국보건사회연구원」

_____. (2012). 식품안전 분야 연구개발 사업 효율화 방안에 관한 연구. 「한국보건사회연구원」.

_____. (2018). 「혁신성장의 길」. 서울: 렛츠북.

노가미 다다오키 지음. 김경철 옮김. (2016). 「아베 신조, 침묵의 가면」. 해냄출판사.

노다니엘 지음. (2014). 「아베 신조의 일본」. 세창미디어.

노진철. (2014). 논단: 세월호 참사의 사회구조적 원인과 재난대응체계의 한계. 「해양한국」, 2014(6), 138~150.

농림수산식품부. (2003). 「구제역 백서」.

대법원. (2019. 6. 11). 요구 자료. 대법원.

대외경제정책연구원. (2017. 11). 주요국의 4차 산업혁명과 한국의 성장전략. 대외경제정책연구원.

대통령실. (2009). 바람직한 국가위기 관리체계. 대통령실.

_____. (2010). 국가위기관리 기본 지침. 대통령실.

대통령 직속 4차 산업혁명 위원회. (2018.07.16). 국가 시범도시 기본구상 발표자료 및 보도자료. 4차 산업혁명 위원회.

대한민국 정부. (2011). 「천안함 피격사건 백서」. 대한민국 정부.

대한의사협회. (2016). 「메르스 백서」. 대한의사협회.

데이비드 스티븐슨 지음. 김정아 옮김. (2018). 「초연결」. 다산북스.

돈 탭스콧 · 알렉스 텝스콧 지음. (2016). 「블록체인혁명」. 을유문화사.

롤랜드버거 지음. 김정희 · 조원영 옮김. (2017). 「4차 산업혁명」. 다산 3.0.

린더 카니 지음. 안진환 옮김. (2019). 「팀 쿡」. 다산북스.

마틴 포드 지음. 김대영 외 옮김. (2019). 「AI 마인드」. 터닝포인트.

문승숙. (2014). 한국 밖에서 본 세월호 참사. 역사와현실, (92), 3~18.

라종일 · 변성수 · 이재은 · 조성. (2018). 지진방재 계획을 위한 재해 대비 요소 도출 및 중요도 평가-2016년 일본 돗토리현 중부 지진 사례-. 「한국방재학회」, 14(8): 43~56.

류상일. (2007). 한국의 지방자치단체 재난대응체계: 정책네트워크 이론의 호혜성과 확장성을 중심으로. 「충북대학교 대학원 박사학위 논문」, 17~20.

_____. (2007). 네트워크 관점 지방정부 재난대응 과정 분석: 미국의 허리케인과 한국의 태풍 대응 사례를 중심으로. 「한국행정학보」, 41(4): 287~313.

_____. (2008). 지방자치단체의 재난대응 네트워크 분석. 「한국지방자치학회보」, 20(1):

53~70.

류상일 · 이주호. (2010). 지방정부의 재난관리 예산 결정 요인 – 합리적 선택 이론의 시각
　　에서. 「국가위기관리연구」, 4(1): 1~15.

류충. (2015). 대형 재난에 있어 현 위기대응 시스템의 진단과 개선대책. 「삼풍백화점 사고
　　20주년 우리사회의 재난안전 진단과 과제 자료집」.

류혜은 · 강희조. (2018). 4차 산업혁명에서 빅데이터를 활용한 재난 대응 방안. 「한국정보
　　기술학회」, 537~539.

문재인 정부 국정기획자문위원회. (2017. 7). 국정 운영 5개년 계획. 문재인 정부 국정기획
　　자문위원회.

민주화를 위한 변호사모임. (2014). 「세월호 참사 진상규명 17대 과제: 중간검토보고서」.

박동균. (1995). 지방정부의 위기관리행정에 관한 연구. 「동국대학교 행정학 박사학위 논
　　문」.

_____. (2008). 한국 위기관리 시스템의 효율화 방안–미국과 일본의 사례를 중심으로. 한
　　국경찰연구, 7(1), 175~210.

_____. (2010). 다중이용시설 테러에 대비한 지방자치단체의 위기관리전략. 「한국지방자
　　치연구」, 11(4) : 165~185.

_____. (2016). 세월호 사례를 통해 본 위기관리행정의 문제점과 정책 과제. 「한국치안행
　　정논집」, 13: 1, 45~72.

박동균 · 양기근 · 류상일. (2012). 지방자치단체 재난관리체계의 현황 및 개선 방안. 「한국
　　지방자치연구」, 13: 4, 134~154.

박동균 외. (2011). 지방자치단체 재난관리 시스템의 개선 방안. 「대한지방자치학회 2011 추
　　계학술대회 발표논문집」 : 535~556.

박미정 · 이종구. (2015). 메르스 대응조치에 나타난 법률의 문제점 고찰과 개선 방안. 「한국
　　의료법학회지」, 23(2), 191~209.

박병윤 지음. (2017). 「기적의 인공지능 일자리 혁명」. 행복에너지.

박상표 · 조홍준. (2010). 2009 신종플루의 위험성과 한국 정부의 대응에 대한 비판적 평
　　가. 「상황과 복지」, 30, 7~48.

박석희 · 노화준 · 안대승. (2004). 재난관리 행정에 대한 네트워크적 분석. 「행정논총」,
　　42(1) 103~132.

박순종, 최병대. (2016). 분점정부와 입법효율성. 「한국행정학보」, 50(3), 161~188.

박영숙. 벤 고르첼 지음. (2016). 「인공지능 혁명 2030」. 더블북.

박영숙 · 앤디 리안 · 숀 함슨 지음. (2019). 「블록체인혁명」. 교보문고.

박진우. (2012). 국가위기관리법제 정비에 관한 헌법적 고찰. 「세계헌법연구」, 18(1), 1~26.

박철희 외 지음. (2018). 「아베 시대 일본의 국가전략」. 서울대학교 출판문화원.

배상원 사무관. (2015. 11). 위기관리 매뉴얼 운영체계 및 작성 요령. 국민안전처 재난관리총괄과.

배재현. (2015). 메르스 사태로 본 국가재난대응체계의 문제점 및 개선 방안: 중대본·중수본 운영체계를 중심으로. 「한국정책학회·한국지방정부학회 공동 추계학술대회」. 11(3): 27~53.

배천직. (2017). 우리나라 재난피해자 구호의 문제점과 개선 방안: 세월호 참사 재난피해자 구호를 중심으로. 「위기관리 이론과 실천 학술대회」. 136~155.

변상호·김태윤. (2014). 재난과 재난관리정책의 재해석에 기반한 '재난대응 수행원칙의 도출과 검증': 재난대응 사례에 대한 분석을 중심으로. 「한국행정학보」, 48: 2, 109~136.

변성수·신우리·조성. (2018). 감염병 위기관리를 위한 긴급대응체계 구축. 한국콘텐츠학회논문지, 18(7), 484~494.

보건복지부. (2014. 6) 감염병 위기관리 표준매뉴얼. 보건복지부.

_____. (2015. 6. 3). 메르스(MERS) 대응 지침. 보건복지부.

_____. (2016) 「2015 메르스 백서: 메르스로부터 교훈을 얻다」. 보건복지부.

_____. (2016) 감염병 예방관리 매뉴얼. 보건복지부.

사공호상·임시영. (2018). 4차 산업혁명을 견인하는 '디지털 트윈 공간(DTS)' 구축 전략. 「국토정책 Brief」. 1~6.

서경화·이정찬·김계현·이얼. (2015). 감염병 발생 시 우리나라의 위기관리체계에 관한 고찰. 「국가정책연구」, 29(4), 219~242.

서재호. (2015). 메르스 위기가 초래한 한국의 보건의료체계 개편 방향과 향후 이슈. 「한국행정포럼」, (150) 30~37.

선태유 지음. (2017). 「인공지능의 미래 사람이 답이다」. 리드리드출판.

세월호 침몰사고 대응 T/F. (2014). 세월호 침몰사고 관련 쟁점별 개선 논의사항. 국회입법조사처.

세월호 침몰사고의 진상규명을 위한 국정조사 특별위원회. (2014). 세월호 침몰사고의 진상규명을 위한 국정조사특별위원회 회의록. 국회.

_____. (2014). 세월호 침몰사고 관련 쟁점별 개선 논의사항. 국회 사무처·국회입법조사처.

손지우 지음. (2019). 「불평등이 야기한 산업혁명, 그리고 스마트 시티」. 매경신문사.

송윤석. (2009). 서울재난관리 조직에 대한 재난관리 공무원 간의 인식 비교분석. 「한국화재소방학회논문지」, 23(4): 154~164.

송태민. (2015). 소셜 빅데이터 분석과 활용 방안(메르스 정보 확산과 위험 예측 중심으로). 「보건복지포럼」, 227, 29~49.

수원시 메르스 비상대책본부. (2015). 메르스 일성록日省錄. 「수원시」.

스마트. (n.d.). 다음백과. http://100.daum.net/encyclopedia/view/55XXXXX14010

신동희 · 김용문. (2015). 국내 재난관리 분야의 빅 데이터 활용 정책 방안. 「한국콘텐츠학회」, 15: 2, 377~392.

신용식. (2014). 세월호 여객선 재난 이후 재난관리시스템 개선에 관한 연구. 「한국위기관리논집」, (10) 29~50.

아오키 오사무 지음. (2017). 이민연 옮김. 「일본회의의 정체」. 율리시즈.

안철현. (2010). '국가적 위기상황'하에서의 대공중 위기 커뮤니케이션에 관한 연구: 천안함 사태를 중심으로. 「국가위기관리학회 학술대회」, 260~279.

안철현. (2012). 국가위기관련 조직체계 구성의 중점. 「한국군사문제연구원 정책포럼 발표논문집」.

양기근. (2011). 중앙재난안전대책본부의 역할과 구성시기의 문제점과 개선방향 – 구제역 재난관리를 중심으로. 「국가위기관리학회 2011 추계학술대회 자료집」, 29~50.

_____. (2011). 통합적 재난대응을 위한 중앙재난안전대책본부 역할 재정립 – 구제역 재난관리를 중심으로. 「한국위기관리논집」, 8(2): 72~89.

양기근 외. (2005). 지방정부 재난관리 조직의 개선 방안 – 통합형 재난관리 조직 설계. 「한국행정학회 하계학술대회 발표논문집」.

양유길. (2017). 고양형 스마트 시티 비전과 추진전략. 고양지식정보산업진흥원.

양철호. (2014). 군의 위기상황 처리 시 지휘책임에 관한 연구—천안함 피격 사건시 지휘책임 사례를 중심으로. 「한국위기관리논집」, 10(21): 57~175.

어드바이저리 지음. 부윤아 옮김. (2016). 2020년. 「인공지능이 내 곁으로 다가왔다」. 매일경제신문사.

염종호 · 김정수. (2010). 공공조직 사회자본의 조직효과성. 한국공공관리학보. 24(3), 91~116.

오석홍 · 김영평. (2017). 「정책학의 주요이론 제2판」. 파주: 경세원.

원자력안전위원회. (2019.2). 원전안전분야(방사능누출) 위기관리 표준매뉴얼. 원자력안전위원회.

위금숙. (2009). 「우리나라 통합적 재난관리체계 구축 방안 기획연구: 재난대응을 중심으로」. 국립방재교육연구원.

_____. (2009). 「우리나라 통합적 재난관리체계 구축 방안 기획연구: 재난대응을 중심으로」. 국립방재연구소.

위금숙. (2011). 구제역 대응사례 분석을 통한 재난관리체계 개선과제. 한국행정연구원 「행정포커스」, 86(1): 26~31.

유명성 · 이명수 외. (2014). 미래형 재난대응과 통합플랫폼 구축 – 경기도 빅데이터 프로젝트 실현에 활용. 「경기개발연구원」.

유병태 · 오금호. (2013). 재난관리 공시체계를 통한 지방자치단체 재난역량강화 방안. 「한국위기관리논집」, 9: 5, 57~70.

유재원. (1999). 기획논문 - 지방정치의 민주화 : 지방정치의 민주화 / 지방자치와 지방권력구조. 「정부학연구」, 5(1): 5~6.

_____. (2003). 시민참여의 확대 방안. 한국정책과학학회보, 7(2): 105~125.

_____. (2004). 독립논단: 한국도시의 정치사회문화의 특징적 측면. 한국행정연구, 13(1), 89~117.

_____. (2008). 특집: 지방행정의 선진화; 지방정부의 선진화 전략: 기업주의로의 전향. 「지방행정」, 57(657): 25~32.

윤명오. (2014). 도시방재와 회복탄력성 - 구룡마을 화재사고를 중심으로. 「대한지방행정공제회」, 27~31.

윤명오 · 심재강. (2003). 통합방재상황관리와 도시방재정보시스템. 「국토」, 25~39.

윤미영. (2013). 더 나은 미래를 위한 데이터 분석. 「한국정보화진흥원 빅데이터 전략연구센터」, 32~34.

윤혁수. (2008). 태안 기름유출사고 현황과 효율적인 해양오염 방제를 위한 개선 방안. 「한국재난관리표준학회지」, 1(1)

이동규. (2016). 빅데이터 기반의 재난관리 시스템 운영방향에 대한 예비적 고찰-미국, 영국, 한국의 사례 비교를 중심으로. 「한국위기관리논집」, 12(1): 17~32.

이동규 · 양고은. (2011). 북한 도발 사건 이후 지휘체계변화 및 정책변동, 정책학습 연구: 1,2,3차 서해교전 사건(1999년, 2002년 연평해전, 2009년 대청해전), 2010년 천안함 침몰사건, 2010년 연평도 피격사건을 중심으로. 「국가위기관리 학술대회」, 454~469.

이민화, 김애선. (2017). 4차 산업혁명의 기술 모델, AI+12 Tech. 한국통신학회지(정보와통신), 34(8): 3~8.

이민화 · 윤예지. (2018). 「자기조직화하는 스마트 시티 4.0」. 서울: KCERN

이상팔. (1995). 도시 재난사고와 위기관리행정에 대한 정부조직학습 - 삼풍백화점 붕괴사고 사례를 중심으로, 「한국행정학회 학술발표논문집」, 241~294.

_____. (1996). 위기관리체계의 지능적 실패에 의한 학습효과 분석-삼풍백화점 사고 전후의 제도변화를 중심으로. 「한국행정학보」, 30(2): 113~127.

_____. (1997). 위기관리체계의 영역초월학습cross-over learning 능력 제고 방안-강릉 잠수함 사건 발생 시 통합방위관리체계를 중심으로. 「한국행정학회 학술발표논문집」, 1~18.

_____. (2002). 위기관리정책에 대한 정부조직의 대리적 조직학습 분석-9.11 테러 후 미국과 한국의 공항항만부문 대테러 정책변화를 중심으로. 「한국행정학회 학술발표논문집」, 1~18.

이영재. (2010). 「국가 재난대응체계 정립에 관한 연구」, 행정안전부.

이원희. (2008). 국가재난관리시스템의 재설계 방안. 「국가 재난관리 시스템 및 대응 메뉴얼의 문제점과 개선 방안 세미나 자료집」, 서울: 여의도연구소.

이성현 지음. (2019). 『미중전쟁의 승자, 누가 세계를 지배할 것인가?』(미국편/ 중국편). 책들의 정원.

이재갑. (2015). 메르스 사태로 본 병원의 감염병 관리체계 개선. 「국회보」.

이재용. (2017). 스마트 시티 정책 추진방향과 전략. 「월간 교통」, (2017. 2), 6~12.

이재용 · 사공호상. (2015). 스마트도시 해외동향 및 시사점. 「국토정책 Brief」, (529): 1~8.

이재용 · 이성원. (2017). 스마트 시티의 지속가능성 제고를 위한 지표기반 진단 방안. 국토정책 Brief」, (639) 1~6.

이재은. (2003). 한국의 재해재난관리체계 통합가능성에 관한 비교연구. 「서울행정학회 학술대회 발표논문집」, 129~153.

_____. (2004). 재난관리 시스템 개편 과정 쟁점 분석 및 향후 방향. 「행정논총」, 42(2): 147~169.

_____. (2007). 국가안전관리 정보시스템의 정보공유 영향요인 분석. 「현대사회와 행정」, 17(1): 155~185.

_____. (2009). 국가위기관리차원에서의 대테러 정책의 발전방향. 「대테러 정책 연구논총」, (6) 117~149.

_____. (2011). 재난관리 역량 강화와 재난관리서비스의 공공재적 특성. 「한국위기관리논집」, 7(6): 1~16.

_____. (2012). 「위기관리학」, 서울: 대영문화사.

_____. (2014). 세월호 사고와 바람직한 재난관리체계. 「서울행정학회포럼」, (2) 12~17.

_____. (2015). 코어 시스템Core System과 국가위기관리 시스템의 개선방향~세월호 재난관리 분석을 중심으로. 「한국위기관리논집」, 11(8): 1~18.

_____. (n.d.). 국가위기관리체계 현황과 발전방향

이재은 · 이우권. (2014). 한국의 복합재난 대응과 위기관리체계 발전방향. 「한국위기관리논집」, 10(9): 15~31.

이창범. (2013). 개인정보보호법제 관점에서 본 빅데이터의 활용과 보호 방안. 「법학논총」, 37(1): 509~559.

이창용. (2007). 뉴테러리즘과 국가위기관리, 경기: 대영문화사.

이채언. (2012). 한국의 국가위기관리체계 발전에 관한 연구. 「국가위기관리학회」, 4(1): 22~43.

이춘규 지음. (2017). 『일본의 야욕, 아베신조를 말하다』, 서교출판사.

이평수. (2015). 메르스 사태로 본 감염병 방역에 대한 민 · 관 협력체계의 문제점과 개선

방안.「지방행정」, 743.

이홍기. (2013). 국가위기관리 체제의 효율성 제고 방안 연구.「한국경호경비학회」, (36) 493~523.

임상규. (2014). 빅 데이터를 활용한 스마트 재난관리전략.「한국위기관리논집」, 10(2): 23~43.

임승빈. (2005). 지방정부 역량과 주민의 사회자본과의 관계.「한국거버넌스학회 학술대회 자료집」, 185~209.

_____. (2011). 공공정책의 갈등관리를 위한 공유재의 구축에 관한 연구.「한국사회와 행정연구」, 22(3): 29~45.

_____. (2017). 재난의 복합화 현상에 따른 복원력(resilience)에 관한 연구.「한국정책과학 학회보」, 21(4): 179~195.

장병연. (2017). 신종감염병 대유행 시 국가위기관리체계에 관한 연구~학교감염예방활동 을 중심으로.「대한정치학회보」, 25(3): 69~89.

장시성. (2008). 한국의 재난관리체제 구축방향에 관한 연구: 재난관리 담당공무원 인식을 중심으로.「명지대학교 대학원 행정학과 박사학위 논문」.

장우석 · 전해영. (2017). 4차 산업혁명 시대의 국가혁신 전략 수립 방향.「VIP Report」, (694) 1~23.

장윤종. (2017). 4차 산업혁명의 쟁점과 한국형 대응전략의 방향. KIET 산업경제.

재난 및 안전관리 기본법. (2011. 3. 29). 법률 제10467호, 일부 개정.

_____. (2017. 7. 26). 법률 제14248호.

정민. (2017). 한국형 4 차 산업혁명을 통한 경제 강국 도약−한국경제의 현재와 미래를 말 하다(시리즈 ④ 기술).「VIP Report」, (679) 1~21.

전명산 지음. (2019).「블록체인, 정부를 혁신하다」. 클라우드나인.

정선영. (2005).「해외 재난정보시스템 구축 사례」. 국토연구원.

정영석. (2012). 앨리슨 모형에 의한 국가위기 대응 정책결정 과정 연구.「울산대학교 정책 대학원 석사학위 논문」, 107~110.

정영철 · 최익수 · 배용근. (2016). 사회안전을 위한 빅데이터 활용의 재난대응 정책.「한국 정보통신학회논문지」, 20(4): 683~690.

정윤진 · 최선. (2017). 정부의 안보인식과 위기관리시스템: 사스(SARS)와 메르스(MERS) 사태를 중심으로.「국제정치연구」, 20: 2, 133~157.

정세훈 · 이진로 · 이창호. (2014). 세월호 침몰 사건에서 위기관리 커뮤니케이션의 문제점 과 개선 방안.「한국소통학회 학술대회」, 183~185.

정보통신산업진흥원. (2013). 국내외 스마트 시티 구축 동향 및 시사점. 정보통신산업진흥원.

_____. (2017). 4차 산업혁명 대응전략의 변화와 시사점. 정보통신산업진 흥원.

정정화. (2003). 부처간 정책갈등과 관료정치. 「한국행정논집」, 15(1): 81~106.

_____. (2011). 한국사회의 갈등구조와 공공갈등. 「한국사회와 행정연구」, 22(3): 1~27.

_____. (2012). 조정을 통한 공공갈등해결의 영향요인. 「한국사회와 행정연구」, 23(2): 1~24.

_____. (2018). 공론화를 통한 사회적 합의형성의 성공 조건. 「한국정책과학학회보」, 22(1): 101~124.

정지범. (2009). 「국가종합위기관리 이론과 실제」. 서울: 법문사.

정찬권. (2011). 국가비상대비체계 강화 방안에 관한 연구. 「국가위기관리학회 학술대회」, 15~33.

_____. (2012). 「국가위기관리론」. 서울: 대왕사.

제리 카플란 지음. (2017). 신동숙 옮김. 『인공지능의 미래』. 한스미디어.

조석현 · 김태윤. (2014). 폐기학습 이론의 우리나라 재해재난관리정책에의 함의. 「한국행정학보」, 48(4), 407~433.

조숙정. (2016). 감염병 행정의 현상진단과 개선 방안: 정보프로세스관점에서. 「국정관리연구」, 11(2), 77~109.

_____. (2016). 스마트시대 재난행정의 방향에 관한 연구. 「한국지역정보학회 학술발표대회 논문집」, 67~9.

조승연. (2010). 천안함 사태 위기관리. 「조선대학교 군사발전연구」, 4: 1, 155~181.

조영갑. (2006). 「국가위기관리론」. 서울: 선학사.

조윤정. (2017). 한국형 4차 산업혁명 대응전략. 「산은경제연구소 이슈분석」, (736) 65~81.

조종묵. (2010). 한국의 재난관리 참여기관 협력체계 분석. 「충북대학교 행정학 박사학위 논문」.

조창현. (1995). 「(조창현 교수의) 지방자치특강」. 서울: 경향신문사

_____. (2000). 총선 · 정당 · 지방자치의 발전과제. 「한양대학교 지방자치연구소 국내세미나 논문집」, (3) 3~21.

_____. (2000). 투명성과 정부혁신. 「한양대학교 지방자치연구소 국제세미나 자료집」, (10) 11~18, 한양대학교 지방자치연구소.

_____. (2001). 기조발표 : 한국 지방자치의 발전과 지방행정 개혁. 「한국비교정부학보」, 5(1), 1~14.

_____. (2011). 「정부에는 행정학이 없다」. 파주: 범우출판사.

조현석 · 김상배 지음. (2018). 『인공지능, 권력변환과 세계정치』. 삼인.

조현호. (2019.05.16). 김태영 전 장관 "천안함 첫 보고는 좌초, 이후 어뢰로". 미디어오늘. http://www.mediatoday.co.kr/news/ articleView.html?

주성빈 · 최응렬. (2013). 국가통합위기관리체계의 구축 방안에 관한 연구. 「한국경호경비학

회지』, 34: 279~311.

중동호흡기증후군 대책 특별위원회. (2015). 중동호흡기증후군 대책 특별위원회 활동결과 보고서. 중동호흡기증후군 대책 특별위원회.

지방공기업평가원. (2018. 2). 고양 일산 테크노밸리 조성사업–타당성 검토. 지방공기업평가원.

최병대. (2008). 『지방행정의 이해』. 경기: 대영문화사.

최성. (2015. 2). 한국지방자치의 발전 방안 연구: '고양형' 시민 참여 자치 사례를 중심으로. 『한양대 공공정책대학원 지방자치 전공 석사학위 논문』.

최용호. (2005). 지방정부의 사전대비 재난관리체제 효율성의 영향요인에 관한 실증적 연구. 『2005년도 한국행정학회 춘계학술대회 발표논문집–한국 행정학의 성찰과 전망』.

최재욱 · 이진석 · 김계현 · 강청희 · 염호기. (2015). 국가감염병 예방관리 선진화를 위한 중장기 계획 제안. 『대한의학회지』, 58(8) 723~728.

최호진 · 김태원 · 정선아. (2013). IT를 활용한 국가 재난관리 조직 간 소통 및 협력 강화 방안 연구. 『한국행정연구원』.

최호택 · 류상일. (2006). 효율적 재난대응을 위한 지방정부 역할 개선 방안. 『한국콘텐츠학회논문지』, 6(12) 235~243.

클라우스 슈밥 지음. (2018). 『더 넥스트』. 새로운 현재.

테크니들 지음. 조성환 외 옮김. (2019). 『인공지능 비즈니스 트렌드』. 와이즈맵.

토비 월시 지음. 이기동 옮김. (2018). 『AI의 미래 생각하는 기계』. 프리뷰.

하규만 · 안지영. (2008). 미국의 국가재난관리체제와 한국에 주는 함의. 『정부학연구』, 14(1): 37~60.

하연섭 편. (2015). 『위험사회와 국가정책』. 서울: 박영사.

한국개발원. (2016). 제4차 산업혁명과 한국경제의 구조개혁 발표자료. 한국개발원.

한국인터넷정보학회. (2010. 11. 10). 고양시 스마트 시티 고도화 사업 방안 연구. 한국인터넷정보학회.

한기욱. (2014). 세월호 참사와 임계사회 혁신의 과제. 창작과비평, 42(2), 2~9.

한상대. (2004). 지방자치단체 재난관리체제에 관한 연구. 『아주대학교 공공정책대학원 행정학 석사학위 논문』.

한상우. (2002). 한국 지방자치단체장의 역할 제고를 위한 제도적 개선 방안. 한국정책과학학회보, 6(1), 167~190.

_____. (2010). 자치구의회의 정책기능에 관한 고찰. 『한국정책연구』, 10(1): 355~373.

_____. (2014). 주민자치회의 정착을 위한 과제와 방향. 『현대사회와 행정』, 24(4): 315~336.

한승주 · 정주용. (2011). 위기관리시스템의 조직화된 무질서의 원인에 관한 연구–구제역 재난 사례를 중심으로. 「한국행정연구」, 20(2): 35~66.

한철희 · 박수형 · 윤명오 (2017). 미국 재난통신 운영체계 및 표준운영절차 분석 연구. 「한국화재소방학회 논문지」, 31(5), 75~86.

행정안전부. (2010). 유형별 위기관리 표준매뉴얼. 행정안전부.

_____. (2010). 재난관리 기준(행정안전부 고시 제2010-17호). 행정안전부.

행정연구원. (2017). 4차 산업혁명에 대응하는 규제 개혁 연구. 행정연구원.

홍지완. (2018). 지방자치단체 재난관리체계 개선에 관한 연구. 「대한건축학회-계획계」, 34(9): 21~30.

황종성. (2017). 스마트 시티 발전동향과 쟁점을 통해 본 국가전략 연구과제. 「한국통신학회지(정보와통신)」, 34(8): 14~18.

Blanchard, B. Wayne. (2007). Principles of Emergency Supplement. FEMA-Emergency Management Institute.

Brecher, Michael. (Ed.). (1978). Studies in Crisis Behavior, New York: Harper & Raw Publishers.

Caballero-Anthony, M. (2005). SARS in Asia: Crisis, Vulnerabilities, and Regional Responses. Asian Survey, 45(3): 475~495.

Drabek, T. E. (1991). The Evolution of Emergency Management. Emergency management: Principles and Practice for Local Government, 3~29.

Fay, B. (1987). Critical Social Science: Liberation and Its Limits. Policy Press.

FEMA. (2002). Interim Radiological Emergency Preparedness (REP). Program Manual.

_____. (2017). National Incident Management System, Third Edition. FEMA.

Forester, J. (1982). The Policy Analysis-critical Theory Affair: Wildavsky and Habermas As Bedfellows. Journal of Public Policy, 2(2): 145~164.

_____. (1988). Introduction: The applied Turn in Contemporary Critical Theory, 9~17.

_____. (1993). Critical Theory, Public Policy, and Planning Practice. SUNY Press.

_____. (Ed.). (1987). Critical Theory and Public Life. MIT Press.

Gardner, Roy, & Elinor Ostrom. (1991). Rules and Games. Public Choice, 70, 121~149.

Godschalk, D. R. (1991). Disaster Mitigation and Hazard Management. Emergency management: Principles and Practice for Local Government, 131~160.

Gordon, R. D. (2008). Dispersed Leadership, Power and Change: An Empirical Study Using A Critical Management Framework. In Proceedings of the 22nd Australian / New Zealand Academy of Management Conference, 9~10.

Gourevitch, P. A. (1977). International Trade, Domestic Coalitions, and Liberty: Comparative Responses to the Crisis of 1873~1896. The Journal of Interdisciplinary History, 8(2): 281~313.

_____. (1978). The Second Image Reversed: The International Sources of Domestic Politics. International Organization, 32(4): 881~912.

_____. (1984). Breaking with Orthodoxy: the Politics of Economic Policy Responses to the Depression of the 1930s. International Organization, 38(1): 95~129.

_____. (1986). Politics in Hard Times: Comparative Responses to International Economic Crises. Cornell University Press.

Hammes, Thomas, X. (2008). The Sling and the Stone: On War in the 21st Century, 최종철 역. (2008). 「21세기 제4세대 전쟁」. 국방대 안보문제 연구소.

Held, D. (1980). Introduction to Critical Theory: Horkheimer to Habermas (Vol. 261). Univ of California Press.

Ikenberry, G. J. (1988). Conclusion: An Institutional Approach to American Foreign Economic Policy. International Organization, 42(1): 219~243.

Jackson, R. J. (1976). Crisis Management and Policy Making: An Exploration of Theory and Research. R. Rose (ed.), 209~35.

Johannes Brinkmamm. (2010), Competent and Responsible Leadership in Crisis Situation, AMRISK Seminar 5: Social Risk: Responsible and Competent Leadership in Crisis Situations 12 and 13 April 2010, BI Norwegian School.

KAIST 문술미래전략대학원 · 이민화. (2017). 「대한민국의 4차 산업혁명」. KCERN.

KB 금융지주 경영연구소. (2017). 똑똑한 도시 스마트 시티Smart City. KB 지식비타민 17-87호.

KCERN. (2016. 3). 인공지능과 4차 산업혁명. 제24회 정기포럼. KCERN.

_____. (2016. 6). 4차 산업혁명과 규제 패러다임 혁신. 제27회 정기포럼. KCERN.

_____. (2017. 4). 대한민국의 4차 산업혁명. KCERN.

_____. (2018. 1). 4차 산업혁명과 규제 개혁. KCERN.

KDB 산업은행. (2017). 독일 · 일본의 4차 산업혁명 대응정책과 시사점. KDB 산업은행.

Kingdon, J. W., & Thurber, J. A. (1984). Agendas, alternatives, and public policies, 45: 165~169. Boston: Little, Brown.

KOTRA. (2017). 독일 인더스트리 4.0, 제조업은 어떻게 변화하고 있나. KOTRA.

Kohn, S., Barnett, D. J., Galastri, C., Semon, N. L., & Links, J. M. (2010). Public Health-specific National Incident Management System Trainings: Building A System for

Preparedness. Public Health Reports, 125(5_suppl), 43~50.

Kreps, G. (1990). Organizing for Emergency Management. Emergency Management: Principles and Practices for Local Government, 86~99.

Kumar, R., & Gladwin, T. N. (1987). The Social Psychology of Crisis Bargaining: Toward A Contingency Model. Journal of World Business, (20) 23~32.

Lee, J., Niko, D. L., Hwang, H., Park, M., & Kim, C. (2011. 5). A GIS—based Design for A Smartphone Disaster Information Service Application. In 2011 First ACIS/JNU International Conference on Computers, Networks, Systems and Industrial Engineering, 338~341.

LG 경제연구원. (2017. 6). 일본의 4차 산업혁명 추진 동향과 Society 5.0. LG 경제연구원.

Littlejohn, R. F. (1983). Crisis Management: A Team Approach. AMA Membership Publications Division. American Management Associations.

Lindblom, Charles E. (1980). The Policy—Making Process. Englewood Cliffs. N.J.: Prentice—Hall, Inc.

McLoughlin, D. (1985). A framework for Integrated Emergency Management. Public Administration Review, (45) 165~172.

Mileti, D. S., Sorensen, J. H. (1987). Determinants of Organizational Efectiveness in Responding to Low Probability Catastrophic Events. Columbia Journal of World Business, 22(1): 13~21.

Ostrom, E. (1986). A Method of Institutional Analysis. Guidance, Control and Evaluation in the Public Sector, 459~475.

Pearson, C., Clair, J. (1998). Reframing Crisis Management. Academy of Management Review, 23(1): 59~76.

Perry, R. W. (1985). Comprehensive Emergency Management: Evacuating Threatened Populations. Greenwich, CT: Jai Press, 66~70.

Petak, W. J. (1985). Emergency Management: A Challenge for Public Administration. Public Administration Review, (45) 3~7.

Quarantelli, E. L. (1998). Major Criteria for Judging Disaster Planning and Managing Their Applicability in Developing Countries.

Richardson, James. (1988). Crisis Management: A Critical Reprasial. Westview Press.

Rondinelli, D. A. (1976). Public Planning and Political Strategy. Long Range Planning, 9(2): 75~82.

Rosenzweig, J. E. (1979). Organization and Management: A Systems and Contingency Approach. New York; Montreal: McGraw—Hill.

Rourke, F. E. (Ed.). (1978). Bureaucratic Power in National Politics: Readings. Little, Brown.

_____. (1969). Bureaucracy, Politics, and Public Policy.

Rubin, C. B., Barbee, D. G. (1985). Disaster Recovery and Hazard Mitigation: Bridging the Intergovernmental Gap. Public Administration Review, (45) 57~63.

Rueschemeyer, D., Evans, P. B., Skocpol, T. (Eds.). (1985). Bringing the State Back in Cambridge: Cambridge University Press.

Siegel, G. B. (1985). Human Resource Development for Emergency Management. Public Administration Review, (45) 107~117.

Simmon, E., Kim, K. S., Subrahmanian, E., Lee, R., De Vaulx, F., Murakami, Y., & Sriram, R. D. (2013). A Vision of Cyber-physical Cloud Computing for Smart Networked Systems. US Department of Commerce, National Institute of Standards and Technology.

Tierney, K. J. (1985). Emergency Medical Preparedness and Response in Disasters: The Need for Interorganizational Coordination. Public Administration Review, (45) 77~84.

Vedung, Evert. (1995). 「정책평가개론」, 이경옥(역). 파주: 한울.

Wallerstein, I. (2011). The Modern World-system, I & 2. Univ of California Press, 1789-1914.

Waltz, K. N. (1979). Theory of International Politics. Reading: Addison-Wesley.

Whilte, Philip. (2004), Disaster Risk Reduction: A Development Concern. Department of International Development.

Wikipedia. (2017. 5). Fourth Industrial Revolution.; 강희조. (2017), 1214 재인용.

Wiladvasky, A. (1979). Speaking Truth to Power: The Art and Craft of Policy Analysis. Boston: Little, Brown.

Williams, H. A., Dunville, R. L., Gerber, S. I., Erdman, D. D., Pesik, N., Kuhar, D., & Poser, S. (2015). CDC's Early Response to a Novel Viral Disease, Middle East Respiratory Syndrome Coronavirus (MERS-CoV). September 2012-May 2014. Public Health Reports, 130(4), 307~317.

World Health Organization. (2009). Pandemic Influenza Preparedness and Response: A WHO Guidance Document.

_____. (2013). Pandemic Influenza Risk Management: WHO Interim Guidance. World Health Organization.

Xu, M., & Li, S. X. (2015). Analysis of Good Practice of Public Health Emergency

Operations Centers. Asian Pacific Journal of Tropical Medicine, 8(8): 677~682.

Zimmerman, R. (1985). The Relationship of Emergency Management to Governmental Policies on Man-Made Technological Disasters. Public Administration Review, (45) 29~39.